The Mindful Way Workbook

an 8-week program to free yourself from depression
and emotional distress

The Mindful Way Workbook:
An 8-Week Program to Free Yourself from Depresson and Emotional Distress
by John Teasdale, PhD, Mark Williams, DPhil, and Zindel Segal, PhD
Copyright © 2014 The Guilford Press
A Division of Guilford Publications, Inc.
All rights reserved
Korean translation copyright © 2017 Bulkwang Media Co.
Korean translation rights arranged with The Guilford Press through AMO Agency, Seoul, Korea.

이 책의 한국어판 저작권은 AMO 에이전시를 통해 저작권사와 독점 계약한 ㈜불광미디어에 있습니다.
저작권법에 의해 한국 내에서 보호를 받는 저작물이므로 무단 전재와 무단 복제를 금합니다.

우울과 불안, 스트레스 극복을 위한

8주 마음챙김(MBCT) 워크북

존 티즈데일, 마크 윌리엄스, 진델 시걸 지음

—

안희영 옮김

불광출판사

차례
___

Part 2

마음챙김에 근거한 인지치료 프로그램

존 카밧진의 서문

이 책은 훌륭합니다. 이 책이 얼마나 훌륭한지 깨닫기까지 시간이 좀 걸렸지만, 그건 분명한 사실입니다.

이 책을 처음 접했을 때 저는 워크북 일반에 대해 조금은 편견을 갖고 있었습니다. 또 저자들이 이 책을 쓰고 있다는 말을 처음 들었을 때, '왜 마음챙김에 근거한 인지치료 (MBCT)에 대한 책이 또 나오는 걸까? 왜 하필 워크북일까?'라는 궁금증이 있었습니다. 저자들은 치료자와 일반 대중이 MBCT를 쉽게 이해할 수 있도록 이미 많은 노력을 기울여왔습니다. MBCT는 많은 사람들의 사랑과 높은 평가를 받고 있었고, 많은 사람들은 MBCT에서 큰 이로움을 얻고 있었습니다. '대체 뭐가 부족하단 말인가? 무엇을 더 말하려는 것일까? 얼마나 더 많이 사람들을 지원해야 하는 건가? 저자들이 얼마나 더 이 주제를 명료하게 하고, 얼마나 더 많은 참여를 이끌어낼 수 있을까?' 하지만 책을 보고서, 제가 품었던 모든 질문에 대한 답이 분명해졌습니다. '많구나.'

이 책을 읽어나가며 그 내용을 체험하면서, 저는 왜 이 책이 정말로 필요할 뿐 아니라 무척이나 탁월하고 매력적인지를 곧 느끼고 알게 되었습니다. 이 책은 완전히 새로운 방식으로 삶 속에서 MBCT를 경험하고 마음챙김을 기를 수 있도록 해줍니다. 이 책을 활용하면, MBCT 프로그램의 처음부터 끝까지 실제로 참여하는 것이나 마찬가지인 경험을 할 수 있습니다. 교실에서 지도자에게 직접 지도를 받는 듯한 느낌, 틀림없이 당신과 비슷한 관심사와 의문과 명상 수련에서 할 법한 경험을 공유하는 다른 참여자들과 함께한다는 느낌을 받게 됩니다. 저는 숙련된 저자들이 만들어낸 워크북 양식이 가지는 독특한 장점과 기능을 알게 되었습니다. 제가 완벽하다고 생각했던 것에 무언가 빠진 것이 정말 있었습니다.

이 책은, 믿을 만한 친구이자 상담자이며 안내자 역할을 책이 할 수 있는 최대치로 해줍니다. 당신이 하루하루, 한 주 한 주 마음챙김을 계발하며 이 단순하지만 잠재적으로 심오

하게 해방적인, 당신 자신의 몸과 마음에 대한 탐험을 지속하는 동안 이 책은 당신으로 하여
금 친구와 함께한다는 느낌을 갖게 합니다. 이는 저자들과 개인적으로 친구가 된다기보다
는, 책 자체의 과정이 당신의 친구가 되어준다는 뜻입니다. 겉으로 보기에 생각은 우리가 사
물을 이해하고 운명을 개척하는 데 도움이 되는 것 같습니다. 하지만 마음의 오래된 습관은
너무나 쉽게 우리를 옭아맵니다. 이 책은 그것을 분명하게 보도록 차근차근 우리를 안내해
줍니다.

　이 책에서 가장 사랑스럽고 도움이 되는 것 중의 하나는 말을 주고받는 말풍선입니다.
우리가 생각하거나 숙고하는 질문을 던지고, 그 질문을 새로운 방식으로, 보다 친절하고 해
방적인 방식으로 보게 하는 답을 제공하는 것입니다. 여기에 당신과 함께 수업을 듣는 다른
사람들의 목소리가 있습니다. 그들은 당신과 함께 수련하고, 아마도 당신이 그러하듯이 질
문하며, 자신들의 경험을 나눕니다. 또한 어떻게 수련하는지, 무엇을 수련하는지, 당신이 잘
하고 있는지, 다시 말해서 당신의 경험이 타당한지 등등 매일 일어나는 다양한 질문과 불확
실성에 답하는 친절하고, 매우 명확하며, 크나큰 안도감을 주는 지도자의 대답이 있습니다.
그 친절하고 안도감을 주는 목소리는 언제나 당신 곁에서, 당신이 무엇을 경험하든 그것은
당신의 자각 아래 일어나는 당신의 경험이므로 정당하다는 사실을 끊임없이 일깨워줍니다.

　당신은 스스로의 경험에서 배워 성장할 수 있습니다. 당신은 자각 아래 일어나는 당신
자신의 경험을 믿음으로써 배워 성장할 수 있습니다. 그리하여 선과 악, 좋아함과 싫어함이
라는 일상의 틀을 꿰뚫어 보고 그것을 뛰어넘게 됩니다. 또, 이전 같으면 당신을 몹시 화나
게 하거나, 괴롭게 하거나, 끝없는 하향곡선을 그리며 쓸모없는 반추와 어둠으로 빠져들게
했을 어떤 것과 새롭게 관계 맺게 됩니다.

　이 책에 소개된 프로그램을 충실히 실천한다면, 그러한 성장의 순간들이 당신의 삶과

모든 살아 있는 존재들에게서 펼쳐질 것입니다. 그렇게 하려면 용기가 필요하지만, 그 유익함은 엄청납니다. 이 책은 명료하고 자애롭게 말해줍니다. 이전에 당신의 운명으로 여겨지던 것이 더 이상 당신의 운명이 아니며, 예전에도 결코 아니었음을 말입니다. 우리 모두와 마찬가지로 당신 역시 배움과 성장과 치유의 근육을 단련하여 삶을 바꿀 무한한 기회를 선물 받았습니다. 우리 모두와 마찬가지로 당신 역시 몸과 마음 그리고 이 세상에서 펼쳐지는 것들과 어떤 관계를 맺어나갈지 매 순간 진정으로 선택하는 경험을 할 무한한 기회를 선물 받았습니다.

이렇게 단지 관점을 바꾸는 것만으로도 매 순간, 특히 힘들거나 두렵거나 낙담하는 순간들이 완전히 달라질 수 있습니다. 당신에게 더할 나위 없이 충만하고 아름다운 삶을 돌려줄 수 있습니다. 부디 그렇게 되기를 바랍니다. 이 책과 함께하며 온 마음을 다해 책 속의 과정에 참여한다면 실제로 완전히 달라질 수 있습니다. 일상과 마음에서 무엇이 일어나든 바로 그곳이 그 과정을 실천할 장소입니다.

매 순간, 할 수 있는 만큼 이 새로운 존재의 길에 머물기를, 우리의 행위가 존재로부터 흘러나오기를, 당신이 열심히 수련하기를, 당신이 부드럽게, 친절한 마음으로 수련하기를…. 당신은 이 길 위에서 믿을 만한 사람들의 손에 맡겨져 있습니다. 특히 당신 자신의 손이 당신을 이끌 것입니다.

2013년 4월 22일
매사추세츠 주 렉싱턴에서
존 카밧진

한국어판 서문

이 워크북을 통해서 마음챙김 수련에 여러분을 초대하게 된 것을 영광으로 생각합니다.

우울증은 괴로움의 매우 흔한 형태입니다. 발병하면 마음이 가라앉고, 지치고, 피곤해지고, 자살 충동을 느끼며, 수면장애나 섭식장애로 고통받고, 타인들이 나쁘게 느낄 필요가 없다고 말하는 문제들에 대해서도 언제나 자신의 무가치함과 자책감을 느끼게 됩니다. 우울증에 걸리면 삶에 흥미가 사라지며, 평소 즐겨 하던 일들을 더 이상 즐길 수 없게 됩니다.

매년 전체 인구의 약 5~7퍼센트가 우울증을 앓게 됩니다. 우울증은 일단 발병하면 4~6개월 정도 지속되고, 아무리 노력해도 계속 재발하는 비율이 높습니다. 그리고 전체 인구의 20퍼센트가 일생에 한 번 우울증을 경험합니다.

우울증이 이렇게 일반적인데도 불구하고 우울증에 대해 편하게 말하는 사람은 적습니다. 다리가 부러지거나 독감에 걸리는 것과 같은 육체적인 질병과 달리, 사람들은 우울증을 수치스럽게 여깁니다. 이런 감정은 고독감과 고립감을 더할 뿐입니다.

1970년대 존 카밧진 박사가 마음챙김에 근거한 스트레스 완화(MBSR) 프로그램을 개발한 이래로, 몸과 마음, 영성 차원에서 괴로워하는 사람들을 도와주는 최고의 마음챙김 기법을 찾는 수많은 연구가 진행되어왔습니다. 그 가운데 마음챙김에 근거한 인지치료(MBCT)는 우울증을 예방하고 치료하는 완전히 새로운 접근법입니다. 카밧진 박사의 MBSR 프로그램에 근거하고 있지만, 정서적 문제로 고통받는 사람들을 위해 특화된 프로그램입니다. 수많은 연구 결과가 보여주듯, MBCT 덕분에 많은 사람들이 우울증 치료 후 재발 없이 지내고 있습니다. MBCT는 효과적인 우울증 치료법입니다.

이 책의 목적은 왜 우울증이 계속 재발하는지, 그 손아귀에서 벗어나려면 어떻게 해야 하는지를 설명하는 것입니다. 안희영 박사의 신뢰할 만한 번역에 힘입어 우리 저자들은 단계적으로 8주 MBCT 프로그램으로 독자들을 안내할 것입니다. MBCT가 자신의 삶을 상상하지도 못한 방식으로 바꾸어놓았다는 것이 많은 사람들의 경험담입니다. 그들은 과거처럼 다시 삶을 즐기기 시작했다고 말합니다. 여러분에게도 같은 일이 일어나기를 바랍니다.

MBCT와 함께하는 여러분 모두에게 행운이 깃들기를 기원합니다.

존 티즈데일, 마크 윌리엄스, 진델 시걸

역자 서문

마크 윌리엄스 박사의 방한을 앞두고 이 책을 출간하게 되어 기쁨이 더욱 큽니다. 이 책은 인지치료의 대가인 마크 윌리엄스와 존 티즈데일, 진델 시걸 세 전문가가 우울증 재발 방지에 더욱 효과적인 치료법을 찾다가 마음챙김에 근거한 스트레스완화(MBSR) 프로그램과 인지치료를 융합하여 만든 마음챙김에 근거한 인지치료(MBCT) 워크북입니다. MBCT 8주 프로그램을 차근차근 알기 쉽게 설명하면서 독자들이 궁금해하고 어려움을 느낄 수 있는 부분을 놀랍도록 친절하고 유익한 방식으로 안내하고 있습니다. 이 책을 읽고 단계적으로 수련을 한다면 MBCT에 대한 이해는 물론 마음챙김 명상 수련에도 많은 도움이 될 것입니다. 2013년 불광출판사에서 출간된 마크 윌리엄스 박사의 『8주, 나를 비우는 시간』과 이 책을 병행해서 보고 일상생활에서 규칙적으로 수련한다면 시너지 효과가 있을 것으로 기대합니다.

MBCT는 MBSR을 기반으로 개발되었기에 MBSR과 상당한 공통점을 가지고 있습니다. 두 프로그램의 마음챙김 수련 방식은 동일하다고 보아도 무방합니다. 미국 MBSR본부에서도 MBCT를 소개하고 있을 정도로 두 프로그램의 관계는 매우 가깝고 절친한 형제와 같습니다. 그러나 인지치료의 치료적 요소가 있기에 MBSR과 다른 점도 분명히 존재합니다. 애초에 우울증 재발 방지를 위해 개발된 프로그램이지만 시간이 흐르면서 불안, 스트레스 등 심신 건강 전반에 걸친 다양한 임상 효과가 있음이 밝혀져 주목을 받고 있는 마음챙김 접근법입니다.

마음챙김은 불교명상 수련의 핵심이라고 불릴 정도로 매우 중요한 전통입니다. MBSR, MBCT 등 마음챙김에 근거한 서양의 마음챙김 접근법들이 국내에 소개되고 있는 것은 복잡한 현대에 사는 우리에게 매우 반갑고 유익한 일입니다. 이러한 새로운 명상 접근법들에 힘입어 명상이 특정 종교나 집단의 전유물이 아니라 일상의 삶에서 개인과 사회에 모두 유익한 도구로 받아들여지고 널리 실천되기를 바랍니다. 마음챙김 명상이 단순히 이완, 기분 좋음의 차원을 넘어서 조건화와 자동조종의 행위중심(Doing mode of mind)으로 살아가는 우리들에게 마음의 본성인 자각(awareness)을 회복하여 건강하고 의미 있는 삶을 사는 데 도움이 되기를 바랍니다.

수년 전 서울불교대학원 심신치유교육 전공생들과 함께 한 학기 수업 형태로 공부한 결과가 초벌 번역의 밑거름이 되었습니다. 언어의 장벽을 극복해나가면서 열심히 함께해준 박성현, 서명희, 정유경, 김정화 원생에게 감사의 마음을 전합니다. 또 세심히 편집을 마무리한 불광출판사 편집부에도 감사 인사를 전합니다.

2017년 여름 안희영

Part 1

이론적 기초

1장

환영합니다

8주 MBCT 프로그램에 오신 것을 환영합니다.

MBCT는 마음챙김에 근거한 인지치료(mindfulness-based cognitive therapy) 프로그램입니다.

이 프로그램은 원하지 않지만 지속되는 기분을 다루기 위해 특별히 고안된 것입니다.

MBCT는 실험연구를 통해서 불안과 광범위한 다른 문제들뿐만 아니라 우울증에 효과적임이 입증되었습니다.

이 책은 자기계발이나 개인치료의 한 부분으로 사용하거나 혹은 MBCT 프로그램 전문가들이 사용할 수 있는 많은 방법을 담고 있습니다.

이 여행을 함께함으로써 전체성과 치유를 위한 심오한 능력을 어떻게 풍부하게 할 수 있는지 알게 되길 바랍니다.

살아오면서 어느 시기에 아주 불행했던 적이 있다면 그 경험을 다루는 것이 얼마나 어려운지 알 것이다. 무엇을 어떻게 시도해 보아도 더 좋아지지도 않고 그 시간이 더 짧아지지도 않는다. 계속 노력하는 것 자체로도 스트레스를 받고 지칠 것이다. 삶은 그 색깔을 잃어버렸고 당신은 어떻게 되돌려야 할지 알 수 없는 것처럼 느낄 것이다.

점차 자신에게 잘못된 것이 있다고 믿게 될지도 모르고 근본적으로 자신의 모습이 그리 좋지 않다고 느낄지도 모른다.

이러한 내면의 공허함으로 오랜 기간 외상적인 사건들이 하나둘 스트레스로 축적되어 삶을 예기치 않은 혼란에 빠뜨린다. 그것은 어떤 명료한 원인을 알 수 없는 우울함으로 나타날 수 있다. 당신은 심한 공허감과, 자신과 타인과 세상에 대한 실망감에 고통스러워하며 가눌 수 없는 슬픔 속에서 허우적대는 자신을 발견하게 될 것이다.

> 정서적인 문제를 계속 겪는 모든 사람들에게는 절망, 사기 저하, 우울증으로 인해 순수한 기쁨을 상실하는 일이 결코 멀지 않다.

만약 이러한 느낌들이 점점 커진다면 임상적으로 우울증이라고 부를 수 있을 정도로 심해질 수도 있다. 그러나 여기에서 언급하는 종류의 불행은 때때로 우리 모두가 겪는 것이다.

지속적으로 불행한 주요 우울증이건 파괴적이고 무력감을 느끼게 하는 간헐적 우울증이건 어느 정도나 어느 기간 동안 정서가 저하되곤 하는 사람들에게 절망, 사기 저하, 전형적 우울증으로 인해 순수한 기쁨을 상실하는 일은 결코 멀지 않다.

어떠한 것에 압도될 때 잠시 동안 주의가 산만해질지도 모르지만 마음에서 지속적으로 되풀이되는 질문은 '왜 나는 이런 문제에서 빠져나올 수 없을까?', '이 상태가 영원히 지속되면 어떡하지?', '나한테 무슨 문제가 있지?' 하는 것들이다.

희망 되찾기

당신에게 어떤 생각이 떠오르든지 간에, 당신에게는 전혀 문제가 없다면 어떨까?

만약 감정에 지배되지 않기 위해 용감하게 노력한 것들이 실제로는 역효과를 낸다면 어떻게 하겠는가?

만약 그러한 노력들이 오히려 고통을 유발하거나 심지어 상황을 더 악화시킨다면 어떻게 하겠는가?

이 책은 이러한 일들이 어떻게 일어나는지 이해하고 이때 무엇을 할 수 있는지 알도록 돕기 위해 쓰였다.

마음챙김에 근거한 인지 치료(MBCT)

이 책은 MBCT 프로그램을 단계적으로 안내할 것이다.

8주간의 과정은 고통스러운 감정의 얽매임에서 자유로워질 수 있는 힘을 부여하는 기술과 이해력을 가질 수 있도록 구성되어 있다.

MBCT는 효과적이다
—

세계 도처에서 실시된 연구에 의하면, MBCT는 이미 우울증을 여러 번 겪은 사람들에게 미래에 일어날 임상적 우울증을 반감시킬 수 있고, 그 효과는 항우울제만큼이나 좋다고 한다.

물론, 우울증은 불안, 짜증 혹은 원하지 않는 다른 정서를 종종 동반한다. 좋은 소식은 MBCT가 개발되었고 우울증에 매우 효과가 있다는 것이 증명되었으며, 근래의 연구에 의하면 계속되는 불안이나 다른 파괴적인 정서에도 MBCT가 강력한 효과를 보인다는 것이다.

MBCT의 핵심은 부드럽고 체계적인 마음챙김 훈련이다(나중에 마음챙김이 무엇인지에 대해서 더 많은 것을 이야기할 것이다).

이 훈련으로 우울과 다른 많은 정서적 문제의 근간에 놓인 두 가지 중요한 과정의 손아귀에서 자유로워질 수 있다.

1. 지나치게 생각하고, 반추하는 경향 혹은 너무 많이 걱정하는 경향
2. 어떤 것들을 억압하고 회피하고 밀어내는 경향

오랫동안 정서적인 어려움을 겪고 있다면 걱정하거나 억압하는 것이 실제로 도움이 되지 않는다는 것을 알게 될 것이다.

그러나 그것을 멈출 힘은 없다고 느낄 것이다.

힘들어하는 마음에 신경을 *끄고자* 하는 노력은 일시적인 안도감을 줄 수 있지만, 상황을 더 악화시킬 수 있다.

당신을 힘들게 하는 그것에 여전히 주의를 빼앗기게 된다. 벗어나려고 애쓰는 바로 그곳으로 거듭거듭 다시 끌려가는 것을 피하기 어렵다.

제시카 _ "나의 문제는 항상 낮에 직장에서 일어났던 일을 밤까지 반복하여 생각하면서 잠을 못 자고 내일 일어날 일에 대해 걱정하는 것이었어요. 생각을 멈추려고 모든 것을 해보았지만 아무것도 효과가 없었어요. 심지어 해야 할 일을 잊어버리기까지 했어요. 그것들이 이미 지나간 과거임을 깨달았을 때야 비로소 도움이 되었어요."

마음이 근본적으로 다르게 작용할 수 있는 완전히 새로운 기술을 배우는 것이 가능하다면 어떨까?

마음챙김 훈련은 정확히 이런 기술들을 가르친다. 주의 집중에 대한 통제력을 자신에게 되돌려주며, 당신 자신을 졸졸 따라다니며 가혹하게 판단하는 자책의 소리 없이 자신과

세상을 있는 그대로 경험할 수 있게 한다.

마음챙김을 매일 수련하면 모든 것에 대해서 반추하고 걱정하는 경향을 감소시킬 수 있다.

작고 아름다운 것들과 세상의 모든 기쁨에 눈을 뜨게 된다.

당신에게 영향을 끼치는 사람들과 사건을 현명하게 연민으로 대하는 법을 배운다.

우리가 개발한 MBCT가 저조한 기분상태와 이에 동반되는 스트레스와 소진으로부터 사람들을 어떻게 자유롭게 하는지 여러 번 보아왔다. 우리는 그들이 지금까지 상상했던 것보다 훨씬 더 온전히 삶을 경험할 수 있는 방법을 찾아내는 놀라운 결과들을 보아왔다.

> **마음챙김**은 어떤 일을 하는 동안 무엇을 하는지 직접적이고 열린 마음으로 아는 것을 말한다. 즉 순간순간 몸과 마음에서, 바깥세상에서 무엇이 일어나고 있는지 주의를 기울이는 것이다.

"아들이 어느 날 '엄마가 요즘 기분이 좋아 보여.' 하고 말했죠. 나는 내 안에서 미소를 짓고 있다는 걸 느끼며 아이를 안아 주었어요."

"예전에는 친구들한테 연락하는 게 두려웠지만, 이제 좀 더 자주 친구들과 함께하기 위해 연락을 하기 시작했고 지금은 밖에서 만나자는 친구들의 전화가 좀 더 자주 울려요."

"여기 오기 전에는 압박감 없이 살 수 있다는 것을 몰랐어요. 나는 5살 때 어떤 생각을 했겠지만 대부분 기억하지 못해요. 삶을 다르게 사는 방식을 알게 됐는데, 아주 단순한 방식이에요."

"대학 다닐 때 이후로는 처음으로 그림을 다시 그렸어요."

"딸아이가 나의 자세와 걸음걸이가 완전히 달라졌다고 했어요. 나도 딸아이 말이 옳다는 걸 알고요. 예전보다 더 가벼워진 거 같아요."

이 책은 누구를 위한 것인가?

이 책은 8주간의 MBCT 프로그램을 원하는 모든 사람들을 위한 것이다.

프로그램 지도자들의 수업의 한 부분으로서, 개인치료의 부분으로서, 혹은 자기치료의 형태로 혼자나 친구와 함께 이 프로그램을 경험해볼 수 있을 것이다. 매일 책에 있는 CD를 들으며 안내대로 하면 된다.

물론 당신이 MBCT 프로그램이 가치 있다는 것을 알기 위해 심각하게 우울해질 필요는 없다.

○ 연구에 의하면 MBCT는 아주 넓은 범위의 정서적 문제에 효과가 있다.
○ MBCT는 불행에 사로잡히게 하는 다른 많은 방법들의 기저에 놓여 있는 핵심적인 심리적 과정에 초점을 둔다.

바로 지금 아주 우울하다면 어떨까?
—

MBCT는 본질적으로 이전에 매우 심각한 우울증을 경험했던 사람들을 돕기 위해 만들어진 것이다. 우울증의 재발을 예방할 수 있는 기술들을 배우는 일환으로 사람들은 상대적으로 잘 지낼 때 MBCT 프로그램에 참여한다. MBCT 프로그램이 우울증 재발을 방지하는 데 효과적이라는 수많은 증거가 있다.

또한 MBCT가 우울증을 심하게 앓고 있는 사람들을 도울 수 있다는 증거들이 늘어나고 있다. 그러나 만약 지금 당장 상황이 매우 나쁘고, 우울증으로 인해 어떤 수련에 집중하는 것 자체가 매우 어렵다면, 그때는 새로운 것을 학습하기 위해 애쓰는 것이 오히려 자신을 낙담시키는 일이 될 수 있다. 가능하다면 잠시 기다리고, 수련을 시작하더라도 스스로에게 관대해지는 것이 최고의 방편이다. 당신이 경험하는 어려움이 우울증의 직접적인 영향이고, 머지않아 그 어려움이 줄어들게 된다는 것을 기억하라.

정서적인 괴로움의 덫에 빠지게 되는 마음의 패턴은
우리 모두와 보다 충만한 존재의 길을 향한 우리의 잠재력의 발화 사이에 있는
마음의 패턴과 근본적으로 동일하다

왜 또 다른 책인가?

우리는 이미 광범위한 독자를 위한 MBCT 책을 썼다. 그 책은 『우울증을 다스리는 마음챙김 명상(*The Mindful Way through Depression*)』으로 최근 수십 년 동안 전 세계적으로 마음챙김에 흥미를 촉진하고 있는 존 카밧진과 공동 저술한 것이다.

그 책과 이 워크북은 상호보완적이기 때문에 이 둘을 함께 보면 많은 도움이 될 것이다.

『우울증을 다스리는 마음챙김 명상』에서 MBCT를 이해하는 데 유용한 일반적인 소개를 볼 수 있을 것이다. 만약 자기 자신을 위해서 이 워크북을 사용한다면 그 책에 있는 상세한 설명에서 많은 도움을 받을 수 있을 것이다.

만약 『우울증을 다스리는 마음챙김 명상』을 이미 읽었다면, 이 워크북은 또 하나의 도구가 될 것이며, 당신이 MBCT 프로그램에서 알아야 할 것들에 대한 자세하고도 실질적인 안내가 될 것이다.

왜 워크북인가?
—

이 책의 형식은 당신의 삶과 행복에 있어서 근본적이고 지속가능한 변화를 이끌 수 있는 프로그램을 통해 당신을 뒷받침하고 안내하고자 특별히 구성되었다.

정서적인 혼란 속에 어떻게 얽혀 들어가는지 그리고 자신을 자유롭게 하기 위해서 무엇을 할 수 있는지에 대해 단지 **읽기만 해도** 변화를 일으킬 수 있다는 것은 드문 일이다.

더 정확히 말하면, 심오하고 지속적인 변화는 우리가 이 책에서 **수련**이라고 부르는 것을 실천하는 것과 관련 있다. 매일매일 행하는 이 수련을 통해 MBCT 학습 중 99%가 진행된다.

내면의 변화는 이해와 수련 그리고 성찰 사이에서 춤을 추듯 계속 왔다 갔다 하는 것에 달려 있다. 새로운 통찰과 기술은 우리 존재에 깊이 **체화되어** 나타난다. 그렇기 때문에 새로운 통찰과 기술이 그와 같은 광범위하고 지속적인 영향력을 가질 수 있다.

이 워크북은 이러한 변형이라는 춤의 중요한 3가지 요소, 즉 **구조**, **성찰**을 위한 기회, 그리고 **통찰**의 요소를 제시한다.

구조는 매일매일의 변화의 길을 따라서 당신을 안내할 손안의 지도를 의미한다. 여정은 매일 자세히 설명된다. 일단 그 여정을 따르기로 약속한다면 그 날, 그 순간에, 해야 할 어떤 일에 쉽게 긴장을 풀고 임할 수 있을 것이다.

이 책에는 짧은 **성찰**을 위한 공간들이 편성되어 있다. 이것들은 멈출 수 있고, 한발 뒤로 물러설 수 있고, 마음과 몸, 주변의 세계에서 무엇이 일어나고 있는지 좀 더 명료하게 보도록 해줄 것이다. 그러한 성찰로부터 통찰이 일어난다.

게다가 이 책에는 수련을 하는 동안 다른 참여자들이 알게 된 것을 성찰하는 대화가 제시되어 각각의 수련이나 연습 후 **통찰**의 진보가 있도록 한다. 이것을 읽으면 자신에게도 일어나고 있는 것을 알 수 있게 될 것이다. 이러한 방식으로 자신의 경험에 가까이 다가갈 때, 스스로 발견을 하기 시작하고 자유와 행복이 더 커질 수 있는 가능성에 대한 통찰을 얻게 될 것이다.

많은 사람들이 가장 도움을 얻을 수 있는 접근법은 『우울증을 다스리는 마음챙김 명상』을 읽으면서 (또는 참고자료로 활용하면서) 이 워크북을 함께 사용하는 것이다. 훈련된 교사들이 지도하는 MBCT 프로그램에 참여해서 다른 사람들과 함께하는 것이 가장 효과적이다.

책의 구성

2장과 3장에서는 중요한 질문들을 다룬다. 왜 우리는 자주 정서적인 스트레스나 우울증에 빠지게 되는가? 8주간의 MBCT 프로그램의 수련과 연습들이 어떻게 변화를 가져오는가? 이 모든 것들이 당신을 어떻게 도울 수 있는가?

이러한 것들을 이해한 후, 4장에서는 MBCT 프로그램을 준비하는 가장 좋은 방법을 살펴본다. 그리고 이어지는 7개의 장에서, 일주일마다 한 단계씩 차례로 실제 프로그램을 진행하게 된다.

마침내 이 책의 마지막 12장에서 우리는 미래를 본다. 당신이 원하기만 하면, 마음챙김은 당신의 삶을 변형시키고 풍요롭게 할 수 있다. 그러한 마음챙김의 방법들을 당신이 어떻게 더 키우고 확장할 수 있는지를 살펴본다.

"프로그램에 참가한 뒤로 나는 현재에 존재하면서 이 순간을 실제로 즐길 수 있게 됐죠. … 현재가 바로 내가 살아야 하는 유일한 순간이란 걸 깨달았죠. … 그래서 과거의 실패나 미래에 대해 끊임없이 걱정하는 대신 이제는 현재의 순간을 좀 더 차분하게 수용할 수 있게 되었어요. MBCT가 가능한 모든 방식으로 나를 변화시켰다고 말해도 과언이 아니에요."

2장

우울, 불행, 정신적 고통
우리는 왜 이런 것에 사로잡히는가?

자니는 종종 아침에 너무 일찍 깨곤 했는데, 그럴 때면 몸은 무겁고, 머릿속에 계속 맴도는 생각을 멈출 수 없어 다시 잠들지 못했다. 그녀는 가끔 차를 마시려고 일어나서 어깨에 담요를 두르고 주방에 앉아 그녀나 친구가 두었던 잡지를 읽거나 컴퓨터를 켜 지난밤에 온 이메일에 답장을 썼다. 그러다 끝내는 너무 지쳐 침대로 돌아가지만 생각은 계속 맴돌 뿐이었다. 이젠 생각에 새로운 소리도 실려 있다. "끔찍해. 너무 지쳐서 오늘은 바르게 생각할 수가 없을 거야. 이런 일이 왜 또 일어나지? 왜 정신을 차리지 못하지? 뭐가 잘못된 거지?"

누구라도 이런 식으로 일찍 일어나는 것은 괴로울 것이다. 그러나 자니의 경우 마음이 상황을 더 악화시켰다. 이 이야기를 다시 읽으면서, 새로운 소리가 자니의 고통과 당신 자신의 과거 경험에 왜곡을 일으키는 방식에 유사점이 있다는 것을 찾을 수 있겠는가?

당신이 알게 된 것들 옆에 V 표시를 한다.

☐ 상황에 부정적인 소리("끔찍해.")를 추가한다.
☐ 끔찍한 결과가 있을 것이라는 소리를 확신한다.("너무 지쳐서 바르게 생각할 수 없을 거야.")

소리는 대답할 수 없는 질문들을 해서 다음과 같은 영향을 끼쳤다.

☐ 일이 잘못되었던 과거를 마음으로 가져오기("왜 이런 일이 또 일어나지? 왜 정신을 차리지 못하는 걸까?")
☐ 약점과 실패에 집중하기("뭐가 잘못된 거지?")

자니의 경험은 다음과 같은 중요하면서도 예기치 않은 진실을 보여준다.

불행한 느낌 자체는 아무 문제가 없다

불행한 느낌은 전형적인 삶의 일부로, 특정 상황에 대한 자연스러운 반응이다. 그냥 내버려두면 적당한 시간이 지난 뒤에 사라지거나 때로는 그보다 더 빨리 사라지게 된다.
그러나 웬일인지 우리 대부분은 슬픔이나 불행을 느끼게 되면 그대로 내버려두지 못하고 **무언가를 해야만 한다**고 느낀다. 심지어 무슨 일이 일어나는지 알려고만 하는 경우에도 그렇다.

역설적이게도, 원치 않는 불행한 느낌을 없애려는 바로 그 시도 때문에 우리는 더 깊은 불행에 빠지게 된다.

> **불행에 대한 우리의 반응에 따라,
> 간단히 지나갈 슬픔이 끊임없이 지속되는 불만족과
> 불행으로 바뀔 수 있다.**

이제 무슨 일이 벌어지는지 좀 더 자세히 알아보자. 세 가지 중요한 단계로 구분해 볼 수 있다.

1단계 : 불행하다는 기분이 든다.
2단계 : 불행한 기분 때문에 부정적인 사고, 감정, 과거의 기억들이 떠오른다. 이런 것들 때문에 기분이 더 나빠진다.
3단계 : 불행한 느낌이 계속되고 더 악화되는 방법으로 불행한 느낌을 없애려고 노력한다.

과거의 메아리

몇 년 전 자니는 그 당시 다니던 직장에서 해야 할 일이 너무 많아서 스트레스를 굉장히 많이 받았다. 그녀는 기분이 너무 가라앉아서 기운을 되찾으려고 끊임없이 노력하다가 의사를 찾아갔다. 의사는 항우울제를 처방해 주었고 약이 조금은 도움이 되었다.

결국 그녀는 직장을 그만두었다. 하지만 그 때문에 그녀는 여전히 자신을 탓했다. 7년이 지난 지금까지도 그녀가 제대로 잠들지도 못하고 그렇다고 완전히 깨어 있지도 못한 채 이른 새벽에 눈을 뜨고 미래를 걱정하며 괴로워할 때, 과거에 대한 이러한 메아리는 그녀를 더 기분 나쁘게 만들고 있었다.

기분이 가라앉기 시작했을 때를 생각해보고 그때 당신이 느낀 것을 표현하는 단어 옆에 V 표시를 한다. 단어가 나타내는 감정을 조금이라도 느꼈으면 V 표시를 한다.

☐ 낙심한   ☐ 우울한   ☐ 기가 죽은   ☐ 실패

☐ 무능한   ☐ 낮은   ☐ 실패자   ☐ 한심한

☐ 슬픈   ☐ 매력 없는   ☐ 불행한   ☐ 쓸모없는

이 목록은 두 종류의 단어로 이루어져 있다.

한 종류는 기분이나 감정(낙심한, 우울한, 기가 죽은, 낮은, 슬픈, 불행한)을 나타내고 다른 종류는 당신이 어떤 부류의 사람(실패, 무능한, 실패자, 한심한, 매력 없는, 쓸모없는)인지 나타내고 있다.

> 과거에 우울한 적이 있었다면 슬픈 기분 때문에 자기 비판적 생각이나 실패했던 생각이 더 떠오르게 된다.

이 단어 목록을 이용한 연구에서 매우 중요한 것이 밝혀졌다.

이유가 무엇이든 지금 기분이 처지기 시작했고, 과거에 심각하게 우울했던 적이 있다면, 그렇지 않은 사람보다 자신을 더 나쁘게 느끼게 될 가능성이 많다.(그래서 '실패'와 같은 단어에 표시하게 된다.)

왜냐하면 기분이 처질 때마다 우리가 쓸모없고 사람들을 실망시키며, 삶은 극복할 수 없는 어려움으로 가득 차 있고 미래는 희망이 없다는 극도로 부정적 생각패턴에 마음이 사로잡히기 때문이다.

> 빌 _ "난 기본적으로 부족하다고 느껴요. 조만간 사람들이 알아차릴 거예요."

이러한 생각패턴과 우울함, 불행한 기분 사이를 연결하는 고리가 생기게 된다. 그 결과 슬픈 감정이 일어나고, 예전의 부정적인 생각패턴이 바로 뒤따라온다.

슬프게도, 이러한 느낌과 생각의 패턴은 사람을 더욱 더 우울하게 만든다. 이 생각은 쳇바퀴 돌듯 계속된다. 전에 심하게 우울한 적이 있었다면 다시 우울해지기는 더 쉽다.

다시 그 사이클을 각성시킬 수 있는 것은 생각패턴뿐만이 아니다. 큰 손실, 거절, 또는 실패의 경험은 종종 우울증을 유발할 것이다.

다시 슬프거나 우울해질 때는 손해를 보았거나 거절당했던 기억과 그러한 비극의 무게가 해일처럼 덮칠 수 있다. 그러한 방식으로, 이러한 생각과 기억 때문에 더 슬퍼지게 되고, 악화된 기분의 소용돌이에 왜곡까지 더하게 된다.

자니의 경우, 잠들지 못하는 데서 오는 불만과 일에 잘 대처하지 못했다는 두려움이 그녀의 기분을 더 나쁘게 만드는 기억을 불러일으켰다.

안나 _ "또 시작이에요. 난 그냥 미래가 없는 것 같아요. 과거에도 되는 일이 없었고 미래도 별로 다르지 않을 거예요. 이런 걸 더 이상 참을 수 없어요."

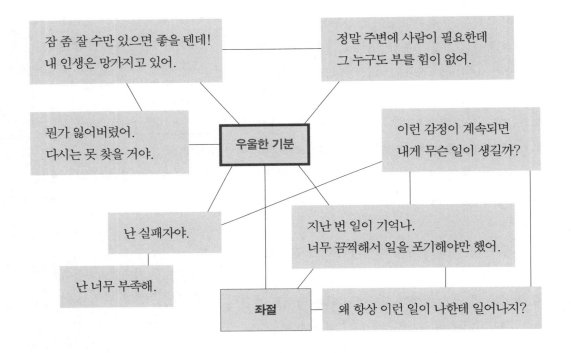

자니의 우울증처럼, 다른 감정도 미묘하게(또는 아주 미묘하지는 않게) 우리의 경험을 채색할 수 있고, 그 결과 우리는 명료하게 볼 수가 없다.

예를 들면,

기분과 감정은 생각이나 기억, 주의와 '일치'하는 패턴을 생성하는데, 이 패턴은 감정을 더 강렬하고 오래 지속되게 한다.

○ 불안감은 불안과 걱정, 두려움을 더 많이 만들어내는 불안한 생각패턴을 다시 불러일으킨다.

올가_ "밥이 다시 아프면 어쩌지? 내가 잘 해낼 수 있을까? 혼자가 되고 싶지 않아."

○ 짜증내고 좌절하게 되면 다른 사람 탓을 하며 비난하게 되는데 결과적으로 더 화가 나고 좌절하게 된다.

스콧_ "그는 이 일을 할 권리가 없어. 그가 다시 이 일을 한다면 더 이상 견딜 수 없어. 그가 아니라 내가 이 프로젝트를 책임져야 해."

○ 과도한 요구로 인해 지나치게 스트레스를 받게 되면, 압도당할 것 같은 두려움이 그 부담감 때문에 생겨나고, 우리는 더 바빠지게 되고 스트레스도 더 받게 될 것이다.

펄_ "어느 누구도 이 일을 할 수 없어. 다 내 책임이야. 마감 시간은 정말 중요해."

**좋은 소식은 올바른 이해와 기술을 통해 우리가
이 기분-생각의 악순환에서 벗어날 수 있다는 것이다.**

우리는 사람들이 이 생각패턴을 생각패턴 그 자체로 인식하는 것을 배우고, 또한 주의의 초점을 바꾸어 생각패턴에서 적절하게 벗어나는 것을 반복해서 보아왔다.

문제는 우리들 대부분에게 적절한 이해와 기술이 없었다는 것이다. 이것은 우리의 잘못이 아니다. 사실, 최선을 다했던 노력이 종종 의도했던 것과는 정반대의 결과를 낳는다는 것을 당신도 알고 있을 것이다.

어떻게 된 것인지 알아보자.

문제에서 벗어나려고 사용한 방법 때문에
더 곤경에 빠질 수 있다

저조한 기분이 심한 우울증으로 악화되는 것을 과거에 경험한 적 있다면, 그것이 얼마나 끔찍한지 알 것이다. 그 기분을 빨리 없애고 더 깊이 빠져들고 싶지 않은 충동을 전적으로 이해할 것이다.

마찬가지로, 만약 너무 지쳐서 삶을 즐길 수 없는 기분이 들고 이로 인해 한 인간으로서 자신의 가치에 대해 깊은 의구심을 품게 된다면, 그 상황에서 뭔가를 하는 것보다 더 중요한 것이 무엇이겠는가?

주의 깊게 살펴보면, 여기에서 무슨 일이 일어나는지를 알 수 있다. 즉,

> 카르멘 _ "여기서 빨리 벗어나지 못하면 미쳐버릴 것 같아요. 난 뭔가 해야 해요."

> 토니 _ "내가 어렸을 때 그런 계획이 있었는데 모두 어디로 가버렸지? 어떻게 이렇게 끝날 수가 있을까? 내게 무슨 일이 있었던 걸까? 내가 왜 이러지?"

마음은 문제에서 벗어나는 방법을 생각해내서 불행한 느낌을 없애려고 한다.

기분이 저조해지기 시작했던 때로 돌아가 생각해보라. 이런 생각이 마음에 떠오르지 않았는가?

"다른 사람들은 친구들도 있고 행복해 보이는데 나는 이렇게 불행하다. 나한테 무슨 문제가 있는 게 아닐까?"

"이런 기분으로 끝나다니 내가 뭔가 잘못했나?"

"이런 기분을 계속 느끼면 나는 어떻게 될까?"

이런 질문들에는 명확한 답이 없다. 그럼에도 불구하고 우리는 그런 생각을 계속하게 되는데, 이것이 심리학자들이 '반추'라고 부르는 과정이다.

심리학자 수잔 놀렌 혹스마(Susan Nolen Hoeksema)는 반추와 그 영향에 대해 여러 해 동안 연구하여 다음과 같은 뚜렷한 결론을 얻었다.

반추를 하면 기분이 더 나빠질 뿐이다.

우리는 답을 찾아내지 못해 좌절을 겪는다.

일이 왜 잘못되었는지 이해하기 위해서 과거에 실패하고 어려웠던 기억을 되살린다. 그러나 이렇게 약점과 결함에 초점을 맞추면 더 아래로 끌려 내려갈 뿐이다.

우리는, 상황이 변하지 않는다면 앞으로 그 문제가 일어날 것이라고 예상하고, 다음 날, 다음 주, 다음 달에는 직면해야만 한다는 가능성에 몹시 두려워한다.

심지어 삶이 살 만한 가치가 있는지에 대해서도 의문을 품기 시작할 수 있다.

불행한 느낌에서 벗어나는 방법을 생각해내어 그런 느낌을 없애버리려는 우리의 시도는 자꾸만 가라앉는 악순환에서 해방되는 것과는 거리가 멀다. **오히려 이 시도 때문에 우울한 기분이 더 심해지고 더 오래 지속된다.** 이러한 기분은 더 불행했던 기억과 생각을 떠올리게 하고, 계속해서 반추할 수 있는 새로운 소재가 된다.

과거에 임상적 우울을 경험한 적이 있다면, 반추를 하면서 또 다른 우울증에 빠져드는 것 같은 기분이 들 수 있다.

> 아샤 _ "이 모든 생각이 내게 도움이 되지 않아요."

> 필 _ "항상 이런 식이었어요. 너무 부정적이어서 친구를 잃은 게 확실해요. 내가 왜 이럴까요? 그때가 기억나요."

> 다이아나 _ "내 인생에서 뭔가가 영원히 망가졌어요."

우선, 지속적으로 재발하는 우울증, 불행, 소진과 관련된 문제는 '저조한 기분'이 아니다. 문제는 그 다음에 오는 것이다.

핵심 문제는 우리의 마음이 저조한 기분, 두려움, 화, 피곤함에 반응하는 방식이다.

우리는 왜 이길 수 없는 싸움에서
헤어나지 못하는가?

반추를 하면 어려움을 더 크게 겪을 수 있다. 반추를 하게 되면, 간단하게 경험하고 빠르게 지나갈 슬픔이 심각한 우울증이 되거나, 빠르게 지나갈 짜증이 오랫동안 분노와 화로 남거나, 혹은 잠깐의 걱정거리가 커다란 불안이 될 수 있다.

'왜 반추하는가? 파괴적인 감정에서 벗어나게 하기는커녕 실제로는 상황을 더 악화시키는데도 왜 되풀이해서 생각하고 곱씹으면서 걱정하는가?'

이런 질문에 답을 하면서, 우리가 다르게 반응할 수 있다는 것을 이해하기 위해 한 발자국 뒤로 물러나, 마음이 일반적으로 움직이는 방법을 잠시 알아보자.

마음의 행위양식

하나의 문제를 해결하거나 일을 이루기 위해서, 마음은 보통 예측할 수 있는 방법으로 움직인다. 예를 들면, 어느 날 친구에게 소포를 가져다주려면 평소 집으로 가는 길과는 달리 돌아서 가야 하지만, 친구가 있는 곳으로 가기 위해 들어서려고 했던 길을 지나쳐버릴 수 있다.

잠시 후 소포가 그대로 있는 것을 알고, 이 상황이 당신이 하려던 바가 아니라는 것을 알게 된다. "다른 길로 갔어야 했는데." 하고 당신은 지나간 일을 생각하고, "다음에 무엇을 할까?"라며 해야 할 일을 생각한다.

당신은 차를 돌린 다음 신중하게 노력을 기울여, 이번에는 ① 친구 집으로 가는 출구로 빠져나가기 위해 ② 평소와는 다르게 그 길을 곧장 지나쳐 가지 않는 것이 일을 바로잡는 가장 간단한 방법임을 깨닫는다.

이러한 계획에 따라서 행동하고, 길을 잘 선택해서, 친구에게 소포를 가져다줌으로써 임무를 달성한다.

잘 연습되고 익숙한 정신적 방법으로 마음을 이용해서 마침내 소포를 목적지에 배달했다.

이런 방법으로 일을 마칠 수 있다. 즉 목표를 달성하고, 문제를 해결하며, 우리가 원하는 방향으로 일이 진행되도록 한다.

이것을 **마음의 '행위양식(doing mode)'**이라고 부른다. 이 행위양식의 특징은 다음과 같다. 효과적으로 일을 하기 위해서, 매 순간 행위양식은 세 가지 생각을 마음속에 간직하고서 비교한다.

1. 매 순간 당신이 있는 곳(현 상태)
2. 당신이 있고 싶은 곳(목적지, 목표, 원하는 결과)
3. 당신이 있고 싶지 않는 곳(목표하지 않은 곳, 피하고 싶은 결과)

이 세 가지 생각을 지니고 비교하면서, 마음은 일의 현재 상태가 이루고자 하는 목표와 얼마나 잘 일치하는지 그리고 피하고 싶은 결과와 어느 정도 다른지를 알 수 있다.

그 차이가 커지는지 혹은 줄어드는지를 살펴보면서, 행위양식은 몸과 마음을 올바른 방향으로 이끌어서 바라는 목표를 이루게 하거나 원하지 않는 목적지는 피하게 한다.

이 모든 과정을 반드시 의식할 필요는 없다. 이러한 과정의 대부분은 알아차림의 배후에서 자동적으로 이루어진다.

'행위전략'을 사용하여, 인간의 마음은 도시를 건설하거나 달에 사람을 착륙시키는 것 같은 놀라운 목표를 달성할 수 있다.

행위양식의 7가지 핵심적인 특징
—

1. 종종 **자동적으로** 일어난다.
2. 일을 할 때 **생각과 아이디어**를 염두에 두고 이용한다.
3. 원하는 곳에 도달하기 위해 **과거와 미래에** 머문다.
4. **하고 싶지 않은 것, 피하고 싶은 것**을 마음에 간직한다.
5. 현재 상황과 바라는 것 사이의 격차에 끊임없이 초점을 맞추면서 **뭔가 다른 것을 필요로 한다.**
6. **생각이나 개념을 실재**라고 여긴다(목표를 계속 의심하는 것은 도움이 되지 않을 것이다).
7. 행위양식에서는, 일이 완료될 때까지 또는 너무 지쳐서 소진될 때까지 **계속 목표에 초점을 맞춘다.** 행위양식의 요구사항은 매우 **가혹하고 불친절하다.**

행위양식이 그렇게나 유용하다면,
무엇이 잘못된 것인가?

집을 짓는 것처럼 주변 세계를 변화시켜서 목표를 이루고자 한다면 마음이 행위양식을 따르는 것은 매우 효과적이다.

자신의 개인적이고 내면적인 세상에서 행복하고 불안하지 않으며 자발적인 사람이 되거나 또는 우울한 사람이 되지 않으려는 목표를 이루고 싶을 때 마음이 똑같은 기본 전략을 따르는 것은 당연하다.

여기에서 상황이 아주 잘못될 수 있다.

문제를 해결하기 위해서, 행위양식은 우리의 현재 상황(위치), 바라는 것, 바라지 않는 것에 대한 생각을 반드시 명심하고 있어야 한다. 어쨌든 일을 하기 위해서는, 문제가 해결되거나 또는 사라질 때까지 항상 마음의 한 켠에 이러한 생각들을 담아두고 있어야 한다.

어떤 목적지까지 운전해 가는 것과 같은 외부적인 문제의 경우, 마음속에 이러한 생각들을 담아두는 것은 남은 여정에 영향을 주지 않는다.

그러나 목표가 행복해지는 것, 원하지 않는 느낌을 가지지 않는 것, 또는 어떤 종류의 사람은 되지 않기와 같은 내면적인 것일 때는 어떠한가?

행위양식이 어떻게 작동하는지를 떠올려보라. 이제 우리는 "나는 불행해.", "좀 더 행복하면 좋을 텐데.", "이 끔찍한 기분을 다시 느끼고 싶지 않아."와 같은 말들을 명심해야만 한다. 지금 무슨 일이 일어나고 있는가?

> 다음 문장을 두세 번 읊조려보라.
>
> "나는 불행해."
>
> "좀 더 행복하면 좋을 텐데."
>
> "이 끔찍한 기분을 다시 느끼고 싶지 않아."

어떤 경험을 했는가? 아마도 기분이 더 나빠졌을 것이다. 대부분의 사람들이 그러하다. 지금 어디에 있는가와 어디에 있고 싶은가의 차이는 더 커졌을 것이다.

문제를 일으키는 것은 단지 마음속 생각들이 아니라 그 생각들을 비교하는 것이다.

때로는 마음이 무엇이 일어나고 있는지를 알고, 원하지 않는 감정을 제거하려는 계획을 내려놓을 수 있다.

또 때로 마음은 어떤 비용을 치르더라도 불행한 경험을 계속해서 피하고 싶을 것이다. 슬픔이 우울증이 되는 경험을 여러 차례 겪어 알게 되었다면, 불행한 느낌에 대한 두려움은 당연한 것이기 때문이다.

그렇게 함으로써, 우리는 다시 정서적 혼란의 구렁텅이로 미끄러져 들어가는 것을 막게 될 것이라 믿는다.

> 행위양식은 현재 모습과 원하는 모습 사이의 차이를 마음속에 계속 떠올리게 한다. 그러나 이것은 우리가 원하는 모습보다 얼마나 부족한지를 떠올리게 하고, 더욱 더 불행하게 만든다.

어떤 비용을 치르든 간에 부정적인 감정을 없애려는 그 마음을 내려놓을 수 없게 된다. 이렇게 행위양식이 '**추동양식**(driven-doing mode)'으로 바뀌는 것이다.

추동양식은 원하는 것은 얻으려고 하고 원하지 않는 것은 없애려고 노력하는 것을 그만둘 수 없다고 느끼는 마음의 양식이다.

걱정을 반추하는 것은 추동양식의 한 형태로, 행위양식을 적용해서는 안 되는 문제에 그 양식을 적용시키려고 노력을 배가하는 마음이다.

반추는 행위양식에 의지해서 슬픔과 불행한 느낌을 고착시켜 버린다. 행위양식은 우리가 외부세계의 일을 해야 할 때 제대로 작동하기 때문이다. 그러나 우리가 '나'라고 생각하는 내면세계에서 일어나는 일을 바로잡고자 할 때, 반추와 행위양식은 비참할 정도의 역효과를 낳는다. 그러면 그 대신 우리는 무엇을 할 수 있는가?

다음 두 가지 중요한 방법을 사용해서 더 능숙하게 대응할 수 있다.

1. 매 순간의 경험에서 걱정을 되풀이하고 추동하는 마음이 일어나는 것을 인식하고 그것을 있는 그대로 보는 것 배우기
2. 슬픔과 불행한 느낌 그리고 다른 불쾌한 정서와 원하지 않는 내면의 경험에 좀 더 능숙하게 대응하는 다른 양식의 마음 기르기

3장에서는 그러한 다른 양식을 소개하고 마음챙김이 전반적인 상황에 어떻게 잘 적용되는지 설명할 것이다.

3장

행위양식, 존재양식
그리고 마음챙김

행위양식은 마음이 작동하는 많은 양식 중 하나일 뿐이다.

서로 다른 마음의 양식들은 종류가 다른 자동차 기어와 같다. 각각의 마음의 양식은 서로 다른 기능 또는 목적에 사용된다.

또한, 자동차를 운전할 때 한 번에 한 종류의 기어만 조작할 수 있는 것처럼, 마음 역시 한 번에 하나의 양식에만 머물 수 있다.

이것은 매우 중요하다. **즉, 행위양식이 어떤 문제를 일으키든지 간에 또 하나의 다른 양식으로 이동함으로써, 그 문제에서 자유로워질 수 있다.** 우리는 '마음의 기어를 바꾸는' 방법을 배울 수 있다.

마음의 다른 양식 설계하기

2장에 소개된 행위양식의 7가지 주요 특징을 다음과 같이 요약할 수 있다. 각각의 특징 옆에는, 그 특징에 반대되는 것이 무엇인지 한두 단어로 쓸 수 있는 공간이 있다. 행위양식에 대한 대안으로 무엇이 좋겠는가?

행위 양식의 7가지 주요 특징	가능한 대안
1. 거의 자동적임	1. 의도적임
2. 사고를 통해 작용함	2.
3. 과거와 미래에 관심을 집중함	3.
4. 불쾌한 경험을 회피하려고 함	4.
5. 상황이 달라져야만 함	5.
6. 생각이나 견해를 실재하는 것으로 받아들임	6.
7. 끝마쳐야 할 일에 집중하여, 자신이나 타인에게 불친절하게 대하는 것과 같은 바람직하지 않은 부작용을 무시함	7.

존재양식과 행위양식

좋은 소식은 우리에게 행위양식에 대한 훌륭한 대안이 이미 있다는 것이다. 그것은 존재양식이다. 우리 대부분이 존재양식에 그다지 익숙하지 않더라도, 방금 한 연습에서 존재양식이 어떠한 것인지 힌트를 얻었을 것이다.

지금부터 행위양식과 존재양식의 주요 특징을 하나씩 대조하면서 존재양식에 대해 말하고자 한다.

MBCT 프로그램의 가장 중요한 목적은 삶에서 이 두 가지 양식을 어떻게 인식하는지를 배우고, 언제 행위양식에서 존재양식으로 전환할지 아는 것이다.

그 첫 걸음으로, 매일매일의 경험에서, 각 특징별로, 행위양식과 존재양식이 균형을 이루는지 평가해보기 바란다. 각 특징마다 두 개의 글 상자 아래에 있는 문구 중 자신을 가장 적절히 표현하는 문구에 동그라미를 친다.

1. '자동조종적인' 삶 vs 의식적으로 알아차리고 선택하는 삶

행위양식에서는

우리는 많은 시간을 자동조종 상태로 산다. 즉, 무엇을 하고 있는지에 대한 명료한 알아차림 없이 운전하고, 걷고, 먹고, 심지어 이야기도 한다. 현재 어디에 있는지와 어디에 있고 싶은지가 일치하지 않을 때마다, 행위양식에 자동적으로 시동이 걸린다. 우리는 목표에만 제한적으로 집중하기 때문에, 멈추어 서서 삶의 주변에서 일어나고 있는 경이로움에 주목하기가 쉽지 않다. 여유를 되찾고 다시 삶에 진정으로 주목할 시기를 계속 미루면서, 끝내 삶의 많은 부분을 놓칠 수도 있다.

존재양식은

자동적이지 않고, 의도적이다. 이는 오래되고 낡은 습관을 지속하지 않고, 다음에 무엇을 할지 선택할 수 있음을 의미한다. 존재양식은 상황을 마치 처음 보듯이 보도록 한다. 우리는 현재 순간에 '다시 존재'하게 되어, 삶을 온전히 알게 된다. 존재양식은 우리의 지각에 생기를 불러온다. 우리는 다시 온전하고 생생하게 알아차리게 된다.

이 특징에 의하면 당신의 일상생활에서 행위양식과 존재양식 간의 균형을 가장 잘 말해주는 것은 다음 중 어떤 것인가? (다음 중 하나에 동그라미를 친다.)

행위 〉 존재	**행위 = 존재**	**행위 〈 존재**
존재양식보다 행위양식	존재양식과 행위양식이 동등함	행위양식보다 존재양식

2. 사고를 통한 경험 vs 직접적으로 지각하는 경험

<table>
<tr>
<td>

행위양식에서는

목표가 무엇인지 생각하는 데 공을 들인다. 행위양식은 우리가 사는 세계에 관해, 우리가 어떤 사람인지에 관해, 그리고 우리의 감정, 감각, 생각들에 관해 생각한다. 생각하고 생각하고 또 생각하면서 많은 시간 우리의 마음을 가득 채운다. 삶에 대한 생각을 마치 '실재'인 것처럼 대할 때, 우리는 삶에서 한 걸음 물러나 살게 된다. 우리는 삶의 색깔, 진동 그리고 에너지를 걸러내는 생각의 장막을 통해 삶과 간접적으로 연결된다.

</td>
<td>

존재양식에서는

삶과 직접적으로 연결된다. 가까이 대면하면서 삶을 느끼고, 경험하고, 직접적으로 알게 된다. 우리는 삶을 경험하며 풍요로움과 끊임없이 변화하는 경이로움을 맛본다.

</td>
</tr>
</table>

이 특징과 관련하여, 삶에서의 행위양식과 존재양식 간의 균형을 평가해보고 다음 중 하나에 동그라미를 친다.

행위 〉 존재	**행위 = 존재**	**행위 〈 존재**
존재양식보다 행위양식	존재양식과 행위양식이 동등함	행위양식보다 존재양식

3. 과거를 곱씹으며 미래에 살기 vs 지금 이 순간에 온전히 존재하기

행위양식에서는

정신적으로 시간 여행을 한다. 마음은 우리가 원하는 상황에 대한 생각을 하며 미래를 향하거나 비슷한 상황들에 관한 기억들이 무엇을 말하려고 하는지 알기 위해 과거로 돌아간다. 정신적인 시간 여행에서는 마치 실제로 과거 또는 미래에 있는 것처럼 느낀다. 그 결과 현재의 삶이라는 충만한 경험으로부터 단절된다. 우리는 쉽게 과거를 반추하게 되고, 과거의 손실과 실패의 고통을 다시 경험한다. 미래를 걱정하면서, 결코 일어나지 않을 수도 있는 위협과 위험에 대한 두려움과 불안을 경험한다.

존재양식에서는

마음은 지금, 여기, 이 순간에 있고, 온전히 현존하며 우주가 제공하는 그 어떤 것에도 열려 있다. 미래에 대한 생각과 과거의 기억이 떠오를 수 있지만, 결정적으로 그것들을 현재 경험의 일부로서 경험한다. 생각이 만들어내는 과거와 미래의 세계에 끌려들어가지 않고, 그 세계들을 지켜본다.

이 특징과 관련하여, 당신의 삶에서 행위양식과 존재양식 간의 균형을 평가해보고 다음 중 하나에 동그라미를 친다.

행위 〉 존재
존재양식보다
행위양식

행위 = 존재
존재양식과 행위양식이
동등함

행위 〈 존재
행위양식보다
존재양식

4. 불쾌한 경험에 대해 회피하기, 도망치기 혹은 제거하기 vs 불쾌한 경험에 관심을 가지고 접근하기

행위양식에서는

즉각적이고 자동적인 반응으로 불쾌한 경험을 회피하거나, 밀쳐 내거나, 제거하거나, 파괴하려는 목표를 세운다. 이러한 반응을 **혐오**라고 한다. 혐오는 원치 않는 감정에 빠지게 되는 모든 사고 패턴의 기저를 이룬다.

존재양식에서

기본적인 대응법은 비록 불쾌한 경험이라도 관심을 가지고 존중하는 마음으로 모든 경험에 **접근**하는 것이다. 상황이 어떠해야만 한다 또는 어떠해서는 안 된다는 목표를 세우지 않는다. 그보다는 유쾌하든, 불쾌하든, 유쾌하지도 불쾌하지도 않든 간에 모든 경험에 대해 자연스러운 관심과 호기심을 가진다.

이 특징과 관련하여, 당신의 삶에서 행위양식과 존재양식 간의 균형을 평가해보고 다음 중 하나에 동그라미를 친다.

행위 〉 존재
존재양식보다
행위양식

행위 = 존재
존재양식과 행위양식이
동등함

행위 〈 존재
행위양식보다
존재양식

5. 상황이 달라지기를 원하기 vs 상황을 있는 그대로 받아들이기

행위양식은 변화에 전념한다.
즉, 상황을 우리 입맛에 맞게 만드는 것, 상황이 어떠해야 한다고 생각하면 그대로 되게 만들고, 어떠해서는 안 된다고 생각하면 그렇게 되지 않게끔 하는 것이다. 언제나, 있는 그대로와 어떠해야만 한다 사이의 **차이에 관심을 집중**하면서, 자신이나 자신의 경험이 무언가 부족하다는 근본적인 느낌을 가진다. 우리 또는 우리의 경험은 '만족스럽지 않다.' 이 불만족의 감각은 매우 쉽게 자기비난과 자기비판으로 이어진다. 거기에는 기본적으로 우리 자신과 경험에 대한 친절이 결여되어 있다.

존재양식의
근본적인 태도는 우리 자신과 경험을 있는 그대로 받아들이는 것이다. 어떠해야 한다는 생각과 우리의 경험이 일치하기를 요구하지 않는다. 즉, 존재양식은 경험을 지금 있는 그대로 받아들인다. 비록 불쾌하게 느껴지더라도, 그 경험에 만족한다. 비록 우리가 행위양식의 관점에서 어떠해야만 하는 모습이 아니더라도 자신에게 만족한다. 이러한 전적인 수용은 무조건적인 친절과 선의라는 기본적인 태도를 구현한다.

이 특징과 관련하여, 당신의 삶에서 행위양식과 존재양식 간의 균형을 평가해보고 다음 중 하나에 동그라미를 친다.

행위 〉 존재
존재양식보다
행위양식

행위 = 존재
존재양식과 행위양식이
동등함

행위 〈 존재
행위양식보다
존재양식

6. 생각을 사실과 실제라고 여기기 vs 생각을 정신적 사건으로 여기기

행위양식은

삶에 대한 생각과 의견을 마치 삶 자체인 것처럼 여긴다. 그러나 **식사에 대한 생각이 식사 그 자체가 아닌 것처럼**, 생각은 단지 정신적 사건일 뿐이며, 실제 경험과는 전혀 다르다. 이것을 잊고 생각을 실제라고 여긴다면, '나는 실패자야.' 라고 생각할 때, 마치 실패자가 되는 경험을 했던 것처럼 느낄 수도 있다.

존재양식에서는

감각, 소리, 감정, 시각을 경험하는 것과 똑같은 방식으로, 생각을 삶의 흐름의 일부로서 경험한다. 생각을 마음에 왔다가 떠나가는 정신적 사건으로, 즉 생각을 **생각으로** 경험하는 능력을 계발한다. 이러한 변화를 통해, 우리를 화나게 하거나 우리의 행동을 통제하려는 생각의 힘을 제거한다. 생각을 있는 그대로의 생각, 즉 단지 지나가는 정신적 사건으로 보면, 놀라울 정도로 자유롭고 편안한 경험을 하게 된다.

이 특징과 관련하여, 당신의 삶에서 행위양식과 존재양식 간의 균형을 평가해보고 다음 중 하나에 동그라미를 친다.

행위 〉 존재	**행위 = 존재**	**행위 〈 존재**
존재양식보다 행위양식	존재양식과 행위양식이 동등함	행위양식보다 존재양식

7. 목표 달성 우선시하기 vs 보다 전반적인 욕구에 세심하기

행위양식에서는

자신의 건강과 행복 외에 다른 모든 것을 배제한 채 좁은 시야에서, 달성하기 벅찬 목표와 계획에만 초점을 맞출 수 있다. 더 중요해 보이는 것에 집중하느라 자신에게 자양분을 공급하는 활동들을 포기할 수 있다. 우리는 내부 자원이 고갈되어 진이 빠지고, 무기력해지고, 기진맥진하게 될 수 있다.

존재양식에서

전반적인 상황에 더욱 세심하게 주의를 기울인다. 목표달성에만 몰두하는 것의 대가를 알고, 자신과 타인의 행복을 위한 친절하고 연민 어린 배려를 통해 균형감 있게 목표를 이룬다. 현실과 동떨어진 상상의 목표에만 집중하는 것이 아니라, 매 순간의 경험의 질을 소중하게 여긴다.

이 특징과 관련하여, 당신의 삶에서 행위양식과 존재양식 간의 균형을 평가해보고 다음 중 하나에 동그라미를 친다.

행위 〉 존재	행위 = 존재	행위 〈 존재
존재양식보다 행위양식	존재양식과 행위양식이 동등함	행위양식보다 존재양식

당신 삶에서 행위양식과 존재양식 간의 전반적인 균형에 대해 무엇을 알게 되었는가?

대부분의 사람들과 마찬가지로, 당신은 대부분의 시간을 행위양식으로 보내고 있음을 알게 되었을 것이다. 문제는 일단 행위양식에서는, 마음이 매우 쉽게 추동양식으로 끌려들어간다는 것이다. 즉, 무엇을 하고 있는지 진정으로 알지 못하면서 한 가지 일에서 다른 일로 성급하게 옮겨가고, 자신을 자주 가혹하게 평가하면서도, 이것이 삶의 전부가 아님을 막연하게 느낀다는 것이다. 그에 반해서, 존재양식은 거의 가보지도 않았고, 어떻게 찾아야 할지도 모르는 먼 나라처럼 보일 것이다.

행위양식이 당신의 삶을 얼마만큼 지배하든지 간에, 좋은 소식은 **이것을 인식하는 것**이 삶의 다른 길로 향하는 첫 걸음이라는 것이다.

왜 그런가?

만약 일상생활에서 행위양식이 제 모습으로 드러내는 다양한 가면들을 **명료하게 볼** 수 있다면, 우리는 존재양식이, 반추하면서 걱정하는 마음의 손아귀에서 우리를 자유롭게 풀어줄 대안을 어떻게 주는지 특징별로 알게 될 것이기 때문이다.

- ○ 존재양식은 경험에 대해 계속해서 생각하는 것이 아니라, 생각에서 벗어나서, 지금 이 순간 여기에 무엇이 있는지 실제로 경험하는 길이다.
- ○ 존재양식은 우리 자신과 경험이 부족하고 변화가 필요하다는 방식에 초점을 두기보다는 그것들을 수용한다.
- ○ 존재양식을 통해 생각이 반드시 실제를 반영하는 것은 아니며, 단지 마음에서 일어나는 사건일 뿐임을 알게 된다. 그렇게 함으로써 존재양식은 기분을 더욱 침울하게 몰고 가는 생각의 힘을 제거한다.

○ 또한 존재양식은 바로 이 순간의 경험과 온전히 함께 있도록 한다. 놀랍게도, 이 단순한 변화는 삶을 살아가는 데 완전히 새로운 방식의 문을 열 수 있다.

그러면 마음챙김은 존재양식과 어떠한 관련이 있는가?

마음챙김

마음챙김은 무엇인가?

마음챙김은 특별한 방식, 즉 의도적으로, 현재 순간에, 판단하지 않으면서 주의를 기울임으로써 나타나는 알아차림이다.
마음챙김은 삶에서 일어나는 것이 무엇이든지 명료하게 볼 수 있게 한다.

무엇을 마음챙김할 수 있는가?

몸의 감각, 감정, 생각, 보고, 냄새 맡고, 듣고, 만지고, 맛보는 경험의 모든 측면을 마음챙김할 수 있다.

세계 도처에서 진행되는 연구로 일상적인 마음챙김 수련이 우리를 삶에 온전히 현존하게 하고, 삶의 질을 증진시키고, 관계를 향상시킨다는 것을 알게 되었다.

마음챙김을 통해 온전히 현존함으로써, 일상의 사건에 대한 습관적이고 자동적인 감정적 반응들을 인식하고, 내려놓을 수 있다. 마음챙김은 명료함, 통찰, 이해력을 계발하는 과학적으로 연구된 방법을 제공한다.

마음챙김으로 삶의 모든 고통과 스트레스를 제거할 수는 없지만, 자신과 주변 사람들에게 더 친절하고 연민 어린 방식으로 고통과 스트레스에 대응할 수 있다.

친절과 연민은 마음챙김과 어떤 관련이 있는가?

경험이 매우 많은 어떤 선생님은 이렇게 설명한다.
"마음챙김의 특성은 중립적이거나 텅 비어 있는 현존이 아니다. 진정한 마음챙김은 따뜻함, 연민, 관심으로 가득 채워진다."
만약 마음챙김이 감정적인 고통과 괴로움을 변형시키기 위함이라면, 친절, 따뜻함, 연민은 마음챙김의 필수적인 측면이다.

진정한 마음챙김에서는 따뜻함과 연민에 대해 강조함으로써 존재양식의 특징인 다가감, 수용, 자신과 타인에 대한 돌봄이라는 주제를 반복해서 이야기한다.

**이러한 선한 특질을 키움으로써, 우리가 원치 않는 감정적인 고통에
계속해서 갇혀 있게 하는 악한 특질에 대처할 수 있을 것이다.**

마음챙김과 마음의 존재양식 사이에는 유사점이 눈에 띄게 많다.

마음챙김 수련은 마음의 존재양식을 계발하는 방법이다.

마음챙김 수련

마음챙김은 과도한 추동양식에 갇혀 있는 마음을 해방시킨다.

마음챙김은 의도적으로, 현재 순간에, 있는 그대로, 판단하지 않고 주의를 기울이는 방법을 수월하게 배우면서 계발된다. 마음챙김 명상으로도 알려져 있는 이 수련은 MBCT의 핵심이다.

8주간의 MBCT 프로그램의 모든 것은 행위양식의 일곱 가지 징후를 좀 더 알아차리

고, 우리 모두가 가지고 있는 마음챙김의 소중한 잠재력을 계발하도록 고안되었다.

- ○ 삶의 순간순간들을 경험하도록 자동모드에서 깨어나는 방법을 배운다.
- ○ 특정 목표 성취에만 몰두하는 생각들을 통해 삶을 보는 것이 아니라, 어떻게 하면 경험 자체에 다가갈 수 있는지를 배운다.
- ○ 과거와 미래에서 길을 잃지 않고, 현재 여기를 경험한다.
- ○ 마음챙김하는 삶을 살게 되면, 정서적인 혼란을 쉽게 가중시키도록 반응하는 순간을 어떻게 보다 명료하게 보게 되는지 직접적으로 알게 된다. 마음챙김은 이러한 시점에서 좀 더 의식적인 선택을 할 수 있음을 의미한다. 우리는 **자동반응**에서 **자율반응**으로 옮겨갈 수 있다.
- ○ 우리 자신과 경험에 대해 이러한 존재양식이 어떻게 따뜻한 친절과 연민이라는 기본적인 태도를 보여주는지 알 수 있다.
- ○ 생각을 '나' 또는 '실재'가 아니라 생각 그 자체, 즉 마음에서 일어나는 사건으로 이해하는 것을 배운다.
- ○ 다른 모든 것을 소외시키면서 목표를 향해 분투하며 자신을 소진시키지 않고 스스로 풍요롭게 될 수 있는 능력을 기른다.

이러한 모든 방식들로, 마음챙김 수련은 추동양식에 대해서도 강력하고 매력적인 대안을 계발한다.

마음챙김은 반추라는 플러그를 뽑고, 부정적인 정서 때문에 길고 지루한 불행한 느낌에 빠지지 않도록 하며, 부정적인 정서도 그 나름의 시간이 지난 후 사라지도록 한다.

> 마음챙김으로 순간순간 마음의 양식을 알 수 있다. 즉, 언제 추동양식으로 빠져드는지 알아차릴 수 있다. 그리고 바로 그 순간, 마음챙김 그 자체는 삶에 대한 치유와 긍정적인 특성을 향해 문을 연다.

마음챙김은 또한 **새로운 앎의 방식**, 즉 직접적이고, 경험적이고, 직관적인 방식을 사용하게 한다. **즉, 경험하는 그 순간에 무엇을 경험하고 있는지 아는 것이다.**

습관적이고 자동적인 사고, 감정, 행동의 패턴으로 인해 반추의 덫에 빠지고, 보다 온전하게 살 수 있는 폭넓은 가능성이 가로막힌다. 이를 넘어서기 원한다면, 이러한 새로운 앎의 방식은 필수적인다.

마음챙김 자각은 삶에 대응하는 방식을 의도적으로 **선택하고** 만들어가는 자유를 준다.

마음챙김 자각은 MBCT 프로그램의 핵심이다.

2장과 3장에서는 어떻게 원하지 않는 정서에 갇히게 되고, 마음챙김 훈련이 어떻게 우리를 자유롭게 할 수 있는지 이해하는 방법을 제시하였다.

다음 장에서는 이론에서 수련으로 넘어가, 훈련을 준비하는 방법을 살펴볼 것이다.

이제 지금까지 다루었던 핵심 개념들을 다시 살펴보자.

○ 감정 그 자체는 문제가 되지 않는다. 문제는 그 감정에 반응하는 방식이다.

○ 불쾌한 감정을 제거하려는 '자연스러운' 자동반응은 우리를 그 감정에 갇히게 할 것이다. 걱정을 반추하는 것은 그냥 두면 지나가버릴 슬픔을 지속적인 우울로, 스쳐 가버릴 두려움을 상습적인 불안으로 바꿀 수 있다.

○ 걱정을 반추하는 것은 원하지 않는 감정을 제거하려고 헛되이 노력하는 추동양식의 결과물이다.

○ 추동양식은 마음이 작동시키는 수많은 '정신적 기어' 중 하나이다. 어떻게 '정신적 기어를 바꾸는지'를 배움으로써, 반추, 걱정, 고통스러운 감정의 덫으로부터 자유로워질 수 있다.

○ 존재양식은 행위양식에 대한 효과적인 해결책을 제시하는 대안적인 정신적 기어이다. 그러나 우리들 대부분은 존재양식을 어떻게 계발하는지 배운 적이 없다. 마음의 존재양식을 계발하는 것은 완전히 새로운 삶의 방식으로 나아가는 문을 여는 것이다.

○ 마음챙김 훈련을 통해서 정신적 기어가 어떤 상태에 있는지 인식하고, 어떻게 '기어를 전환해서' 행위양식으로부터 빠져 나올 수 있는지 배운다.

○ 마음챙김 훈련은 MBCT의 핵심이다.

○ MBCT는 임상적으로 검증된 치료법이며, 보다 충만하고 풍요롭게 살도록 하는 가장 깊은 능력을 향상시킨다.

○ MBCT는 좀 더 마음챙김하고, 더 친절하고, 보다 연민심을 가지도록 가르침으로써 효과를 낳는다.

MBCT가 어떻게 도움이 될지 잠시 생각해볼 좋은 시점인 것 같다.

더 큰 행복과 웰빙에 대한 간절한 바람과 연결될 때 그때마다 MBCT는 어떤 식으로 삶이 펼쳐지도록 할 것인가?

지금 당장에는 아마도 MBCT에 대해 답을 알 수 없는 질문들이 있을 것이다. 그렇다 하더라도, MBCT에 관해 좀 더 알고 싶은 이유를 확인하는 것은 가능하지 않겠는가?

여기에 당신의 생각을 자유롭게 써보라(프로그램을 경험한 다음 다시 살펴보면 흥미로울 것이다).

나는 MBCT에 대해 좀 더 알고자 합니다. 그 이유는

_____

_____

_____

_____

_____

_____

_____

_____

_____

MBCT의 간략한 역사
—

1970년대 후반 미국에서 존 카밧진(Jon Kabat-Zinn)이 MBSR 프로그램을 개발하면서부터 마음챙김에 기반한 현대적 접근이 의료분야에서 시작되었다. 카밧진의 선구적인 연구는 MBSR이 만성통증과 스트레스에 탁월한 효과가 있음을 밝혀냈다.

1990년대 초반 심리학자인 존 티즈데일(John Teasdale)과 마크 윌리엄스(Mark Williams), 진델 시걸(Zindel Segal)은 마음챙김 훈련이 우울증 재발을 방지하는 데 강력한 효과가 있음을 추론하였다. 이러한 추론에 힘입어, 그들은 8주간의 프로그램을 개발하여 그 효과를 연구하기 시작했다. 지난 20년에 걸쳐서 그들과 다른 연구자들은 연구를 계속해왔다. 그 결과, 마음챙김은 증거에 기초한 심리치료의 주류가 되었다.

세계 도처에서 실행된 6차례의 실험에서 우울증에 대한 MBCT의 효과를 평가하였다. 결과는 놀라웠다. 3차례 이상의 우울증 삽화 경험이 있는 환자들에게서, MBCT는 일상적인 치료와 비교하여 12개월 후의 재발률을 40~50% 감소시켰고, 우울증의 재발을 방지하기 위해 복용하는 유지용 항우울제만큼의 효과가 있음이 밝혀졌다. 영국 정부의 국립보건임상연구소(National Institute for Health and Clinical Excellence : NICE)는 MBCT를 우울증 재발을 예방하는 비용 효율이 높은 치료로 추천하고 있다.

MBCT의 개발은 우울증 재발에 대한 증거에 기초한 심리치료에서 대단히 의미 있는 진보일 뿐만 아니라, 정신건강 분야에서 전 세계적으로 큰 가능성이 있는 획기적인 사건임이 분명하다. MBCT는 약물에 의존하지 않고 우울증의 위험을 감소시킬 수 있는, 비용 효율이 높은 방법이다. MBCT는 고통받는 이라면 누구에게든 언제 어디에서나 수련을 통해서 자신을 통제할 힘을 돌려준다.

연구에 의하면 MBCT는 심각한 우울증의 재발을 방지할 뿐만 아니라, 건강염려증, 대인공포증, 공황장애, 광장공포증에서부터 조울증과 만성 우울증에 이르기까지 광범위한 정서적 문제로 고통받는 사람들에게 도움이 되는 회복탄력성을 증진시킨다. MBCT가 암과 같은 신체적 질병으로 인한 심리적 문제에 잘 대처하도록 돕는다는 증거도 있다.

또한 연구를 통해 MBCT의 어떠한 기제가 유익한 효과를 가져오는지 밝히기 시작했다. MBCT의 이론적 배경에서 예측할 수 있듯이, MBCT 참여자들의 마음챙김 증가는 개선이 일어나는 하나의 중요한 경로이다. 또 하나 중요한 것은, 연구의 결과가 말해주듯이, 자기 연민에 대한 변화이다. 즉 참여자들은 자기 자신을 더 다정하고, 우호적이고, 친절하고, 자애롭고, 너그럽고, 덜 비판적이고, 덜 판단하며 대하게 된다.

최근 연구의 가장 흥미로운 측면 중 하나는, 마음챙김 기반의 치료들이 우리의 두뇌에 지속적으로 유익한 변화를 일으킨다는 설명이다. 마음챙김은 투쟁, 도피, 또는 얼어붙는 시스템을 유발하는 편도체의 크기와 그 영향을 감소시켜, 정서적인 반응을 조절하는 두뇌의 네트워크를 강화시킨다. 즉, 마음챙김은 자신과 타인에게 연민을 느낄 수 있는 능력의 기저를 이루는 네트워크를 강화시킨다. 그리고 슬픈 기분이 일어날 때마다 대개 습관적이고 쓸모없는 반추를 일으키는 경로를 변화시킨다.

4장

준비

앞에서 어떤 식으로 우울증과 다른 정서적 어려움에 빠지게 되는지 살펴보았고, 마음챙김 수련이 그러한 어려움에서 어떻게 빠져나오게 하는지 알아보았다.

이제 MBCT 프로그램의 첫 주를 시작할 준비가 되었다.

먼저, 프로그램을 시작하면서 당신이 궁금해할 수 있는 몇 가지 실질적인 질문을 살펴보자.

내가 이 책에 있는 프로그램을 하기 위해 수업에 참가해야 할까요?

대부분의 사람들은 가능하다면 수업에 참석하는 것이 도움이 됨을 알게 된다. 이 것은 자기발견이라는 여정을 시작하는 사람들의 동료애와 선의로 지지감을 주는 MBCT 프로그램을 당신이 따를 것임을 의미한다. 그룹 참가자들은 수업 중 다른 사람들의 경험으로부터 배우고, 다른 사람들의 헌신과 동기부여가 유지되도록 돕는다. 그러나 만약에 주위에 참여할 수 있는 수업이 없거나, 있어도 시간이 맞지 않다면, 혼자서 이 책과 CD의 안내를 따라서 시작할 수 있다.

치료사는 과정을 익히도록 나를 도울 수 있을까요?

그렇다. MBCT에 대한 전문적인 경험이 있는 숙련된 치료사나 카운슬러는 개인적인 치료나 상담의 일부로서 MBCT를 경험할 때 전폭적인 지지와 안내를 할 수 있다.

내가 치료 중이 아니라면?

그것은 전혀 문제가 되지 않는다. 이 책으로 MBCT 프로그램을 안내받거나, 믿을 수 있는 친구나 가족에게 단짝이 되어 MBCT 프로그램을 같이 하자고 할 수 있다. 단짝 친구와 매주 만난다면 큰 힘이 될 수 있고 두 사람이 함께하면 경험을 공유하고 서로 격려하면서 능력을 증진시킬 수 있어 매우 유용하다. 그리고 단짝과 당신이 동일한 정서적 장애를 겪고 있을 필요는 없다. MBCT는 다양한 사람들, 즉 분명한 정서적 장애가 있는 사람들과 정서적 장애가 없는 사람들 모두에게서 인정을 받고 있다.

나에게 가장 도움이 되는 것이 수업인지, 치료사인지, 단짝인지 혹은 혼자 하는 것인지 어떻게 알 수 있을까요?

대체로 무엇이 최선인지는 자신에게 물어보는 것이 좋다.

• 주로 혼자 집중할 때 가장 잘 배우는가?
• 다른 사람들과 동료애를 느낄 때 ("우리는 한 배를 탄 거야.") 가장 잘 배우는가?
• 공감하는 친구와 있을 때 최선을 다하는가?

과거에 무엇이 가장 효과적이었는지 알고 그 패턴을 따를 것인지 숙고하기까지 다소 시간이 걸릴지라도 부담을 갖지 않아도 된다. 언제든지 당장 한 가지 방법을 시도할 수 있고 나중에 다른 방법을 시도해볼 수 있다.

앞으로 당신이 어떤 방식을 선택하든지, 그게 무엇이든지 간에, 프로그램을 끝까지 해내고자 하는 의도를 친구나 가족들이 알게 하는 것은 좋은 생각이다. 이렇게 신뢰할 수 있는 사람들에게 당신이 노력하고 있는 것에 대해 말해두면 때때로, 가장 필요로 할 때에, 예기치 못한 곳에서 지지를 받기도 한다.

나딘 _ "나는 이웃에 마을 개설된 MBCT 수업에 참여했는데, 처음에는 직장 동료 중 어느 누구도 심지어는 가장 친한 친구조차도 그 사실을 알지 못했어요. 나는 내 친구의 반응이 어떨지 내심 두려웠어요. 그 당시, 어느 날 점심을 먹다가 내 친구가 집안일 몇 가지로 언니와 많이 싸워서 우울해졌다고 얘기를 했어요. 친구에게 나는 어떻게 지냈고, 무엇을 경험했는지, 지금 무엇을 하고 있는지, 즉 마음챙김… 수업들… 그 모든 것들을 그냥 얘기했어요. 친구는 감동을 받고, 우리 둘은 결국 눈물을 흘리고 말았죠."

MBCT 프로그램을
최대한으로 활용하기 위한 준비

사람들이 8주간의 프로그램에 참여하면서 어려움을 겪는 것은 흔한 일이다.

많은 사람들이 가장 크게 어려워하는 것은 시간을 내는 것이다.

수업에 참석해서 하든 혹은 혼자서 하든지 간에, MBCT 프로그램을 해나갈 때 일주일 중 6일 동안 매일 40분은 마음챙김 명상수련을 해야 하고, 또 시간을 더 내서 추가로 짧은 수련들도 해야 한다. **마음챙김 수련을 하려면, 모두 합쳐서 하루에 한 시간은 확보할 수 있는 계획을 세워야 한다.**

참여자들이 이러한 어려움을 잘 극복해내고, 거의 예외 없이 MBCT 프로그램을 해내는 것이 시종일관 얼마나 기뻤는지 말할 때마다 그들이 보여준 용기와 노력에 여러 번 감명을 받았다.

진_ "처음엔 명상을 하기 위해 시간을 내는 것이 진짜 어려웠어요. 8주 동안 아침에 좀 더 일찍 일어나야 했어요(밤늦게 TV뉴스를 보지 않고 또 더 일찍 자도록 결정을 내릴 때까지는 어려웠어요). 그러나 결국엔 명상 프로그램을 위해 시간을 마련하는 게 진짜 기쁜 일이 되었어요. 나만 아니라 수업에 참가한 모든 사람들이 이것이 최대의 혜택을 받을 수 있는 유일한 방법이라고 했어요."

안나_ "나도 그랬어요! 아이들 때문에 수련 시간을 마련하는 것이 정말로 어려웠어요. 나는 파트타임으로 일했는데 처음 며칠은 정말로 힘들었어요. 좀 더 일찍 일어나려고 노력했죠. 그런데 막내는 내가 일어난 것을 알려주는 탐지기라도 있는 것처럼 깨어나서 같이 놀자고 했는데 '명상놀이'는 하고 싶지 않아 보였어요. 그래서 처음 며칠 동안은 나를 위한 시간을 운 좋게 간신히 얻는 느낌이었어요. 그렇게 10일 정도 지나서, 직장의 점심 시간 때, 프레디가 낮잠 잘 때, 주위가 고요한 저녁 시간 때에 명상을 할 수 있다는 걸 알았어요. 처음에는 좋아하는 TV 연속극을 못 보는 게 속상했지만, 그때 '내가 이 프로그램을 하고 싶어 하는지 아닌지'를 생각했죠. 그리고 나서는 덜 힘들어지고 오히려 위안이 되었어요."

진과 안나처럼, 많은 사람들이 처음에 명상 프로그램을 위한 시간을 내는 것이 어렵지만, 결국엔 인내와 끈기로 해낸다는 것을 알았다.

다음은 안나가 한 조언이다.

> **안나** _ "시간을 내는 건 쉽지 않아요. 그러니까 자신을 비난하지 마세요. 여러 가지 시도를 해보세요. 시도했는데 잘 안 되었다면, 그 시도는 자신을 비난할 이유가 아니라 그냥 한 가지 정보가 되는 거예요. 그리고 나처럼 인내심이 별로 없는 사람도 계속할 수 있어요(아마 나의 고등학교 선생님들이 놀랄 거예요!). 그러니까 어떤 사람도 할 수 있어요. 그 만한 가치가 있는 일이고 단지 8주면 돼요."

프로그램 과정상 필요한 일상수련에 필요한 시간을 어떻게 마련할 것인지에 관해 잠시 생각하는 것이 도움이 된다.

다음과 같은 몇 가지 방법이 있다.

> **Tip>** 가능하면, 방학이나 가족여행 혹은 다소 긴 사업상의 여행처럼 비교적 시간적 여유가 있을 때 8주간 시간을 내어 MBCT 프로그램을 실천한다.
> **Tip>** 매일 같은 시간, 같은 장소에서 다소 길게 명상을 한다.

하루 중 당신에게 가장 좋을 때는 언제일까?

언제부터 : _____   언제까지 : _____

이 시간은 자신을 위한 시간이 되도록 한다.

> **Tip>** 명상 중에는 당신이 방문자를 만나거나 전화를 받을 수 없다는 것을 알아야 할 필요가 있는 사람들에게 미리 말해둔다.
> **Tip>** 수련시간을 확보하기 위해 신중하게 계획한다.

날라 _ "처음에는 나를 위한 시간을 내는 게 정말 이기적이라고 생각했어요. 아이들은 남편 켄이 돌봐야 했는데, 남편이 안 될 때는 내 어머니가 도와주셨죠. 그래도 여의치 않을 때는 내가 억지로 시간을 내려고 노력해야 했어요.

하지만 우리 중 많은 사람들이 알고 있는 것 한 가지는, 일단 시간을 따로 정해 수련을 하면, 배우자와 아이들이 그 차이점을 정말로 알고 좋아하게 되는 거죠. 4주째 되었을 때, 남편이 이렇게 말했죠. '뭔가가 변했어. 매사에 걱정스러워하던 것이 줄었어.' 이건 정말 좋은 일이었어요. 나는 수업이 완전히 끝난 몇 주 뒤에 '당신이 원래대로 돌아온 것이 사랑스러워.'라고 남편이 말했던 것을 결코 잊지 못할 거예요."

당신의 수련 시간을 확보하라. 암사자가 자기 새끼를 보호하듯이, 해야 할 다른 일들 속에서 가능한 치열하게 수련 시간을 확보하라. 8주 동안, 매일 이 시간은 혼자 있을 수 있는 나만을 위한 나의 시간임을 기억한다.

만약 수업에 참여할 거라면, 수첩과 달력에 수업 날짜와 시간을 표시하라. 만약 스스로 이 프로그램을 익히고자 한다면, 매주 하루는 다음 주 내용을 소개하는 장을 꼼꼼히 읽어보기 위해 좀 더 긴 시간을 확보한다.

단호한 태도로 노력해서 프로그램에 필요한 시간을 확보하면 정말로 큰 이득이 있다.

그러나 기억하라.

만약 지금 매우 우울하거나 삶이 매우 혼란스럽다면 (혹은 당신의 인생에서 어떤 주요한 변화의 한가운데에 있다면), **프로그램을 시작하기에 앞서 기분이 호전되거나, 삶이 다소 차분해질 때까지 기다리는 것이 좋을 것이다.**

만약 실제로 바로 지금의 상황이 나빠서 수련에 전념하기 어렵다는 것을 안다면, 새로운 학습에 대한 열망이 꺾일 수 있다. 가능하다면 잠시 기다리거나, 혹은 시작할 수 있더라도 자신에게 아주 상냥하게 대하는 것이 가장 잘하는 것이다.

실습

명상에 적합한 장소 찾기

편안한 느낌이 들면서, 가급적이면 조용하고, 다른 사람이나 전화로 방해받지 않을 장소를 선택하는 것이 가장 좋다.

어디에 장소를 잡을 것인가? _____

음향기기 준비하기

집에서 하는 수련은 일반적으로 책에 딸린 CD의 녹음된 안내 멘트에 따라 수련을 하게 될 것이다.

이러한 안내 멘트를 따라할 때 사용할 수 있는 적당한 기기를 가지고 있는지 점검한다.

좌식 용품 챙기기

앉기 명상은 MBCT 프로그램의 핵심이다.

108쪽에 나와 있는 것처럼, 기본적으로 의자에 앉는 것, 바닥에 놓인 방석에 앉는 것 혹은 명상용 의자에 앉는 것 등 세 가지를 선택할 수 있다.

일반 의자에 앉는 것도 좋지만, 어떤 사람들은 명상에 적합하게 만들어진 명상용 방석이나 의자를 사용하는 것이 더 편안하다고 한다. 만약 이런 선택 사항들 중 하나를 알아보고자 한다면, 지금이 구매를 고려할 시점이다.

MBCT 프로그램에 대한 지도

자기 탐구라는 이 여정을 시작할 준비가 되면, 여행에 대한 지도를 지니는 것이 도움이 된다. 아래의 박스를 보라.

당신은 매주마다 서로 다른 종류의 마음챙김 수련을 경험하게 될 것이다. 이 마음챙김 수련들은 마음의 추동양식이 보다 큰 평화와 웰빙에 방해가 된다는 것을 분명히 알려주도록 고안되어 있다.

매주마다

—

매주마다 행위양식의 다른 측면들에 초점을 맞춰서, 이러한 양식을 인지하고, 거기에서 벗어나 존재양식으로 들어서는 것을 배우도록 한다.
아래에 당신이 탐험할 주제가 있다.

1주차 - '자동조종' 상태의 삶에서 알아차림과 의식적인 선택의 삶으로 전환하기
2주차 - 생각으로 경험하던 것을 직접적인 경험으로 전환하기
3주차 - 과거와 미래에 사는 것을 현재의 순간에 온전히 머무는 것으로 전환하기
4주차 - 불쾌한 경험을 회피하고, 도망가거나 제거하려고 하기보다 그 경험에 관심을 가지고 다가가는 것으로 전환하기
5주차 - 상황이 달라지기를 바라기보다 단지 이미 있는 그대로 존재하도록 허용하는 것으로 전환하기
6주차 - 생각을 사실이나 실재하는 것으로 간주하기보다 실재와는 다른 정신적인 사건으로 바라보는 것으로 전환하기
7주차 - 자신을 가혹하게 다루지 않고, 친절과 연민으로 돌보도록 전환하기
8주차 - 마음챙김의 미래 설계하기

5장에서 12장까지의 각 장에서는 단계별 가이드를 자세히 제시하고 있다.

5장에서 12장까지의 활용법

매주의 프로그램을 소개하는 각각의 장은 **오리엔테이션** 부분과 그 뒤에 **일상 수련** 부분으로 나뉘어 있다.

프로그램을 진행하는 방법에 따라서 각 장은 약간씩 다르게 이용해도 좋다.

만약 수업에 참가해서 프로그램을 따르는 경우라면 :

매주 그룹 세션이 끝난 뒤, 그룹 세션에서 놓친 것을 다시 상기하기 위한 방법으로 오리엔테이션 부분을 통독하면 좋다.

이미 수업에서 경험해보았기 때문에 오리엔테이션 부분에 기술된 수련이나 연습을 실제로 해볼 필요는 없다(비록 다시 해보고 싶을지라도 말이다).

그때는 일상 수련 부분으로 가서 거기에 제시된 것들을 따라 해본다.

만약 개인적인 치유나 상담 부분으로서 과정을 따라 하고자 한다면 :

치료사나 상담가가 제시하는 대로 각 장을 이용하는 것이 좋다.

만약 혼자 또는 단짝과 함께 MBCT 과정을 따라 해보고자 한다면 :

오리엔테이션 부분을 읽고 나서 수련과 연습을 해보기를 제안한다. 그러고 나서 일상 수련 부분으로 넘어가 거기에 제시된 사항들을 따라 해본다.

만약 MBCT 그룹의 안내자라면 :

이 워크북은 수업의 참가자들에게 MBCT 과정을 마치는 데 필요한 모든 자료를 제공하고 있다.

만약 참가자들이 집에서 수련한 것에 대한 일주일간의 요약기록을 모으는 것이 도움이 된다면, 『마음챙김 명상에 기초한 인지치료(*Mindfulness-Based Cognitive Therapy for Depression*)』 제2판(Segal, Williams, & Teasdale ; New York : Guilford Press, 2013. 초판의 한국어판은 2006년 학지사에서 발행되었다)에서 사용하고 있는, 집에서 하는 연습기록 양식들을 사용해볼 것을 추천한다.

우리가 받은 한 통의 이메일

—

"우울증 연구를 위해 마음챙김을 연구해온 모든 사람들에게 나는 깊이 감사하고 싶습니다. 나는 대략 4년 전에 지금까지 살아온 중에서 가장 기분이 저조한 상태에 있었고 그래서 도움을 청했습니다. 내 삶의 대부분에서 불안과 우울이라는 문제를 겪은 것이 분명했기 때문에 상담사는 마음챙김 수련을 권유했습니다. 나는 그 책을 읽고 CD를 들으며 훈련을 했는데, 단기적인 안녕감이 빠르게 향상되는 것을 경험했습니다. 그래서 나는 계속 마음챙김 수련을 했는데, 약 1년 뒤에는 마침내 매일매일 생각의 흐름을 알아차리고, 그 흐름에 편승하지 않으면서 생각의 버스가 지나가는 것을 지켜볼 수 있었습니다."

"이것은 실로 나의 삶을 완전히 변화시켰고, 나는 정말로 이제는 나 자신을 조금이나마 이해하고 지속가능한 기반 위에서 다시 희망을 가지고 있습니다."

"마음챙김의 효과를 경험한 몇몇 친구들과도 이러한 생각과 과정을 나누었습니다."

"이런 모든 것들이 상투적으로 들린다는 것을 알지만, 나는 나 자신의 마음의 감옥이나 지옥에서 벗어난 느낌입니다. 나의 가능성은 50이라는 나이에 열리기 시작하고 있습니다. 늦었지만 없는 것보다는 낫습니다!"

"멜로드라마가 아니고서는 우리가 결코 만날 수는 없지만, 당신이 나의 삶을 정말로 구해주었기에 진심으로 감사드립니다."

"이 메일이 팀원들 가운데 누구에게 전해질지, 혹은 여러 감사편지 중 하나로 서류철에 정리될지 모르지만, 단지 당신에게 감사의 말을 하고 싶었습니다."

– 마이클

Part 2

마음챙김에 근거한 인지치료 프로그램

다시 한 번 삶이 허락된다면

—

나는 더 많은 실수를 하고 싶습니다.

나는 휴식하며 몸을 풀 것입니다. 나는 이번 여행에서 했던 것보다 더 어리석게 살 것입니다. 나는 덜 심각해질 것입니다. 산에 더 많이 오르고 강을 더 많이 헤엄칠 것입니다. 아이스크림은 더 많이 먹고 콩은 덜 먹을 것입니다. 아마도 실질적인 어려움을 더 자주 겪겠지만 그런 것을 상상하지 않을 것입니다.

당신도 알다시피, 나는 매일 매 순간 현명하고 분별력 있게 사는 사람입니다. 아, 나도 젊음이 있었습니다. 만약 다시 돌아가게 된다면 나는 더 많이 즐기고 살 것입니다. 사실 그 외에는 아무것도 할 필요가 없답니다. 앞으로의 아주 많은 시간들을 앞서서 사는 것 대신 단지 매 순간들을 이어 나갈 것입니다. 나는 온도계와 보온병과 우비, 그리고 낙하산 없이는 어디에도 가지 않을 사람들 중 한 명이었습니다. 만약 내가 다시 어딘가를 가야 한다면, 나는 그런 것들을 가지고 가기보다는 좀 더 가볍게 여행을 떠날 것입니다.

만약 내가 인생을 다시 산다면, 나는 이른 봄날 맨발로 시작해서 늦은 가을에도 그 길에 머물 것입니다. 나는 더 많이 춤추러 갈 것입니다. 나는 보다 즐겁게 여기저기를 돌아다닐 것입니다. 나는 데이지 꽃을 더 많이 꺾을 것입니다.

- 켄터키 주 루이스빌에서 85세의 나딘 스테어

week 1 :
자동조종을 넘어서

오리엔테이션

인생을 다시 살 수 있다면? 우울함과 불행한 느낌 그리고 이에 동반되는 소진과 스트레스, 이 모든 것에는 한 가지 공통점이 있다. 우리의 활력과 생기를 빼앗아간다는 것이다.

마음챙김은 우리의 삶을 되돌려 줄 수 있다.

어떻게 시작하는가?

다음 두 가지 상황을 비교해보자.

○ **상황 1** : 당신은 어린아이와 산책을 하고 있다. 천천히 걸으면서 종종 멈추어 서서 아이의 눈을 통해 단순한 것에서도 특별한 풍요로움을 본다. 모든 것을 처음인 듯 보고 있다.

○ **상황 2** : 당신은 익숙한 길을 운전 중이다. 수 킬로미터를 오는 동안 주위를 알아 차리지 못했다는 것을 갑자기 깨닫는다. 다른 일은 완전히 잊어버렸다. 자동조종 상태에서 운전을 한 것이다.

이 두 상황은 실제 벌어지는 진짜 삶과 세상과 동떨어져 서두르며 사는 일상적인 삶, 즉 눈으로 보거나 맛을 보거나 냄새를 맡거나 만지는 것도 알아차리지 못하는 삶의 차이를 반영한다.

자동조종 상태에서 운전을 하듯, 주의 깊게 생각해보면 실제로 대부분의 시간을 무의식적으로 살아가고 있음을 알게 된다.

문제는 이런 식으로 살고 있지 않을 때도 마음은 쉬지 않는다는 것이다. 즉, 마음은 하기로 프로그램된 것을 할 것이다. 한가한 시간에, 마음은 계획했던 모든 것을 그려보거나 할 수 있는 것에 대한 상상을 한다.

자동조종 상태에서 마음은 우리의 지식이나 동의, 신중한 선택 없이 배경에서 작용하는 행위양식에 사로잡힌다.

일단 행위양식이 이런 식으로 마음 안에 자리 잡게 되면 한 추동양식에서 또 다른 추동양식의 손아귀로 쉽게 빠져든다. 반추하면서 또 다른 우울에 휘말리고, 걱정하면서 불안에 사로잡히고, 부담감을 가지고 더 많은 스트레스를 받으며 우리를 소진시킨다. 자동조종 상태로 생활하면 이런 부정적인 상태 중 하나에 갇힐 위험이 있다.

또한 자동조종 상태에서는 매 순간 삶의 충만함과 풍요로움을 거의 알아차리지 못하며 삶의 많은 긍정적인 부분으로부터 분리된다. 모든 것이 우중충하고 하찮게 보이며, 너무 재미없는 삶이 된다.

그러면 우리는 무엇을 할 수 있는가?

삶에서 매우 친숙한 먹는 행위에서 자동조종 상태와는 다른 새로운 접근법으로 여행을 시작해보자.

> 마음챙김을 하면 자동조종
> 상태에서 벗어날 수 있다.

마음챙김하며 건포도 먹기

마음챙김하며 이 실습을 하려면 건포도 몇 개가 필요하다. 빛이 좋고 방해받지 않는 장소에 편안하게 자리를 잡는다. 그리고 나서 오디오 트랙 1(건포도 명상)의 안내를 들으면서 천천히 수련한다. 건포도 명상의 내용을 요약하면 다음과 같다.

자동조종 상태에서 벗어나기 : 먹기 명상

—

명상을 안내하는 각각의 멘트 사이에 충분한 시간을 두어, 전체 명상에 10분 정도 걸리도록 연습합니다.

○ 준비가 되면 건포도를 집어 손바닥 위에 올려놓습니다. 손바닥 위에 놓인 건포도에 주의를 기울입니다. 마치 이전에 한 번도 본 적 없는 것처럼 건포도를 살펴봅니다. 주의를 온전히 기울여 자세히 그리고 신중하게 살펴봅니다.

○ 빛이 건포도를 어떻게 비추는지… 표면에 있는 그림자, 들어가고 나온 부분… 어두워 보이거나 윤이 나 보이거나… 눈으로 충분히 건포도를 살펴봅니다. 엄지와 검지로 건포도를 뒤집어 가면서 모든 면을 볼 수도 있습니다.

○ 이렇게 하는 동안 이런 생각이 들 수도 있습니다. '내가 이상한 일을 하고 있

군.' '이것의 요점이 뭐지?' 그러면 단지 그 생각들을 알아차리고 가능한 한 주의를 되돌려 다시 건포도를 살펴봅니다.

○ 이제 건포도를 만지는 것에 온전히 주의를 기울입니다. 촉감을 느껴봅니다. 끈적임 또는 매끄러움… 손가락으로 부드럽게 굴려보면서, 부드럽고 유연하고 덩어리가 있는 부분, 심지어 뾰족한 부분도 알아차립니다. 무엇을 발견하든 이 순간의 경험을 알아차립니다.

○ 준비가 되면 건포도를 코로 가져가서, 숨을 들이쉴 때 당신이 그 순간 알게 되는 것을 알아차립니다. 현재 어떤 냄새가 나는지, 아무 냄새도 못 맡는다면 그것 또한 알아차립니다. 시간이 지남에 따라 경험이 바뀌는 것을 알아차립니다.

○ 이제 천천히 건포도를 입에 넣을 준비를 합니다. 팔을 움직임에 따라 감각이 변하는 것을 알아차립니다. 손과 팔이 건포도를 둘 곳을 정확하게 어떻게 아는지 알아차립니다. 이때 눈을 감아도 좋습니다.

○ 입안에 건포도를 넣고, 혀가 움직이는 것을 알아차립니다. 혀 위에 건포도를 얹고 입안에 그대로 두고… 씹지는 말고… 아마 입안에서 일어나는 어떤 변화를 알아차릴 것입니다. 혀 위에 건포도가 있다는 느낌을 알고, 건포도를 뒤집어보고… 표면이 울퉁불퉁한 것을 느껴보고… 입안에서 양옆으로 입천장으로 건포도를 굴려봅니다.

○ 준비가 되면 건포도를 치아 사이로 옮깁니다. 그리고 깨물어 보고… 매우 천천히 씹기 시작합니다. 입안에서 무슨 일이 생기는지… 씹으면서 어떤 맛이 나는지 알아차리고… 시간을 가지면서… 입안에서 어떤 변화가 생기는지 건포도는 어떻게 변하는지… 껍질의 질김, 과육의 부드러움을 느껴봅니다.

○ 삼킬 준비가 된 것을 느끼면, 실제로 삼키기 전에 먼저 삼키려고 하는 의도가 있음을 알고 이를 알아차려서 경험하도록 합니다.

○ 마지막으로 건포도가 삼켜지는 감각을 따라가 위장으로 내려가는 것을 느끼고, 삼킨 후에는 입안에 남은 건포도 맛을 알아차립니다.

지금 눈을 감고 있다면 눈을 뜨고 다시 이 공간으로 돌아옵니다.

어떤 경험을 했는가?

어떤 감각과 감정을 알아차렸는가?

_____

_____

_____

_____

_____

평소 먹던 경험과는 어떻게 다른가?

_____

_____

_____

_____

_____

매트_ "정말로 내가 건포도를 먹고 있다는 것을 알았어요. 한 번에 한 줌을 입안에 넣고 먹을 때보다 이 경험 전체가 훨씬 생생했어요."

자니_ "전에는 건포도를 이렇게 진짜로 본 적이 없었어요. 이번엔 마르고 주름진 것을 본 게 아니라 다이아몬드같이 다각도로 보였어요. 처음에는 건포도를 깨물지 않으려고 노력해야 했지만, 먼저 혀로 건포도를 살폈더니 입안에서 맛이 폭발하는 것 같았어요."

부드럽게 경험을 알아차리면 변화가 생긴다. 이는 보다 풍부하고, 보다 재미있고, 아주 새로운 일이 될 수 있다. 그리고 우리가 일상적으로 보내는 하루를 얼마나 알아차리지 못하며 살고 있는지를 일깨워준다.

건포도 먹기 연습을 하는 동안 마음은 어디에 있었는가?

_____

_____

_____

_____

_____

당신은 마음이 그곳에 가도록 의도했는가?

그렇지 않았더라도 정말로 괜찮다. 마음이 많이 방황하는 것은 매우 흔한 일이다. 사라는 자신이 무엇을 하려고 했는지 완전히 잊어버렸다.

사라 _ "나는 건포도를 먹는다는 게 어떤 건지 몰라요. 내가 아는 것은 건포도가 바짝 말라붙어 보였고 뜨거운 모래같이 생각되었다는 사실이죠. 그래서 어린 시절 부모님과 휴가 갔던 것이 떠올랐고 엄마가 그리워서 자리에서 일어나 엄마한테 전화를 걸었어요. 그때 나는 건포도를 삼켰는데 어떻게 먹었는지 전혀 기억나지 않았어요."

마음에는 자신만의 과제가 있다. 자동조종 상태에서, 마음의 오랜 습관들은 과제를 설정하고 우리가 원하지 않았던 곳으로 우리를 데려간다.

그럼, 건포도 연습은 원하지 않은 정서에 사로잡힌 자신을 자유롭게 하는 것과 관련이 있나요?

이 연습은 정말로 중요하다.

1. 이것은 단지 주의를 기울이는 방법을 바꿈으로써 우리의 경험을 바꿀 수 있다는 것을 보여준다. 우리가 본 대로, 이것은 불쾌한 정서와 다르게 관련지을 수 있는 완전히 새로운 선택을 하게 한다.
2. 이것은 마음챙김이 없다면 놓칠 수도 있는 것을 알아차리도록 도와준다는 것을 보여준다. 이것은 우울, 걱정, 소진으로 빠질 조기 징후를 더 잘 알아차린다는 것을 의미한다.
3. 이것은 자동조종 상태에서 우리가 원하지 않는 곳으로 생각이 우리를 어떻게 데려가는지를 보여준다. 우리는 의도적으로 이 순간의 감각적 경험에 다시 주의를 기울여 되돌아오는 것을 선택할 수 있다.

가능성 탐색

이제 겉보기에는 일상적인 활동이었지만 그것이 어떤 것인지 새롭게 아는 것에 대해 맛보았다. 자동조종 상태에서 하는 다른 일상생활(목욕, 이 닦기, 다른 방으로 걸어가기)에 대해서도 생각할 수 있다.

이번 주 일상생활 수련의 한 부분으로, 건포도 연습처럼 마음챙김하면서 할 수 있는 활동 중 하나를 적으라고 뒤에서 제시하려 한다. 건포도 연습은 종종 잘 알지 못하는 신체적 경험의 전 영역에 대한 마음챙김을 알아보는 문을 연다. 이번 주에는 일상 수련으로 바디스캔이라고 알려진 명상을 무대 중앙에 놓을 것이다.

일상 수련

1주차에는 **7일 동안 6번** 다음의 연습을 한다.

1. 바디스캔
2. 일상생활에 대한 알아차림
3. 마음챙김으로 먹기

---

1. 바디스캔

— 주의 낚아채기

건포도 명상은 일정 시간 동안 한 가지에 집중하는 것이 얼마나 어려운지 보여준다. 주의는 다른 관심거리 때문에 너무 쉽게 흩어지므로 우리는 마음이 그 자신의 의지를 얼마나 많이 가지고 있는지 알 수 없다.

온전히 주의를 기울이며 마음이 흩어지지 않은 채 한 가지 일에 의도적으로 집중할 수 있다면 자동조종 상태에서 깨어날 수 있는 능력이 생겼다는 것이다.

그러나 대부분의 사람들처럼 당신 역시 주의를 기울이는 근육을 훈련하는 방법을 배우지 못했을 것이다.

원한다면 바로 지금 이 훈련을 시작할 수 있다. 바디스캔은 신체에 주의를 기울이는 것에 대한 것이다. 이제 당신은 다음과 같은 것을 배우게 될 것이다.

> 삶을 알아차리는 방법을 배우기 위해 3가지 기본 기술을 수련한다.
>
> - **주의 기울이기**
> - **주의 유지하기**
> - **주의 옮기기**

- ○ 원하는 곳에 주의를 기울인다(주의 기울이기).
- ○ 원하는 시간 동안 주의를 한 부분에 유지한다 (머무르기와 탐사).
- ○ 원할 때 주의를 옮긴다(주의 옮기기).

바디스캔으로 신체가 실제로 느끼는 경험에 눈을 뜨는 훈련을 할 수 있다.

이번 주 매일 : 45분간 방해받지 않고 편히 누워 있을 수 있는 장소를 찾는다. 오디오 트랙 2번의 안내를 최선을 다해 따른다. 내용은 아래에 요약되어 있다.

바디스캔 명상

—

○ 따뜻하고 방해받지 않는 장소에서 매트나 양탄자를 깐 바닥이나 침대에 편안히 눕습니다. 눈은 지그시 감습니다.

○ 잠시 호흡의 변화와 몸의 감각을 느껴봅니다. 준비가 되면 몸에서 느껴지는 감각을 알아차립니다. 특히 바닥이나 침대에 닿을 때 느껴지는 감각과 압력을 느껴봅니다. 숨을 내쉼에 따라 몸이 매트나 침대 속으로 더 깊숙이 가라앉듯이 자신을 내려놓습니다.

○ 이 수련의 의도를 떠올립니다. 바디스캔은 뭔가 다르게 느끼거나 이완을 하거나 고요해지려고 하는 것이 아닙니다. 그렇게 될 수도 있고 안 될 수도 있습니다. 대신 이 수련의 의도는 몸의 각 부분에 번갈아가며 주의를 기울이면서 최선을 다해 감지되는 어떠한 감각도 알아차리는 것입니다.

○ 이제 아랫배로 주의를 옮기고 숨을 들이쉬고 내쉴 때 배에서 느껴지는 감각의 변화를 알아차립니다. 잠시 숨을 들이마시고 내쉴 때의 감각을 느껴 봅니다.

○ 배의 감각을 느끼면서 왼쪽 다리, 왼쪽 발, 왼쪽 발가락으로 주의를 옮겨갑니다. 왼쪽 발의 발가락 하나하나에 차례로 집중하며 부드러운 호기심으로 발가락 사이의 닿는 느낌, 따끔거림, 따뜻함 혹은 아무 느낌도 없음을 알아차리며 감각의 특성을 알아봅니다.

○ 준비가 되면 숨을 들이쉼에 따라, 숨이 폐로 들어가서 배를 지나 왼쪽 다리, 왼쪽 발로 가서 왼쪽 발가락으로 나온다고 느끼거나 상상해봅니다. 그런 다음 내쉬는 숨이 발, 배, 가슴을 지나, 코를 통해 밖으로 나온다고 느끼거나 상상합니다. 가능한 한 발가락으로 내려갔다가 발가락에서부터 되돌아오는 호흡을 몇 번 계속합니다. 이렇게 호흡하는 것이 어려울 수도 있습니다. 그저 놀

이하듯이, 할 수 있는 한 '호흡을 몸으로 느끼기' 연습을 합니다.

○ 이제 준비가 되면, 내쉬는 숨에 발가락에서 왼쪽 발바닥으로 주의를 옮겨 발바닥의 감각을 알아차립니다. 발바닥, 발등, 발뒤꿈치로 알아차림을 부드럽게 옮겨 갑니다(예를 들어, 발뒤꿈치가 매트나 침대에 닿는 느낌). 감각을 느끼며 함께 호흡합니다. 한편으로 발의 감각을 살피면서 다른 한편으로는 숨을 알아차립니다.

○ 이제 발의 나머지 부분, 즉 발목, 발의 윗부분, 뼈와 관절로 알아차림을 확장합니다. 그런 다음, 약간 더 깊게 숨을 들이쉬고 왼발 전체로 내려갑니다. 숨을 내쉬면서, 왼쪽 발에서 완전히 주의를 돌려 왼쪽 다리 아래쪽을 알아차립니다. 왼쪽 종아리, 정강이, 무릎 등 차례차례 주의를 옮겨갑니다.

○ 차례차례 몸의 나머지 각 부분에도 부드러운 호기심을 가지고 왼쪽 허벅지, 오른쪽 발가락, 오른쪽 발, 오른쪽 다리, 골반, 허리, 복부, 가슴, 손가락, 손, 팔, 어깨, 목, 머리, 얼굴의 감각에 대한 알아차림을 계속합니다. 가능한 한 현재의 신체 감각에 대해 동일한 정도의 섬세한 알아차림과 부드러운 호기심을 유지합니다. 각각의 주요 부위로 주의를 옮겨갈 때, 숨을 들이쉬면서 그 부위에 숨을 불어 넣고 숨을 내쉬면서 그 부위를 내려놓습니다.

○ 몸의 특정 부위에서 긴장감이나 강렬한 감각을 느끼게 되면 그 부위에 숨을 불어 넣어도 좋습니다. 부드럽게 들이쉬면서 바로 그 감각을 알아차리고, 가능한 한 숨을 내쉬면서 그 감각을 흘려보냅니다.

○ 마음은 수시로 호흡과 몸에서 멀어져 방황하기 마련입니다. 이것은 당연합니다. 이것이 마음이 하는 일입니다. 마음이 방황하는 것을 알아차리게 되면, 마음이 어디로 갔었는지를 알고 부드럽게 인정한 다음, 집중하려고 의도했던 몸의 부분으로 주의를 부드럽게 다시 가져옵니다.

○ 이런 방법으로 몸 전체를 스캔한 후, 잠시 몸 전체의 감각과 몸의 안과 밖으로 자유롭게 흐르는 호흡을 알아차립니다.

○ 잠에 빠진 걸 알았다면 머리에 베개를 받치거나 눈을 뜨거나, 눕지 말고 앉아서 하는 것이 도움이 될 수 있습니다. 하루 중 다른 시간에 이 수련을 자유롭게 연습해도 좋습니다.

매일 바디스캔을 하는 동안 가장 잘 알아차린 것이 무엇이었는지를 다음의 빈 공간에 간단히 기록한다. 무슨 생각을 했는가? 몸에서 어떤 감각을 느꼈는가? 어떤 감정이나 느낌을 경험했는가?

1일차

생각 :
_____

_____

_____

감각 :
_____

_____

_____

감정 :
_____

_____

_____

> 나는 계속 생각했어요. 내가 바르게 하고 있나? 충분히 노력을 하고 있나?
> 왜 이완이 되지 않는 거지? 왜 아무 일도 일어나지 않지?

> 이것은 실제로 매우 일반적인 경험이다. 이러한 모든 생각은 행동을 취하기 위해 마음이 행하는 또 다른 형태의 판단(추동)일 뿐이다.
> 최선을 다해, 자신에게 부드럽게 '판단'이라고 말하고 그 순간 집중하고 있는 몸의 부분으로 주의를 다시 가져온다.

바디스캔을 하는 '올바른' 방법은 없다.
우리가 하는 경험은 그것이 어떤 것이든 우리의 경험이다.

2일차

생각 :

_____

_____

_____

감각 :

_____

_____

_____

감정 :

_____

_____

_____

바디스캔을 해도 아무 일도 없었어요. 난 그냥 계속 잠이 든 채로 있었어요.

잠이 드는 것은 흔한 일이다. 처음에는 깨어 있는 시간보다 잠들어 있는 시간이 더 많은 것처럼 보여도 그냥 매일매일 바디스캔을 계속할 수 있는지 지켜보라. 종종 시간이 지나면 덜 졸릴 것이다. 계속 졸리면, 눈을 뜨고 하거나 머리를 베개로 받쳐 놓거나 또는 앉아서 연습을 해도 좋다. 당신이 저녁에 연습을 해왔다면 낮에 일찍 연습하는 것도 좋다.

3일차

생각 :

_____

_____

_____

감각 : _____

_____

_____

감정 : _____

_____

_____

> 그것은 놀라운 일이었어요. 몸의 일부가 사라진 것같이 아주 편안한 느낌이
> 었어요. 몸이 깃털처럼 가볍게 느껴지는 건 놀라운 일이었어요.

> 아주 좋은 일이다. 바디스캔을 할 때 이미 우리 내부에 평화와 깊은 고요가 있다
> 는 것을 확신할 수 있다. 그러나 다음에도 이런 일이 일어나기를 기대하거나 바
> 라는 것은 조심하는 것이 도움이 된다. 일어날 수도 있고 안 일어날 수도 있다.
> 이완은 바디스캔에서 중요한 요소는 아니지만, 이완이 일어날 때는 이를 즐기는
> 것이 좋다.

놀랍게 들릴지 모르지만, 바디스캔의 목적은 이완 상태나 혹은 어떤 다른 특별한 상태가
되려고 노력하는 것이 아니다. 어떤 감각을 느끼게 되었는가는 중요하지 않다.
중요한 것은 감각에 대한 생각에 말려들기보다 가능한 한
직접적인 신체감각을 알아차리는 것이다.

4일차

생각 : _____

_____

_____

감각 : _____

_____

_____

감정 : _____

_____

_____

> 도무지 집중할 수가 없어요. 계속 이런 생각이 들어요. '어떻게 이 모든 일이 벌어지는데 명상을 할 수 있지?' 아이들은 뛰어다니고 전화벨은 울리고, 사람들은 문을 쾅쾅 닫았죠. 명상을 하는 시간 내내 너무 짜증이 나서 어떤 상태에도 도달할 수 없어요.

> 좌절하거나 짜증이 나거나 또는 지루할 때 이 감정들을 지나가는 마음의 상태로, 즉 있는 그대로 단지 알아차리는 것이 가능한지 알아본다. 아마도 스스로에게 "절망적이야.", "지루해."와 같은 말을 하고 있을 수 있다. 그때 이러한 정서를 없애려고 하기보다는 단지 수련으로 돌아와, 바디스캔 안내에 주의를 기울이고 이 안내가 당신을 어디로 이끌든 알아차림에 초점을 맞춘다.

5일차

생각 : _____

_____

_____

감각 :

_____

_____

_____

감정 :

_____

_____

_____

이완하려고 노력하지만 긴장이 되고 통증이 느껴져요. 즐겁지 않으니 잘하고 있는 게 아닌 것 같아요. 정말 불편해요.

마음챙김을 하면, 우리는 몸에 무슨 일이 일어나고 있는지 잘 알 수 있다. 불편하다고 느낀다면, 가능한 한 수련을 올바로 하고 있는지 아닌지 판단하지 말고 바디스캔 안내 멘트에 주의를 기울인다. 그 다음 안내를 따라갔을 때 긴장이나 불편이 느껴진다면 가능한 한 부드럽게 그 부위의 신체감각을 살펴본다. 그리고 안내가 다른 부위로 옮겨갈 때는, 그 부위에 두었던 주의를 새로운 부위로 옮겨 초점을 다시 맞춘다. 고요해지고 선명해지기 위한 훈련을 위해 지금 좋은 기분을 느껴야 할 필요는 없다는 것을 기억하는 것이 도움이 된다.
그 효과는 다른 시간에 나타날 수 있다.

6일차

생각 :

_____

_____

_____

감각 :

_____

_____

감정 :

_____

_____

눈물을 펑펑 흘리고 있었어요. 그런데 왜 그런지 알 수가 없었어요.

몸의 감각에 주의를 기울이다 보면, 깊이 경험하고 싶지 않았던 감정에 언젠가는 다시 연결될 수 있다. 이는 놀라운 일일 수 있지만, 그런 감정을 현재 기꺼이 허용한다면 근본적으로 치유될 수 있다. 당신이 할 수 있는 범위 내에서, 안내를 따라 계속하면서 그 순간 몸의 감각에 집중하는 것이 가능한지 보라. 그러면 격한 감정에도 불구하고 당신은 흔들리지 않을 것이다.

과거의 충격적인 경험 때문에 감정이 반복적으로 강하게 떠오르거나
매우 고통스러웠던 사건의 기억이 계속 난다면, MBCT 지도자나 전문상담사나
치료자에게 더 전문적인 도움을 요청하는 것이 현명하다.

이번 주 수련을 마치면서, 수련하는 동안 나타나는 다음과 같은 일반적인 반응들에 대해 자신의 경험을 되짚어볼 수 있다. 알아차렸던 것에 동그라미를 치고 잊혀지지 않는 특정한 경험이 있다면 아래에 적어 보라.

판단 :

_____

_____

_____

졸림 :

_____

_____

_____

평온 / 이완 :

_____

_____

_____

신체적 불편함 :

_____

_____

_____

좌절 / 지루함 :

_____

_____

_____

정서적 혼란 :

_____

_____

_____

기타(구체적으로) :

_____

_____

_____

_____

_____

2. 일상 활동 속 알아차림

일상생활 속에서의 마음챙김은 MBCT 프로그램의 중요한 측면이다. 이번 주에 MBCT 프로그램을 하기 위해 두 가지를 시작해야 한다. 첫 번째는 일상생활 속에서 마음챙김을 하는 것이다.

매일매일의 일상생활에서 마음챙김을 하는 것이 중요하다.
그것이 우리가 필요로 하는 것이기 때문이다.

매일 하는 일상 활동 중 하나를 선택하여, 이번 주에 건포도를 가지고 했던 것처럼, 최선을 다해 매 순간 의도적이고 친절하며 새로운 알아차림을 일상 활동에 가져가도록 한다. 일주일 내내 매일 동일한 활동을 알아차리는 것이 가장 좋다.

다음과 같은 활동 중에서 하나를 고르거나 다른 활동을 선택해서 알아차림을 하면 된다.

아침에 일어나기	쓰레기 버리기
몸의 물기 닦기	운전하기
옷 입기	집에서 나가기
커피 내리기	집으로 들어오기
설거지하기	위층으로 올라가기
식기세척기에 그릇 넣기	아래층으로 내려가기

의도를 가지고 알아차린다는 것이 어떤 느낌인지 확실하지 않아요. 내가 무엇에 주의를 기울여야 하죠?

이것을 명확하게 아는 것이 좋다. 예를 들어 당신이 샤워를 선택했다고 가정해보자. 그러면 물이 닿을 때 피부 감각, 물의 따뜻함, 샴푸나 비누 냄새, 물소리, 몸을 씻으려고 움직일 때 느껴지는 팔 근육의 움직임에 온전히 주의를 기울인다.

다른 예로는 침대에서 나오기 전 잠에서 깨어나는 것을 살펴보자. 몸이 침대 매트나 이부자리에 닿거나 눌려지는 감각을 느끼는 것이나 숨을 5번 들이쉬고 내쉬면서 호흡의 움직임을 아는 것, 아침의 소리를 알아차리면서 주의를 여는 것, 얼굴에 닿는 아침 공기를 느끼는 것, 주변에 보이는 것들에 주의를 기울이는 것이 가능한지 알아본다.

삶의 경험에 부드럽게 눈을 뜨는 것이 가능한지 그리고 당신이 하고 있는 것을 직접적으로 알아차리는 것이 가능한지를 보라.

첫 주에 매일 할 일

_____

_____

매일 이 수련을 할 때 그 활동 시 마음챙김을 기억할 때마다 아래에 ∨ 표시를 한다.

1일 : _____   2일 : _____   3일 : _____

4일 : _____   5일 : _____   6일 : _____

　　마음챙김 자체는 어렵지 않다. 우리 모두의 일상생활에서 어려운 점은 마음챙김을 기억하는 것이다. 기억할 때와 잊을 때에 어떠한 패턴이 있는가?

기억하기 쉬운 때

_____

_____

_____

기억하기 어려운 때

_____

_____

_____

한 주의 수련이 끝난 후 : 이번 주에 선택한 활동의 경험과 평소의 경험이 어떻게 다른지 잠시 생각해보라.

_____

_____

_____

자니 _ "일단 하루 동안 일상적 순간을 마음챙김하는 걸 시작하면 나 자신이 모든 사소한 것들, 예를 들어, 하늘을 가로질러 날아가는 새, 저녁 식사 준비를 할 때 나는 냄새, 낙엽 위를 걸을 때 바스락거리는 소리 같은 것도 알아차리게 된 걸 알았어요. 이런 것을 정말로 알아차릴 때, 나는 되풀이되는 걱정에서 벗어나요."

게오르기오스 _ "아침에 깰 때 전 과정에 좀 더 주의를 기울이고 침대에서 나오면, 후다닥 깼을 때 느꼈던 우울한 감정이 좀 가벼워지는 것 같았어요."

일상 활동에 대한 알아차림으로 우리가 행위양식이나 자동조종 상태에 있다는 것을 보다 쉽게 알 수 있다.

이것은 또한 우리의 마음 상태를 즉시 전환시켜 존재양식으로 들어가 머물 수 있게 한다. 존재양식에서는 우울함이나 골치 아픈 감정을 지니고 있는 것이 더 힘들다.

3. 마음챙김하며 먹기

이번 주 일상생활에서 해야 할 마음챙김 두 번째 연습은 먹는 것에 대한 알아차림이다.

이 연습은 마음챙김 건포도 먹기를 했던 것처럼 먹을 때의 맛, 시각, 냄새 그리고 몸의 감각이 살아나도록 한다.

적어도 한 번의 식사 때나 식사 도중에 마음챙김이 가능한지, 건포도를 먹을 때와 같은 관심과 주의를 기울이는지를 보라.

마음챙김하면서 먹을 때마다 ∨표시를 한다(한 번 이상의 식사 또는 간식을 먹을 때 마음챙김을 했다면 하나 이상의 ∨표시를 해도 좋다).

1일 : _____

2일 : _____

3일 : _____

4일 : _____

5일 : _____

6일 : _____

한 주의 수련이 끝난 후, 먹는 것에 어떤 변화가 생겼는지 되돌아보고 싶을 것이다. 여기에 당신의 생각을 적어보라.

_____

_____

_____

_____

_____

축하합니다!

MBCT 프로그램의 첫 주가 끝났다.

이 시점에서 어떻게 각 수련에 대응했는지, 어떤 날의 반응은 다른 날의 반응과 어떻게 달랐는지, 한 주 전체의 경험을 떠올리면 도움도 되고 재미도 있을 것이다.

두 번째 주의 반응은 첫 번째 주와 비슷할 수도 있고 매우 다를 수도 있다.

확인할 방법은 하나밖에 없다. 준비가 되었는가?

이것을 읽고 준비하라

___

이제 시작하면서, 무엇을 기억하고 싶은가?
반짝이는 바닥을 따라 햇살이 어떻게 스며들었나?
오래된 나무에 가득한 것은 무슨 향이었나?
공기를 가로질러 바깥에서 들려오는 부드러운 소리는 무엇이었나?

바로 지금 그대가 어디를 가든
그대 곁에 있는 호흡보다
세상을 위해 더 좋은 선물을 가지고 올 수 있을까?
더 나은 것이 있는지 잠시 생각 중인가?

이제 주위를 둘러보면서
잠깐 새로운 경험을 해보라.
오늘부터 그대가 원했던 모든 것을 밤으로 옮겨보라.
이것을 읽거나 듣는 데 보낸 모든 시간을
삶을 위해 간직하라.

여기 바로 이곳에서 돌아보면
누가 그대에게 이 순간보다 더 훌륭한 것을 줄 수 있겠는가?

- 윌리엄 스태포드

week 2 :
앎의 두 가지 방식

오리엔테이션

발레리 _ "바디스캔에 집중하는 것이 매우 어려워요. 이번에는 정확하게 바디스캔 안내를 따르려고 결심을 하고 누웠어요. 그런데 얼마 안 돼서, '내가 이전에 몰랐던 통증을 많이 느끼는 이유가 뭘까? 모든 것이 무슨 의미일까?' 이러면서 내 몸에 대해 생각하고 있는 걸 알았어요. 결국 다시 내 몸과의 연결이 끊어졌다는 것을 알았어요. 그러고 나서 나 자신에게 관심을 돌려보았어요. '이건 아주 간단해. 그런데 다른 사람은 할 수 있는데 왜 나는 제대로 못하지?' 하고 자문했어요. 스페인어를 배우려고 노력할 때와 똑같았어요. 제대로 굴러가지 않았죠. 멕시코를 여행할 때 정말 바보가 된 거 같았어요."

"내가 망친 시간과 내가 정말 어떤 사람인지가 무슨 의미인지에 대해 딴 생각을 하면서 세션의 뒷부분을 끝냈어요."

"끝날 무렵에는 시작할 때보다 기분이 안 좋아졌어요."

자동조종 상태에서는 우리가 어딘가 먼 곳에 있는 것 같다. 그러나 우리는 어디로 가는가? 대부분의 경우, 우리는 계획이나 기억 또는 공상 같은 생각 속에서 길을 잃게 된다.

우리가 그냥 생각하는 것이 아니라 생각에 빠져 길을 잃을 때, 생각은 문제가 된다. 이럴 때 우리는 임계점을 지나 더 이상 현실에 살지 못하고, 머릿속에 살게 되는 것이다.

그래서 우리는 무엇을 하는가? 의지력만으로는 생각을 쉽게 멈출 수가 없다. 여전히 지금 우리 삶에서 무슨 일이 일어나는지 알 필요가 있다. 우리가 경험과 관련된 것을 알기 위해서 생각하는 것 말고 다른 방법은 없는가?

> 우울한 생각을 되풀이하고, 불안해서 계속 걱정하고, 스트레스로 지친 상태에서 끊임없이 애쓰는 행동의 바탕에는 생각이라는 행위양식이 있다.

실험을 하나 해보자. 다음의 설명을 읽거나, 오디오가 더 좋다면 오디오 트랙 12(앎의 두 가지 방식)를 들어도 좋다. 단지 몇 분이면 할 수 있다.

앎의 두 가지 방식
—

수직 등받이가 있는 의자에 편안히 앉아 눈을 감습니다.

1. 무언가에 대해 생각하기

발을 내려다보지 않으면서 발에 대해 1~2분 정도 생각합니다. 발을 마음속에 떠올리면 무슨 생각이 납니까? 좋은 점과 나쁜 점이 있을 테고, 달라지기를 바라는 생각도 떠오를 것입니다. 갔던 곳, 일으켰던 문제… 어떠한 생각이 떠오릅니까? 어떤 방법으로든 생각을 통제할 필요는 없습니다. 자연스럽게 생각이 펼쳐지도록 합니다. 1~2분 동안 발을 생각해봅니다.

2. 직접적인 주의 기울이기

이제, 발을 보지 않으면서 발에 주의를 기울입니다. 알아차림이 발 안쪽으로 깊이 들어가 발을 채우듯 점점 바깥쪽으로 알아차립니다. 뼈에서 피부 자체까지… 피부 안쪽으로 뼈를 느끼고… 피부에 닿는 느낌… 발바닥의 감각, 발과 바닥 사이의 경계를 살펴봅니다.

이제 발가락에 조금 힘을 주고, 최대한 발끝을 끌어당기고 발가락, 발바닥 그리고 두 발에 주의를 기울이고… 발가락에 느껴지는 압력, 근육의 당김, 발, 발목, 다리에 걸쳐 신체 감각의 흐름을 느껴봅니다.

자 이제, 발가락의 힘을 풉니다. 계속 발에 알아차림을 유지하면서 힘을 풀었을 때 발과 발가락 감각의 변화를 느껴봅니다.

자세를 바꾸기 전에 마지막으로, 여기에 앉아 있는 몸 전체를 알아차리는 시간을 잠시 가져봅니다.

발을 생각하는 동안 알게 된 것은 무엇인가? 여기에 몇 가지를 적어본다.

_____

_____

_____

_____

> **발레리** _ "내 발을 생각하면서 내가 최근에 얼마나 지쳤는지 알게 됐어요. 가끔은 한 발 앞에 다른 발을 내딛는 것조차 애를 써야 할 것 같아요. 내가 너무 힘들어 지쳐 쓰러질 것 같았을 때, 나이가 들어 울퉁불퉁하고 휘어진 아빠의 발에 관한 기억이 떠올랐어요. 나한테 어떤 미래가 있을지 의심스러워졌어요. 피로, 노화, 질병, 이런 걸 생각하니 슬퍼졌어요. "

> 행위양식의 핵심인 생각과 기억으로 인해 직접적인 현재경험에서 멀어지게 된다.

발에서 느껴지는 감각에 주의를 기울였을 때 알게 된 것은 무엇인가?

_____

_____

_____

_____

> **발레리** _ "처음에는 발을 통해 따뜻함을 느꼈어요. 다음엔 발가락이 따끔거리는 것을 느꼈어요. 감각에 집중하니 그 감각이 생겼다가 사라졌어요. 발가락에 힘을 주었더니 발에 대한 감각이 더 강해지고 느낌을 알기가 더 쉬워졌어요. 강렬하지만 즐겁지는 않았어요. 특히 그 전에는 몰랐는데 오른발에서는 발 형태가 느껴지지 않아 신기했어요. 마지막에는, 발에 대해 생각했을 때 전처럼 마음이 방황하지 않고 중심을 잡고 있다는 것을 알았어요."

> 몸의 감각을 직접적으로 느끼면 마음의 재잘거림을 줄일 수 있다. 존재양식으로 직접 안다는
> 것은 생각에 끌려가지 않고 즉각적이고 생생한 경험 자체에 더 가까워질 수 있다는 것을
> 의미한다.

발에 관해 생각하는 것과 발의 감각에 주의를 두는 것, 이 두 가지 방식의 가장 큰 차이는 무엇인가?

_____

_____

_____

_____

행위양식에서는 생각을 통해 간접적으로만 경험을 알 수 있다. 이 양식에서는 되풀이 되는 생각과 걱정 속에서 쉽게 길을 잃게 된다.

마음챙김을 하면 경험을 다른 방식으로 알 수 있는데 이것은 생각의 고함 소리 때문에 들리지 않았던 고요하고 현명한 목소리 같은 것이다.

경험과 직접적으로 관련해서 그 순간의 경험을 알아차릴 수 있다. 안다는 것은 알아차림 자체에 있다.

> 생각 속에서 길을 잃었다는 것을 알았을 때는, 신체 감각을 직접 알아차리고 주의를 다시 기울이는 것이 생각의 세계에서 벗어나는 방법이다.

불쾌한 일이 생겼을 때 불쾌한 것에 대해 생각하기보다 그저 그 순간의 감정과 감각이라는 경험으로 겪어보라. 이런 식으로 아는 것에는 멋진 단순함이 있다. 이렇게 하면 즉시 큰 자유와 편안함을 느낄 수 있다.

이번 주에는 당신이 생각 속에서 길을 잃었을 때 그렇다는 것을 알아차리고, 몸을 마음챙김하면서 직접 아는 것에 다시 연결하는 것을 수련하게 된다.

마음이 방황하고 있다는 것을 알아차리는 순간이 머릿속의 삶에서 직접적으로 몸을 느끼는 삶으로 옮겨가는 연습을 할 기회인 것이다.

아는 방식의 변화라는 해방의 힘을 이해하기 위해서, 생각으로 아는 것이 왜 문제가 될 수 있는지 좀 더 자세히 살펴보자.

사고의 숨은 힘: 생각과 감정

'거리를 걸어가는' 연습

—

편안한 자세를 취하고 준비가 되면, 아래 시나리오를 읽어보십시오.

할 수 있는 한 1~2분 정도 장면을 생생하게 상상해 봅니다. 눈을 감는 것이 도움이 될 것입니다. 충분한 시간을 들여서 이 상상에 완전히 몰입합니다.

당신은 익숙한 거리를 걸어가고 있습니다. … 반대편 거리에서 아는 사람을 보았습니다. … 당신은 미소를 지으며 손을 흔드는데 … 그 사람은 반응이 없습니다. 당신을 못 본 것 같습니다. 당신의 존재를 알아차리지도 못하고 지나쳐 걸어갑니다.

이제 그 장면을 상상해 봅니다.

마음속에 어떤 생각과 감정이 떠올랐는가?

_____

_____

_____

_____

_____

_____

내 생각과 감정은 어떻게 다른가요?

생각과 감정은 내면을 경험하는 두 측면으로 그 차이를 말로 표현하기가 어려울 수 있다. 그러나 생각은 우리가 종종 마음속에서 단어나 문장 또는 말로 설명하기 쉬운 사진이나 이미지로 경험하는 것이다. 반면에 감정은 직접 경험하는 느낌이나 정서적 변화 같은 것이다. 다음의 표를 보면서 이 연습을 할 때 일어나는 몇 가지 일반적인 반응을 확인하면 그 차이를 분명하게 이해할 수 있다.

	생각	감정
캐롤	"그는 나를 아는 척도 안 했어. 나 때문에 화가 났나?"	걱정
제이크	"무슨 일이 있었는지 궁금해."	호기심
샤론	"그녀는 날 좋아하지 않아. 아무도 진심으로 날 좋아하지 않아."	우울
베시	"넌 날 본 게 틀림없어. 괜찮아. 네가 어떻게 느끼든 상관없어. 마음대로 해."	화
레나	"그녀는 어떤 생각에 사로잡혀 있었을 거야. 괜찮았으면 좋겠는데."	염려

표를 보면 방금 당신이 했던 것과 같은 연습에서 많은 사람들이 다른 반응을 한다는 것을 알 수 있다. 그것에 대해 뭔가 떠오르는가? 되돌아가서 그것을 다시 보고 싶을 수도 있다. 마음과 가슴이 작용하는 방식에 대해 몇 가지 결정적으로 중요한 사실을 밝힐 수 있을 것이다. 여기에 아무거나 떠오르는 것을 적어보자.

_____

_____

_____

표를 보면 사람마다 생각이 다양하고, 생각이 다르면 감정도 달라진다는 것을 알 수 있다. 정확히 상황은 동일하지만 생각과 해석은 광범위하다. **그것은 오히려 상황 자체라기보다 우리가 느끼는 방식이다.** 즉 내가 뭔가 잘못했기 때문에 누군가가 나를 무시한다고 생각하면 속상해진다. 누군가가 의도적으로 무시한다고 생각하면, 화가 난다. 어떤 사람이 근심에 사로잡혀 있다고 생각하면, 걱정이 된다. 하지만 결정적으로, **우리가 상황을 해석하고 있음을 알지 못한다.** 마음챙김을 하면 더 잘 알 수 있고 다른 방식으로 반응할 수 있는 자유를 얻게 된다.

정서적 반응은 상황 자체보다 상황에 대한 해석을 반영한다.

같은 장면에 대한 설명을 들었다고 하더라도 실제로는 각자 자신의 마음의 눈으로 다른 상황을 경험한 것 같다.

우리는 사건들 자체의 상황만큼이나 다양하게 사건을 해석한다.

생각은 우리의 해석이며, 우리가 내린 결론은 종종 선입견과 과거 경험의 산물이므로, 생각과 결론은 다른 것들의 영향을 많이 받아서 형성된다. 사람들이 그렇게 다르게 해석한다는 사실은 생각들이 모두 같은 현실을 정확히 반영할 수도 없고 모두 옳을 수도 없다는 것을 뜻한다. 종종 실제 상황과 우리가 생각하는 것 사이에는 단순하게 1 대 1의 관계가 성립하지 않는다.

생각은 사실이 아니라 정신적 사건이다.

나는 같은 경험을 매번 다르게 해석한다는 것을 알아차렸어요. 왜죠?

기분 때문에 상황을 강한 선입견을 가지고 보게 된다. 우울한 기분일 때는 상황을 부정적으로 해석한다. 누군가 자기 문제에 사로잡혀 있다고 생각하기보다 그 사람이 의도적으로 나를 무시한다고 생각한다. '그녀는 나를 좋아하지 않아. 내가 뭘 잘못했지?'와 같은 부정적인 해석 때문에 더 우울해진다. 이 때문에 상황을 계속 더 부정적으로 보면서 악순환의 소용돌이에 빠지게 된다.
이와 비슷하게, 우리가 긴장과 불안을 느낄 때, 우리 마음은 뭔가 잘못되지 않을까, 위협이 되지 않을까 혹은 뭔가 했어야 하지 않을까 하며 상황에 맞춰 준비하게 된다. 이 모든 것 때문에 우리는 더 긴장하고 불안해하며 계속 스트레스를 받게 된다.

우리의 기분은 동일한 기분이 지속되는 방향으로 사건 해석에 영향을 끼친다.

우리는 생각이 기분을 낳고 기분이 생각을 낳는 소용돌이에 갇혀 괴로워하고 우울해한다. 우리를 가두는 것은 생각이다.

머릿속에서 길을 잃고 헤매는 방법에서 마음챙김하며 직접 신체 감각을 알고 느끼는 방법으로 아는 방식을 바꿈으로써 고통스러운 정서를 초래하는 생각의 패턴에서 벗어날 수 있다. 이것이 이번 주에 할 수련이다.

일상 수련

2주차에는 **7일 동안 6번** 다음 연습을 한다.

1. 바디스캔
2. 짧은 마음챙김 호흡
3. 일상생활 속 알아차림
4. 유쾌한 일 기록표

1. 바디스캔

지난주에 한 거잖아요. 왜 또 하는 거죠?

방법은 동일하지만, 경험은 매일 다르다. 가능한 한 많이, 새롭게 열린 마음으로 지금 하는 바디스캔은 전에 결코 경험하지 않았던 것임을 알고 매 순간 새롭게 바디스캔을 한다. 각 순간이 어떤 경험을 줄지 어떻게 알겠는가?

이 수련을 계속하는 이유는 행위양식은 오래되고 고착된 습관이기 때문에 원하는 곳에 존재하면서 존재양식으로 직접 알 수 있도록 마음을 훈련하려면 인내하고 지속하는 시간이 많이 필요하기 때문이다.

바디스캔은

○ '주의 기울이기 – 주의 머무르기 – 주의 옮기기'를 여러 번 하면서 주의력 근육을 훈련하는 데 훌륭한 방법을 제공한다.

○ 머릿속에서 나와서 신체와 연결되도록 한다.

이번 주에는 매일 편안한 곳에 누워 74~75쪽이나 오디오 트랙 2(바디스캔)의 안내를 따라 한다.

매번의 수련 후에는 경험한 것을 간단하게 바로 쓴다.

'행위양식'에 사로잡혔을 때 어떤 생각패턴을 경험했는가? 계획이나 연습? 비난이나 비판? 서두름? 끝내지 못한 일? 과거의 일을 회상했는가?

어떻게 반응했는가? 존재양식으로 쉽게 되돌아올 수 있었는가? 아니면 행위양식에 갇혀 있었는가? 그 밖에 알게 된 것은 무엇인가?

1일차

어떤 행위를 알아차렸는가?(예 : 계획 세우기, 서두름, 판단, 미해결 과제, 과거 돌아보기) :

_____

_____

_____

대응 :

_____

_____

_____

알아차린 것 :

_____

_____

_____

생각을 계속했는데 지루했고 아무 일도 일어나지 않았어요.

'판단'이라는 생각패턴 속으로 끌려들어가 길을 잃지 않고 이것을 단순히 생각패턴으로 아는 것이 가능한지 궁금할 것 같다. 그럴 때 경험을 생각하는 것에서 관심 어린 알아차림으로 신체감각을 직접 아는 것으로 부드럽게 옮겨갈 수 있다.

생각 속에서 길을 잃었다는 것을 아는 매 순간은 행위양식에서
자유로움으로 가는 길인 존재양식으로의 이동을 수련할 수 있는 소중한 기회가 된다.

2일차

행위(예 : 계획 세우기, 서두름, 판단, 미해결 과제, 과거 돌아보기) :

_____

_____

_____

대응 :

_____

_____

_____

알아차린 것 :

_____

_____

_____

처음으로 잠들지 않고 바디스캔을 다 마쳤어요.

훌륭하다. 경험은 항상 바뀐다. 주의 깊게 보면 이 수련 경험이(모든 다른 수련도) 하루하루 결코 같지 않다는 것을 알게 될 것이다. 바디스캔은 강력한 효과가 있지만 반복해서 서서히 영향을 끼친다. 계속해보라.

3일차

행위(예 : 계획 세우기, 서두름, 판단, 미해결 과제, 과거 돌아보기) :

_____

_____

_____

대응 :

_____

_____

알아차린 것 :

_____

_____

_____

모든 것이 좀 더 편안해지고 있어요. 생각 속에서 길을 잃었다는 것을 알았을 때도 나 자신을 몰아세우지 않았어요. 그러면 어쨌든 생각의 영향이 약해져요.

잘 관찰했다. 생각을 너무 심각하게 하지 않으면, 생각에 부하가 덜 걸리게 되고 지나치게 주의를 기울이지 않아도 된다(탐욕스럽게 우리의 주의를 요구하지 않는다). 심지어 다시 신체감각에 초점을 맞추면서 생각을 그냥 내버려둘 수도 있다는 것을 알 수 있다.

수련에 능숙해지기 위한 기초가 친절이라는 것을 기억하면
정말 도움이 될 것이다.

4일차

행위(예 : 계획 세우기, 서두름, 판단, 미해결 과제, 과거 돌아보기) :

_____

_____

_____

대응 :

_____

_____

_____

알아차린 것 :

_____

_____

_____

때때로 이 모든 노력이 가치가 있는지, 이 과정이 내가 원하는 것인지,
내가 할 수 있는 것인지 궁금해요. 아직 별일이 없어요.

이것은 의심하는 마음이다. 프로그램의 이 단계에서 생기는 매우 흔한 생각패턴
이다. 이런 생각은 상황을 있는 그대로 보는 진정한 관점이 아니라 마음의 상태
를 반영하는 것이다. 이 과정의 막바지에서, 비슷한 의심을 가졌던 참가자들에게
어떤 조언을 해주면 좋겠느냐고 물으면 항상 "개의치 말고 그냥 계속하라고 하세
요. 후회하지 않을 거예요." 하고 말한다.

5일차

행위(예 : 계획 세우기, 서두름, 판단, 미해결 과제, 과거 돌아보기) :

_____

_____

대응 :

_____

_____

알아차린 것 :

_____

_____

내가 바디스캔 시간을 기다리기 시작했다는 것을 알았어요. 바디스캔을 할 때면 마음에서 벗어나 한동안 내 몸 안에서 쉬는 것 같아요.

완벽하다! 무언가 하라고 몰아가는 마음은 "이거 해라.", "저거 해라.", "잊어버리지 않도록 해라.", "이것을 확실하게 해라." 하면서 힘들게 한다. 몸을 마음챙김하면 단순히 주의를 돌리는 것만으로도 항상 피난처와 안식처를 제공받을 수 있다.

6일차

행위(예 : 계획 세우기, 서두름, 판단, 미해결 과제, 과거 돌아보기) :

_____

_____

대응 : _____

_____

_____

알아차린 것 : _____

_____

_____

수련을 매일 하지 못해서 기분이 안 좋아요.
어떻게든 할 생각도 못하고 생각이 날 때는 시간이 없어요.

일단 자기 비판적으로 생각하면, '자기 비난 → 수련과 관련된 부정적 생각 → 수련 회피 → 더 많은 자기 비난 → 수련을 더 안 하기'라는 악순환에 갇히기 쉽다. 좋은 소식은, 언제라도 실수를 잊고 새 출발을 할 수 있다는 것이다. 무슨 일이 있었건 모두 놓아버리고 다시 시작해보라.

**과거에 무슨 일이 있었더라도, 이전에 실패한 수련에 연연하지 말고
바로 지금 다시 수련을 시작하면 된다.**

아담
—

아담은 1~2주 동안 마음이 울적했다. 매일 잠에서 깨면 몸이 무겁고 아팠다. 힘이 다 빠져나갔고 잠을 자도 회복이 안 되고, 때로는 잠들기 전보다 더 피곤했다. 이러한 피로감은 '이런 기분으로는 아무것도 못하겠는데.', '또 쓸데없는 하루.', '이런 식으로 살 수는 없어.', '나에게 무슨 일이 일어날까?'와 같은 생각이 계속 맴돌게 했다.
그리고 이런 생각으로 인해 생겨난 좌절과 패배감으로 몸에 부담감과 무거움이 더해졌

다. 결국 그는 모든 일이 어떻게 될지 걱정하면서 억지로 침대에서 벗어나 내키지 않는 마음으로 하루를 시작했다.

아담은 열흘 동안 바디스캔을 한 뒤 행위양식의 '생각으로 아는 것'과 존재양식의 '알아차림으로 직접 아는 것'의 차이를 느끼기 시작했다.

그리고 나서 MBCT 수업에서 들은 것을 기억하고서 아침에 깼을 때 수업에서 했던 것과 같은 수련을 하게 되었다. 생각의 소용돌이에 빠지지 않고 몸이 무거운지, 어디가 아픈지 직접 알아차리니 무슨 일이 일어났을까?

바디스캔이 기적의 치료법은 아니지만 차이를 만들어냈다. 아담은 전에는 불편했지만 이제 경험과 함께 현재 순간에 머무르는 것이 조금 더 쉬워졌다는 것을 알았다. 그리고 흥미롭게도, 그런 식으로 경험을 직접 알면서 기꺼이 거기에 머무르자 에너지가 점점 줄어드는 것이 아니라 증가되었다. 그는 침대에서 꼭 즐겁게 나오는 것은 아니지만 평소와 같이 되도록 오래 누워 있지 않게 되었다. 그는 좀 더 활기차게 일을 시작했다.

2주차 수련이 끝난 후, 지난 2주에 걸친 바디스캔 경험 전체를 되돌아보는 시간을 몇 분 정도 가져보는 것이 좋다.

앞으로 몇 주 동안 매일 할 수련에는 바디스캔이 포함되지 않을 것이다. 그래서 이것이 현재로는 이 수련을 마무리할 기회이다.

경험을 돌이켜 보았을 때, 바디스캔 수련에서 **한 가지** 배운 것이 있다면 무엇인가?

_____

_____

_____

_____

_____

_____

_____

2. 짧은 마음챙김 호흡

마음챙김 호흡, 즉 앉기 명상은 MBCT 프로그램의 핵심 수련으로 다음 주부터 주요 단계가 된다.

이번 주에는 매일 연습할 짧은 수련을 소개한다.

바디스캔과는 다른 시간대에, 아래 요약된 오디오 트랙 3번의 안내(10분 앉기 명상)를 들으며 매일 10분 동안 마음챙김 호흡 수련을 하라. 108쪽에서 도움이 될 조언을 참조할 수 있다.

10분 마음챙김 호흡 명상 (앉아서 하기)

—

1. 현재에 깨어 있고자 하는 의도가 나타나도록 허리를 똑바로 세우고 위엄 있되 뻣뻣하지 않은 자세로 편안히 앉습니다. 의자에 앉는다면 다리를 꼬지 말고 발을 바닥에 평평하게 놓습니다. 눈은 지그시 감습니다.

2. 바닥이든 어디든 앉아 있는 곳에 몸이 닿는 느낌과 압력에 주의를 집중하여 신체감각을 어느 정도 느낄 수 있는지 알아차립니다. 바디스캔을 할 때처럼 이런 감각을 1~2분 살펴봅니다.

3. 숨이 몸으로 들어오고 나갈 때 아랫배(배꼽 주변) 감각이 변하는 것을 알아차립니다(이 수련을 처음 할 때는 아랫배에 손을 올리고 손이 닿는 곳의 감각 변화를 알아차리면 도움이 됩니다. 이런 식으로 배 부위 신체감각에 주의가 기울여지면 손을 배에서 떼고 배 안쪽 감각에 계속 주의를 기울여봅니다).

4. 들숨에 아랫배가 올라가면서 배가 약간 팽창되고, 날숨에 배가 내려가면서 공기가 빠져나가는 느낌을 알아차립니다. 숨을 한 번 들이쉬고 내쉬는 사이 그리고 숨을 내쉬고 들이쉬는 사이 잠시 숨이 멈추는 것을 알아차리며, 가능한 한 들숨과 날숨에 숨이 들어오고 나가는 내내 아랫배의 감각 변화를 따라가봅니다.

5. 어떤 방법으로도 호흡을 조절하려고 할 필요는 없습니다. 그저 자연스럽게 호

흡하십시오. 가능한 한 나머지 수련에서도 이런 태도를 가지면 됩니다. 고쳐야 할 것도 특별히 도달해야 할 상태도 없습니다. 최대한 당신의 수련이 다른 어떤 것이 되어야 할 필요 없이 그저 자신의 수련이 되도록 둡니다.

6. 조만간 (일반적으로 곧) 마음은 아랫배 호흡에 초점을 맞추지 못하고 생각, 계획, 공상 등을 하며 어디로든 방황하겠지만 괜찮습니다. 마음은 그런 것입니다. 이것은 실수나 실패가 아닙니다. 주의가 호흡에 더 이상 머무르지 않는다는 것을 알게 되면 부드럽게 당신 자신을 축하해주십시오. 자신의 경험으로 돌아와 한 번 더 알아차립니다! 당신은 마음이 어디에 있었는지 알고 싶을 수도 있습니다('아. 생각하고 있구나.'). 그럴 때는 다시 부드럽게 아랫배의 감각 변화에 주의를 돌려 알아차림을 하고, 들숨과 날숨에 주의를 기울이기 위한 의도를 새롭게 합니다.

7. 마음이 방황하는 것(이것은 반복해서 일어날 것입니다)을 얼마나 자주 알게 되든지 간에 가능한 한 매번 그 순간의 경험에 다시 연결되는 것을 기뻐하며, 부드럽게 호흡으로 주의를 되돌리고 들숨과 날숨에 따른 신체감각의 변화를 단지 알아차리기만 합니다.

8. 마음이 반복해서 방황하더라도 자신의 경험에 인내심과 가벼운 호기심을 가지는 기회로 알고, 가능한 한 부드럽게 알아차리십시오.

9. 최선을 다해 매 순간 경험을 알아차리고자 하는 의도를 가끔 상기하면서 10분 동안 또는 원하는 만큼 오래 수련합니다. 마음이 호흡을 따라 배에 머무르지 않고 방황하는 것을 알게 되는 매 순간마다 호흡을 닻으로 이용하여 지금 여기로 다시 돌아옵니다.

이번 주에는 수련 경험을 적을 필요는 없다. 3주차에 자세히 살펴볼 것이다.

매일 수련했는지 스스로 볼 수 있도록 ∨표시를 한다.

1일 : _____

2일 : _____

3일 : _____

4일 : _____

5일 : _____

6일 : _____

앉기 명상에 도움이 되는 조언

○ 앉아서 명상하기에 편안한 자세를 찾기 위해 잠시 시간을 갖는 것이 좋다. 등은 곧게
  펴지만 뻣뻣하지 않게, 편안하고 안정적으로 앉아 있을 수 있는 자세를 찾는다.
○ 의자를 사용해도 좋다. 어떤 사람들은 바닥이 좀 더 편안하다고 하지만 바닥에 앉는
  것이 더 특별한 것은 아니다. 의자를 사용할 경우, 등은 바로 펴고,
  다리는 꼬지 않고, 발은 바닥에 평평하게 놓을 수 있는 의자를
  선택한다. 될 수 있으면 척추가 스스로 바로 펴질 수 있도록 의자
  등받이에 기대지 않는 것이 가장 좋다.
○ 부드러운 바닥에 앉을 경우, 엉덩이를 바닥에서 7~15cm 정도
  들어 올리고 무릎이 바닥에 닿을 수 있도록, 단단하고 두꺼운 방석
  또는 명상용 의자나 등받이와 팔걸이가 없는 의자를 사용한다.
  앉는 방법은 세 가지가 있는데 이 중 하나를 선택한다.

선택 1 : 방석 위에 앉아 한쪽 발뒤꿈치를 몸 가까이 끌어당기고
  반대쪽 다리를 접어 그 앞에 둔다.
선택 2 : 두 발 사이에 방석을 두고 무릎을 꿇는다.
선택 3 : 명상용 의자나 등받이와 팔걸이가 없는 의자에 앉는다.

선택 1 　　　 선택 2 　　　 선택 3

편안하고 안정감이 느껴질 때까지 방석이나 의자의 높이를 조절한다.

어디에 앉든지 간에, 무릎이 엉덩이보다 아래로 가도록 자세를 잡는다.

무릎을 엉덩이 아래쪽에 두고 앉았다면, 허리 아래쪽이 안쪽으로 완만한 곡선을 만들면서
척추가 스스로 지지될 것이다. 두 손은 무릎이나 허벅지 위에 올려놓는다.
많은 사람들은 바른 자세를 취하기 위한 가장 알맞은 방법으로 의자를 이용한다. 알맞은
높이를 만들기 위해 방석이나 담요를 접어서 사용할 수도 있다.

출처 : The Mindful Way Workbook. Copyright 2014 by The Guilford Press

3. 일상생활 속에서의 알아차림

지난주에 마음챙김을 하려고 선택했던 일상 활동을 떠올려 여기에 적어본다.

_____
(활동 1)

이제 일상의 마음챙김 수련에 포함시킬 수 있는 또 하나의 다른 일상적인 활동을 새롭게 선택한다.

_____
(활동 2)

이번 주에는 이 두 가지 활동에 마음챙김하겠다는 의도를 가짐으로써 매일 마음챙김을 하겠다는 다짐을 강화하고 확장할 수 있다.

매일 활동 1이나 활동 2에 대한 마음챙김을 하겠다는 기억이 날 때마다 ∨표시를 한다.

1일 : _____   2일 : _____   3일 : _____

4일 : _____   5일 : _____   6일 : _____

이번 주 수련을 마칠 때는 수련 경험을 전체적으로 돌아보는 시간을 잠시 가져본다. 이제부터는 집으로 돌아가서 해야 할 숙제는 아니다. 하지만 많은 사람들이 혼자서도 이 수련을 계속하고 싶어 한다. 자신의 삶 속에서 일상 활동에 마음챙김하면서 현존하고자 하는 의도를 계속 키워나가게 하는 것은 무엇일까? 이 수련의 긍정적인 효과 하나를 떠올려보자.

_____

_____

_____

_____

_____

로이 _ "어제 저녁 일 때문에 서류를 읽으려고 안간힘을 쓰고 앉아 있는데 어린 두 딸이 내 머리 위로 자기네가 할 수 있는 만큼 소파 쿠션을 쌓는 놀이를 하고 있었어요. 처음에는 아이들이 계속해도 최대한 미소를 지었어요. 하지만 서류에 집중을 못하면서 내 마음이 끊임없이 요동치는 것을 알았어요. 이런 일이 보통 내가 마음챙김하는 원인이 되지요. 그래서 다시 두 딸과 함께 있다는 데만 완전히 주의를 기울였어요. 몇 주를 돌이켜 보니 이 5분이 부모로서 가장 보람이 크고 의미가 있었어요."

4. 유쾌한 일 기록표

매일 유쾌한 경험을 하나씩 할 때마다 알아차리는 것이 목적이다.

이 경험은 새가 지저귀는 소리를 듣거나, 아이의 얼굴에서 미소를 발견하는 것처럼 아주 단순한 일상적인 일일 수 있다. 중요한 것은 그때 유쾌한 기분이 든다는 것이다.

이 수련에는 아래와 같은 두 가지 부분이 있다.

1. 유쾌한 경험을 찾음으로써 **무엇에 주의를 기울일지** 의식적으로 선택한다.
2. 유쾌한 감정 자체나 다른 즐거운 감정, 마음속을 스쳐 지나는 생각, 신체 감각과 같은 유쾌한 경험의 각각 다른 측면들에 집중하면서 **어떻게 주의를 기울일지** 의식적으로 선택한다.

한 가지씩 경험할 때마다 무엇을 경험하는지 자세히 알기 위해 다음과 같은 질문을 활용한다. 당신도 이렇게 기록하면 된다.

무슨 경험을 하였는가?	신체에서 구체적으로 어떤 감각을 느꼈는가?	어떤 기분이나 감정을 느꼈는가?	마음속에 어떤 생각이 떠올랐는가?	지금 여기에 적을 때 마음속에 어떤 생각이 드는가?
예 교대근무를 마치고 집으로 가는 길, 서서 새 소리 듣기	얼굴이 밝아지고 어깨가 내려가고 입꼬리가 올라감	안도감, 즐거움	"좋다", "얼마나 사랑스러운지", "밖에 있어서 정말 좋다."	"아주 사소한 일이지만 그것을 알고 나니 기쁘다."

매우 자세히 써본다. 예를 들어, 마음의 눈으로 경험하거나 이미지를 묘사하는 방법처럼 자신의 생각을 하나하나 적는다. 정확히 어떤 감각이 몸의 어디에서 느껴졌는지, 그 감각이 무엇이었는지 적어본다. 기록할 때 마음에 어떤 생각이 떠오르는가? 그 생각을 알아차리는 기회로 기록하는 행위 자체를 활용하라.

1일차

무슨 경험을 하였는가?	신체에서 구체적으로 어떤 감각을 느꼈는가?	어떤 기분이나 감정을 느꼈는가?	마음속에 어떤 생각이 떠올랐는가?	지금 여기에 적을 때 마음속에 어떤 생각이 드는가?

생각으로 아는 것은 그 자체로 좋거나 나쁜 것, 즉 우리가 행복하기 위해서 매달리거나 혹은 제거해야 하는 것으로서 경험을 이해한다는 뜻이다. 이것이 추동모드의 마음이다.

신체감각, 감정, 생각과 같은 경험의 여러 측면에 주의를 기울이면, 추동양식에서 벗어날 수 있다. 우리가 그 순간에 직접 알 수 있고 계속 변화하는 패턴으로서 경험을 받아들이는 것이다. 이렇게 경험하면, 추동양식에서 작동하는 마음의 플러그를 뽑을 수 있다.

2일차

무슨 경험을 하였는가?	신체에서 구체적으로 어떤 감각을 느꼈는가?	어떤 기분이나 감정을 느꼈는가?	마음속에 어떤 생각이 떠올랐는가?	지금 여기에 적을 때 마음속에 어떤 생각이 드는가?

우리들 대부분은 자기보호를 위한 방법으로 불쾌한 감정을 무시한 채 끝내버린다. 길게 보면, 이것은 그리 간단한 일이 아니다. 또한 불쾌하거나 유쾌한 모든 감정들로부터 점점 더 무감각해짐을 의미한다. 이렇게 살게 되면 삶의 잠재적인 풍요로움과, 자기의 마음과, 가슴 깊은 곳에 있는 치유를 위한 잠재력으로부터 차단된다. 경험이 즐거운지 아닌지의 여부를 떠나 단순히 감각에 직접 주의를 기울이면 넓은 감정의 세계로 다시 연결되고 살아 있다는 경이로움을 보다 완벽하게 느낄 수 있다.

3일차

무슨 경험을 하였는가?	신체에서 구체적으로 어떤 감각을 느꼈는가?	어떤 기분이나 감정을 느꼈는가?	마음속에 어떤 생각이 떠올랐는가?	지금 여기에 적을 때 마음속에 어떤 생각이 드는가?

4일차

무슨 경험을 하였는가?	신체에서 구체적으로 어떤 감각을 느꼈는가?	어떤 기분이나 감정을 느꼈는가?	마음속에 어떤 생각이 떠올랐는가?	지금 여기에 적을 때 마음속에 어떤 생각이 드는가?

마음의 행위양식은 우리가 습관적으로 찾는 것을 제어한다. 다시 말해서, 우울한 마음 상태에서는 부정적이고 잘못된 것에 초점을 맞추고, 불안한 마음 상태에서는 위협적이고 위험한 것에 초점을 맞추는 등 마음의 행위양식은 여러 가지로 작동한다. 의도적으로 유쾌한 경험을 찾는 것은 주의를 다시 기울여 삶에 항상 존재하지만 결코 모르고 있었던 소소하고 수많은 기쁨들, 즉 물에 비치는 나무, 아이들의 웃음소리, 길가의 꽃을 느끼게 한다.

5일차

무슨 경험을 하였는가?	신체에서 구체적으로 어떤 감각을 느꼈는가?	어떤 기분이나 감정을 느꼈는가?	마음속에 어떤 생각이 떠올랐는가?	지금 여기에 적을 때 마음속에 어떤 생각이 드는가?

6일차

무슨 경험을 하였는가?	신체에서 구체적으로 어떤 감각을 느꼈는가?	어떤 기분이나 감정을 느꼈는가?	마음속에 어떤 생각이 떠올랐는가?	지금 여기에 적을 때 마음속에 어떤 생각이 드는가?

한 주의 수련이 끝난 후, 유쾌한 일 기록표와 관련된 경험을 잠시 성찰해보는 시간을 가진다.
배운 것이나 알아차린 것 중 **기억할 만한 것**을 여기에 하나 적어본다.

_____

_____

_____

_____

_____

_____

_____

진실을 꿈꾸며

—

난 누워서 나뭇잎들 사이로 쏟아지는 햇빛을 보고 있다.
진실을 꿈꾸며
그것을 사랑하는 것이 어떤 느낌인지 음미하며.

하루가 스스로 숨을 들이쉴 수 있도록
나로 인해 방해받지 않고 하루가 펼쳐지도록
단지 숨을 내쉬게 두는 것이 왜 그리 오래 걸렸을까?

푸른 하늘빛처럼 강하고, 하얀 야생화처럼 부드럽고,
한낮의 햇살처럼 따사로운
내 몸의 우아함을 어떻게 잊을 수 있었을까?

빗물의 아름다움, 모든 회색의 색조들을 신뢰하면서,
모든 날씨를 품어 안을 수 있도록
 과감하게 참을성을 키우기를.

그 무엇이든 정말로 사실이길 바란다.
적어도 그것이 시작할 곳이다.
그 무언가를 사랑하는 기술을 익히기 위해서,
내게 화가 나도 다시 나를 사랑하는 것을 느껴보아라.

- 린다 프랑스

week 3 :
현재라는 고향으로 돌아오기
흩어진 마음 모으기

오리엔테이션

다음과 같은 간단한 실험을 해보라.

1. 다음 설명을 읽은 후 이 책을 내려놓고 시계를 보고 시간을 적어둔다.
2. 1분 동안 아무것도 하지 않고 앉아 있는다.
3. 1분이 끝날 무렵 책을 집어들고 다시 책을 읽는다.

그 순간 당신의 마음은 어디에 있었는가? 한 순간이 다음 순간으로 펼쳐지는 것처럼 항상 지금 순간과 완전한 관계를 맺으면서 바로 여기 이 방에 당신의 마음이 있었는가?

또는 마음이 지금 이 순간과 장소로부터 멀리 있었는가? 아마도 마음이 미래를 향해 있었거나 몇 분, 몇 시간, 몇 주 혹은 몇 년 후에 일어날 사건들에 가 있었을 것이다. 혹은 과거로 돌아가 좀 전에 일어났던 일들, 어제, 지난주 혹은 몇 년 전에 있었던 사건들에 사로잡혀 있었을 수 있다.

만약 이런 경험을 했다면, 당신은 35쪽에 있는 마음의 행위양식의 7가지 특징 중 3번째인 정신적 시간여행을 한 것이다.

우리 마음이 서로 다른 시간대와 장소를 여행하는 능력을 의식적이고 의도적으로 사용했을 때, 우리는 미래를 계획하고 과거로부터 배우는 것이 가능하다.

그러나 마음의 추동양식으로 인해 우리가 모르는 사이에 지금 여기로부터 멀리 떨어지게 될 때 다음과 같은 문제가 생긴다.

○ 과거를 반추하며 분노를 느끼거나 우울해한다.
○ 미래를 걱정하며 불안해한다.
○ 해야만 하는 모든 것을 예상하며 부담감, 소진, 스트레스를 느낀다.

3주차에는 우리가 어디에 있든 무엇을 하든 간에, 도움 되지도 않고 의도하지도 않은 시간여행에서 어떻게 벗어날 수 있을지 알아볼 것이다.

1. 지금 여기로 돌아올 수 있도록 항상 존재하는 닻으로 호흡을 활용한다.
2. 움직일 때는 몸을 마음챙김한다.
3. 짧은 명상, 즉 3분 호흡 공간 명상을 한다.

수련을 함으로써, 흩어진 마음을 모으고 안정시키는 법을 배울 수 있다. 그때 우리는 추동양식으로 인한 생각 때문에 혼란스러워진 마음의 아래에서 우리를 기다리는 고요함과 평화를 경험할 수 있다.

일상 수련

3주차에는 **7일 동안 6번** 다음 연습을 한다.

1. 호흡 명상과 스트레칭의 결합 (1, 3, 5번째 날)
2. 마음챙김 움직임 명상(2, 4, 6번째 날)
3. 3분 호흡 공간 명상
4. 불쾌한 경험 기록표

몸을 잘 돌보기
—

이번 주 두 가지 연습은 다소 부드러운 신체적 연습과 관련된다.
이 연습의 의도는 몸을 통해 신체 감각과 감정을 알아차리고, 몸의 한계를 받아들이고 알아보며, 한계 너머로 밀어붙이려는 성향을 내려놓는 것이다.
만약 척추가 불편하거나 다른 건강상의 문제가 있어서, 이러한 연습 가운데 어떤 것을 해도 되는지 확신이 서지 않는다면 주치의나 물리치료사에게 상담을 의뢰해보라.

1. 스트레칭과 호흡 명상의 결합

첫 번째, 세 번째 그리고 다섯 번째 날, 앉기 명상 수련을 하기 위해 필요한 의자나 쿠션 혹은 명상의자를 마련하고, 오디오 트랙 5번의 안내를 따른다. 이 수련에는 몇 분간의 마음챙김 스트레칭과 바로 뒤이은 앉기 명상이 포함되어 있다.

마음챙김 스트레칭은 서서 하는 여러 가지 부드러운 동작으로 구성되어 있다. 스트레칭을 할 때 자신의 몸을 잘 살펴보며 해야 한다. 만약 척추나 다른 건강상의 문제가 있다면, 동작들을 따라 하지 말고 안내 문구를 먼저 듣고, 수련을 다 할지 일부만 할지 신중히 생각하라. 이때 너무 어려운 동작은 편안하게 건너뛰고 안내 문구대로 따라서 하는 것을 상상해도 된다.

설명의 요약은 124~126쪽에 나와 있다.

스트레칭과 호흡 명상 : 마음챙김 스트레칭

—

1. 먼저, 맨발이나 양말을 신은 채로 설 수 있는 장소를 찾습니다. 두 발은 엉덩이 넓이 정도로 벌리고, 다리는 살짝 구부리고, 두 발을 평행하게 놓고 섭니다(사실 이런 방식으로 서는 것은 흔치 않은 일인데, 이 자세만으로도 조금 색다른 신체감각을 느낄 수 있습니다).

2. 이제, 이 수련의 의도를 상기합니다. 즉 여러 가지 동작의 부드러운 스트레칭을 하면서 몸을 통한 신체감각과 감정을 알아차리고, 매 순간 몸의 한계를 받아들이고 조사하며, 자신 혹은 다른 사람들과 경쟁하려거나 또는 한계 너머로 밀어붙이려는 경향을 최선을 다해 내려놓습니다.

3. 숨을 들이마시며 두 팔을 죽 펴서 천천히 머리 위로 들어 올리는 것을 알아차립니다. 두 팔을 들어 올리는 동안과 머리 위에 들고 있을 때 근육의 긴장감을 느껴봅니다.

4. 자세를 유지한 채 자연스럽게 숨을 들이쉬고 내쉬면서, 손가락 끝은 하늘을 향해 부드럽게 밀고, 두 발은 바닥에 견고하게 섭니다. 발과 다리에서부터 등, 어

깨를 걸쳐 팔과 손, 손가락에 이르기까지 몸의 모든 근육과 관절이 죽 당겨지는 것을 느껴봅니다.

5. 숨을 자연스럽게 들이쉬고 내쉬면서, 호흡과 함께 신체의 감각과 감정 변화를 알아차리며 스트레칭 자세를 유지합니다. 물론 이때 불편함과 긴장감이 계속 증가할 수도 있습니다. 만약 그렇다면 그것 또한 받아들일 수 있는지 살펴봅니다.

6. 준비가 되면 천천히, 아주 천천히 숨을 내쉬면서 팔을 내립니다. 팔이 어깨 높이에 올 때까지 손가락은 위를 향하고, 손바닥은 바깥쪽을 향하게 손목을 구부리고 (다시 특이한 자세입니다) 천천히 팔을 내립니다.

7. 부드럽게 눈을 감고 서서 호흡의 움직임과 신체 전반에 걸친 감각과 감정에 주의를 기울입니다. 아마도 일반적인 자세에서 느껴지는 이완감이나 안도감과는 대조적인 감각을 알아차리게 될 것입니다.

8. 마치 손이 닿지 않는 곳에 있는 나무 열매를 따는 것처럼, 한쪽씩 번갈아가며 천천히 팔을 위로 죽 뻗어 올리면서 몸과 호흡의 감각을 완전히 알아차립니다. 팔을 위로 죽 뻗어 올릴 때 반대쪽 발꿈치가 바닥에서 떨어질 경우 호흡과 긴장된 손에 어떤 일이 일어나는지 살펴봅니다.

9. 이제, 천천히 마음챙김하면서 양팔을 위로 들어 올려 서로 평행이 되게 합니다. 그 상태로 몸 전체를 왼쪽으로 반달처럼 휘어지게 구부려서, 오른쪽 발부터 몸통, 양팔 그리고 손과 손가락들을 따라 몸의 측면을 늘려줍니다. 그 다음, 숨을 들이쉬면서 다시 바로 하고, 숨을 내쉬면서 오른쪽으로 천천히 몸을 반달처럼 휘어지게 구부립니다. 그런 다음 다시 몸을 바로 하고, 양팔을 천천히 아래로 내려 몸 옆에 느슨하게 늘어뜨립니다.

10. 이제, 양팔은 긴장을 풀고 단지 어깨에 매달려 있는 것처럼 둔 채 어깨를 둥글게 회전시키는 동작입니다. 먼저, 양어깨를 귀에 닿을 듯이 위로 위로 들어 올립니다. 그런 다음 마치 양쪽 견갑골이 서로 끌어당기는 것처럼 뒤로 당깁니다. 그러고 나서 어깨를 아래로 떨어뜨립니다. 이제, 양팔은 그냥 매달려 있는 듯한 느낌으로 둔 채, 양어깨를 마치 서로 닿게 하려는 듯 가능한 한 몸의 앞쪽

으로 밀어냅니다.

양팔은 늘어뜨린 채로, 처음에는 뒤쪽에서 앞쪽으로 노를 젓듯 회전시키고, 그 다음에는 반대 방향으로, 앞쪽에서 뒤쪽으로 노를 젓듯 회전시킵니다. 당신이 할 수 있는 만큼 부드럽게 그리고 마음챙김을 하며, 이런 다양한 동작으로 노를 젓듯 계속해서 움직입니다.

11. 잠시 바로 서서 휴식을 합니다. 이제 천천히 마음챙김하면서 머리를 반원으로 돌리는 동작을 합니다. 먼저, 턱을 가슴 쪽으로 당기면서, 머리는 마치 매달린 듯 긴장을 풉니다. 그런 다음 머리를 왼쪽으로 살짝 기울여, 왼쪽 귀가 왼쪽 어깨를 향하도록 합니다. 이제 머리를 천천히 오른쪽으로 움직여 오른쪽 귀가 오른쪽 어깨를 향해 내립니다. 그리고 나서 머리를 가슴 쪽으로 다시 떨어뜨립니다. 준비가 되면 이제는 반대 방향으로 움직입니다.

12. 앉기 명상을 시작하기 전에, 마지막으로 잠시 바로 서서 스트레칭의 영향과 신체의 감각을 느껴봅니다.

마음챙김 스트레칭
—

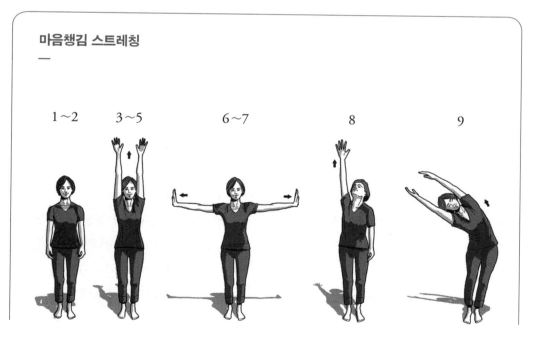

10

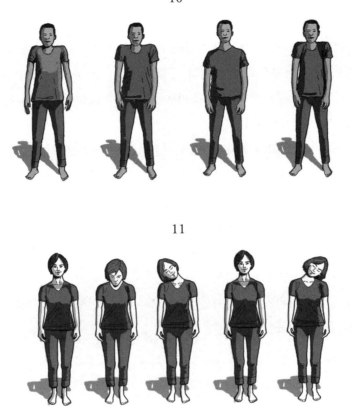

11

출처) : Kabat-Zinn, J., *Full Catastrophe Living*(Second Edition), 2013, New York : Bantam Books.

스트레칭과 호흡 명상 : 앉기 명상

—

1. 10분 동안 106~107쪽에 있는 마음챙김 호흡 명상을 합니다.

2. 호흡을 알아차리는 것이 잘 자리 잡혔다 싶으면, 숨을 들이쉬거나 내쉴 때 온몸
   에서 느껴지는 느낌을 알아차려 봅니다. 한편으로는 숨을 쉴 때마다 아랫배가
   움직이는 것을 알아차리면서, 다른 한편으로 온몸의 느낌에 주의를 집중해서
   그 느낌들이 어떻게 변하는지 알아차려 봅니다. 마치 몸 전체로 호흡하는 것처

럼, 호흡에 따라 온몸의 감각이 변하는 것을 알 수 있을 것입니다.

3. 이와 같이 신체와 호흡을 모두 알아차리면서, 몸이 의자, 바닥, 쿠션, 벤치 등에 닿을 때 느끼는 감각들, 즉 닿는 감각, 압박감, 발이나 무릎이 바닥에 닿는 느낌, 엉덩이가 지지되는 감각, 허벅지 위에 놓이거나 서로 포갠 손을 모두 알아차립니다. 할 수 있는 만큼 최선을 다해서, 폭넓은 자각의 공간 안에서 호흡과 신체의 이러한 모든 느낌을 함께 알아차립니다.

4. 마음은 호흡과 신체의 감각을 알아차리는 것에서 반복적으로 벗어나는데 이것은 자연스러운 것으로 예측가능한 일이며 실수나 실패가 아닙니다. 알아차림이 호흡과 몸의 감각에서 벗어나는 것을 알아차릴 때마다, 그 순간 깨어 있었던 것에 대해 기뻐할 수도 있습니다. 마음이 어디에 가 있었든 부드럽게 알아차리고 (어떤 사람들에게는 마음속으로 '생각'이라고 매우 가볍게 이름 붙이는 것이 도움이 됩니다) 할 수 있는 한 친절하게, 몸 전체의 감각과 호흡으로 주의를 다시 돌립니다.

5. 가능한 한 단순하게, 순간순간 몸 전체에서 느껴지는 실제 감각에 부드럽게 주의를 기울입니다.

6. 앉아 있는 동안, 어깨나 무릎 혹은 등에 고통스러운 강렬한 감각이 느껴질지도 모릅니다. 이러한 몸의 감각에 반복적으로 끌려가서 몸과 호흡에 전체적으로 집중하지 못하는 것을 알게 될 수도 있습니다. 이럴 때는 자세를 바꾸거나 혹은 그대로 고요히 앉은 채 강렬한 느낌이 느껴지는 부위로 알아차림의 초점을 바꿔볼 수도 있습니다.

만약 자세를 바꾸지 않고 고요히 앉아 있을 경우에는, 부드럽게 주의를 기울여 그 느낌을 상세하게 탐구해봅니다. 정확히 어떤 느낌인지? 정확히 어느 부위에서 느껴지는지? 시간이 지남에 따라 달라지는지 혹은 다른 부위로 옮겨가는지? 등을 탐구해봅니다. 그 강렬한 느낌에 대해 생각하기보다 단지 느끼는 것이 가능한지를 살펴봅니다.

강렬한 감각이 느껴지는 부위를 알아차리는 방법으로 호흡을 사용할 수도 있습니다. 바디스캔을 할 때처럼, 그 부위에 숨을 불어넣고, 숨을 내쉴 때는 강렬한 느낌이 부드럽게 열리도록 그 부위로 숨을 내쉽니다.

7. 강렬한 신체 감각이나 혹은 다른 것 때문에 알아차림에서 한 순간 멀어질 때마다, 호흡의 움직임이나 몸 전체의 감각을 다시 알아차리면 언제라도 지금 여기로 다시 연결할 수 있다는 것을 기억합니다. 이러한 방식으로 다시 마음을 모으게 되면, 신체의 감각을 알아차림은 물론 더 많은 알아차림으로 확장할 수 있습니다.

8. 앉기 명상을 마무리할 때에는, 들숨과 날숨의 모든 감각을 알아차리면서, 아랫배 호흡에 다시 주의를 기울입니다. 자리에 앉아 호흡하면서 순간순간의 알아차림 감각을 계발하십시오. 일상의 어떤 순간에도 당신은 숨을 쉽니다. 그렇기 때문에 호흡을 알아차리면 현실에 기반하게 되고, 균형감을 얻게 되며, 매 순간 자신을 있는 그대로 받아들일 수 있다는 것을 기억하십시오.

1일차(스트레칭과 호흡): 앉기 명상을 하는 동안 마음이 방황하는 것을 알아차렸을 때 무엇을 하였는가?

_____

_____

_____

_____

_____

수많은 생각을 했어요. 어떤 생각을 하면서 마음이 미래로 가는 것을 막기 힘들었어요. 그러지 않으려고 했는데 대략 2분 정도 멈출 수 있었고, 다시 생각에 빠져들었어요.

생각을 멈추거나 통제하기 위해서 무언가 해야만 한다고 느끼는 것은 자연스러운 일이다. 그래서 생각을 멀리 쫓아버리거나 억누르는 것이 목표가 아님을 기억하라. 만약 생각을 억누르거나 멀리 쫓아버리려고 애쓰게 되면, 그 때문에 오히려 생각에 더 많은 힘을 싣게 되어 생각이 더욱 강하게 되돌아온다.

우리의 목적은 생각을 멈추는 것이 아니라 '여기 생각이 있다'는 것을 인식하고 가능한 한 그 생각들이 흘러가게 하고 호흡으로 다시 돌아오는 것이다.

3일차(스트레칭과 호흡): 앉기 명상을 하는 동안, 마음이 계속 방황하는 것을 알아차렸을 때 자신에게 얼마나 친절했는가 혹은 친절하지 않았는가?

_____

_____

_____

_____

_____

_____

나 자신에게 짜증이 났어요. 호흡 명상은 매우 단순한 것이니까 내가 잘할 수 있어야 하고, 다른 사람들은 이런 문제가 없을 거라고 생각했고 그래서 더 열심히 했어야 했거든요.

이 단계에서 대부분의 사람들은 호흡에 주의를 두려고 몸부림치는 데 많은 시간을 보낸다. 할 수 있는 한 최선을 다해서, 마음이 방황하는 것을 "단지 바로 지금 마음이 어떠한지"를 살펴보는 것으로 받아들이고, 그리고 최대한 부드럽고 친절하게, 유머를 지니고 대하면 된다. 만약 친절하게 대할 수 없다면, 그 사실에도 친절하게 대하라.

5일차(스트레칭과 호흡): 앉기 명상을 하는 동안, 신체적 불편함을 얼마나 많이 경험하였는가? 어떻게 대응하였는가?

_____

_____

_____

_____

_____

등은 쑤시고 무릎은 고통스럽게 아팠어요. 움직이지 않고 호흡에 집중하는 건 정말 많은 노력이 필요했지만 끝날 때까지 버텼어요.

인내심이나 성격 테스트하는 것처럼 신체적인 고통을 막연하게 견디려고 할 필요가 없다. 그러나 불편하다고 느끼자마자 바로 움직이는 것은 좋지 않다(왜냐하면 자동적으로 회피하는 습관이 강화될 것이기 때문이다). 하지만 일단 강렬한 감각을 지혜롭고 부드럽게 알아차리며 탐구한 후, 자신에게 친절한 행동으로서 마음챙김하며 움직이는 것은 좋다.

마음이 방황할 때는 기뻐하라!

마음이 방황하는 것은 실수나 실패가 아니며 단지 마음의 속성일 뿐이다.
이 수련의 목표는 마음이 방황하는 것을 막는 것이 아니라 마음이 방황한다는 것을 알아차리는 데 필요한 방법을 개발하는 것이다. 이를 위해 다음과 같은 방법을 사용할 수 있다.

1. 괴로워하지 않고 단지 이러한 일이 일어났다고 인식하기
2. 이 순간 마음이 어디에 있는지 알기 위해 충분히 오래 멈추어 있기
3. 마음에 무엇이 있든 내려놓기
4. 주의를 호흡으로 부드럽고 친절하게 되돌리기

수련은 우리에게 정신적인 시간 여행에서 되돌아와 이 순간 이 호흡으로 다시 시작할 수 있는 수많은 기회를 준다.

**마음이 방황했다는 것을 알아차리고 되돌아오는 것은 명상수련의 핵심이며,
우리가 행위모드로 들어갈 때를 알고 부드럽게 자신을 해방시켜서 존재모드로
들어가도록 하는 것을 배우는 방법이다.**

2. 마음챙김 움직임 명상

이번 주 2, 4, 6번째의 날에는 오디오 트랙 4번(마음챙김 움직임)을 틀어놓고 할 수 있는 만큼 안내를 따라 해본다. 마음챙김 움직임의 자세는 130~133쪽에 제시되어 있다(책을 보면서 마음챙김 움직임을 따라하는 것은 쉽지 않으므로, 오디오 안내를 이용하라).

　이 수련은 신체를 부드럽게 스트레칭하는 여러 가지 동작으로 구성되어 있다. 당신의 신체를 잘 보살펴야 한다는 것을 다시 한 번 기억하라. 만약에 척추나 다른 건강상의 어려움이 있다면, 동작을 따라하지 말고 먼저 안내사항에 귀를 기울인다. 그리고 나서 설명된 수련을 전부 다 할지 일부만 할지 주의 깊게 생각한다. 수련을 따라 할 때, 자신의 몸을 지혜롭게 사용하여 어떤 스트레칭을 하고 그리고 얼마나 오랫동안 할지 결정한다.

　이러한 수련의 의도는 신체감각에 있는 그대로 귀 기울이는 것이다. 동작을 정확하게 하거나 전보다 더 멀리 스트레칭하게 하려는 것이 아니다. 애쓰지 않고 스트레칭을 하는 것이 가능한지 살펴보라.

마음챙김 움직임

등이 모두 바닥에
닿도록 누르기

골반은 바닥에 붙인 채
허리를 활처럼 굽혀
들어 올리기

양쪽 다리 모두 하기

마음챙김 움직임
—

양쪽 다리 모두 하기

양쪽 모두 하기

양쪽 모두 하기

마음챙김 움직임

양쪽 모두 하기

양쪽 모두 하기

양쪽 모두 하기

양쪽 모두 하기

마음챙김 움직임
—

양쪽 모두 하기

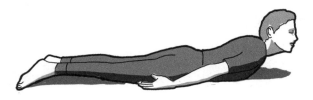

출처│ : Kabat-Zinn, J., *Full Catastrophe Living*(Second Edition), 2013, New York : Bantam Books.

2일차 (마음챙김 움직임): 앉기 명상과 비교하면 이 수련으로 신체감각을 알아차리는 것이 얼마나 쉬운가?

_____

_____

_____

_____

_____

> 이 수련이 더 쉬웠어요. '더 크게' 몸을 움직이고 스트레칭하면서 몸의
> 감각들을 알아차리는 것이 앉아서 할 때보다 쉬웠어요. 침묵시간이 적
> 어 마음이 덜 방황해서 수련을 즐겼어요.

> 많은 사람들이 그렇게 생각한다. 어디에 있든, 움직이면서 몸을 마음챙김하는 것
> 이 흩어져 있던 마음을 다시 지금 여기로 모으는 것에 도움이 되기 때문이다.

4일차 (마음챙김 움직임): 강렬한 신체감각을 경험하면서 어떻게 반응했는가?

_____

_____

_____

_____

_____

> 나는 그런 감각을 느끼고 싶지 않았어요. 그래서 정말 해야 하는 만큼
> 더 많이 밀어붙여서 스트레칭하지 않았어요.

불쾌한 신체감각으로 직접 다가가 바로 알아차리는 기술은 몸에 있는 힘든 정서를 다루는 법을 배우는 중요한 방편이다. 마음챙김 스트레칭은 강한 신체감각들을 일으키는 한계선까지 가도록 한다. 더이상 할 수 없는 지점에서 일어나는 강한 신체감각을 부드럽게 알아차린다. 원한다면 조금 뒤로 물러났다가, 준비가 되었을 때 한 번 더 그 강렬한 감각에 점차적으로 다가간다. 언제든 스트레칭을 멈추고 편하게 이완할 수 있음을 기억한다.

불편한 감각들을 의도를 가지고 부드럽고 단계적으로 알아차림으로써
불쾌한 감정들, 즉 모든 정서적인 어려움을 지속시키는 에너지를 회피하려고 하는
깊이 뿌리박힌 습관적인 요구를 하지 않게 된다.

6일차(마음챙김 움직임): 강렬한 감각들에 대해 어떤 신체적인 반응들을 알아차렸는가? 이 반응들을 어떻게 느꼈는가?

_____

_____

_____

_____

_____

스트레칭을 할 때 긴장을 하고 힘을 주어 버티고 있는 것을 알아차렸어요.
그런 것들이 불편하게 느껴졌어요.

이 수련은 불쾌한 감각이나 느낌에 종종 뭔가를 덧붙이는 방식을 볼 수 있도록 한다. 그런 것에는 ⓐ 평소보다 스트레칭을 더 오래 유지함으로써 피할 수 없는 불편함, ⓑ 감각에 저항하거나 지나치게 애쓰거나 혹은 수련은 이렇게 해야 한다고 스스로 정해놓은(지시가 아니라!) 기준에 도달하기 위해 자신을 밀어붙여서 생기는 피할 수 있는 불편함이 있다.

우리가 불쾌한 감각이나 감정에 습관적으로 뭔가를 덧붙이는 방식에 대해서는 다음 주에 훨씬 더 많이 다룰 것이다.

3. 3분 호흡 공간 명상

MBCT의 목표는 흩어진 마음을 모으는 방법으로 마음챙김을 활용하고 어디에 있든지 정서적 어려움이 생겨날 때마다 좀 더 능숙하게 다루기 위한 것이다.

대부분의 상황에서는 눈을 감고 40분 동안 명상을 하는 것이 가능하지 않다.

긴 시간이 필요한 '공식' 명상 수련 (바디스캔, 앉기 명상, 마음챙김 움직임)과 실제로 마음챙김 기술을 활용할 필요가 있는 일상의 삶 사이의 간격을 상쇄하기 위해, 짧은 명상인 3분 호흡 공간 명상을 활용한다.

먼저 반복되는 일상적인 삶 속에 이러한 명상을 끼워 넣는다.

이번 주에는 매일, 3분 호흡 공간 명상을 미리 정해둔 시간에 하루 세 번 한다. 매일 같은 시간에 명상하는 것이 가장 좋다.

하루에 한 번은 3분 호흡 공간 명상에 대한 오디오 트랙 7번(3분 호흡 공간 명상)을 이용하고, 다른 때에는 기억을 떠올리거나 아래 안내문을 사용하여 명상을 한다.

늘 지니고 다니는 스마트폰이나 수첩 또는 메모지를 이용하여 호흡 공간 명상이라는 규칙적인 일상 명상을 기억하여, 하루의 말미에 아래에 있는 R에 동그라미를 치며 기록을 한다.

1일 : **R   R   R**　　2일 : **R   R   R**　　3일 : **R   R   R**

4일 : **R   R   R**　　5일 : **R   R   R**　　6일 : **R   R   R**

3분 호흡 공간 명상 안내문

—

준비

척추를 바로 세우고 위엄 있는 자세로 앉거나 서서 시작합니다. 가능하면 눈을 감습니다. 그런 다음 아래의 세 단계를 각각 1분 동안 따라 합니다.

1단계 : 알아차리기

"바로 지금 나는 무엇을 경험하고 있는가?" 하고 질문하면서 내면의 경험을 알아차립니다.

○ 어떤 생각들이 마음을 지나가고 있는가? 가능한 한, 생각을 말로 옮길 수 있는 정신적인 사건으로 인식합니다.
○ 여기에 어떤 감정이 있는가? 어떤 정서적 불편함이나 불쾌한 감정으로 주의를 돌려 그것들이 존재함을 인정합니다.
○ 바로 지금 여기에 있는 신체감각들은 무엇인가? 조이거나 긴장하는 느낌을 알기 위해 몸을 빠르게 스캔합니다.

2단계 : 주의 모으기

이제 호흡 자체에 따른 신체감각에 집중하도록 주의를 옮깁니다.
호흡에 따른 배의 감각을 자세히 관찰합니다. 숨을 들이쉴 때 아랫배가 부풀어 오르고 숨을 내쉴 때 배가 수축되고….
숨이 들어오고 나가는 모든 방식을 따라서, 호흡을 현재로 돌아오는 닻으로 활용합니다. 마음이 방황할 때면 언제든지 부드럽게 다시 호흡으로 돌아옵니다.

3단계 : 확장하기

이제 몸 전체의 감각, 자세, 얼굴 표정을 포함하여 알아차림의 장을 호흡의 주변으로 확장합니다.

만약 긴장, 저항, 불편한 감각들을 알아차리게 되면, 숨을 들이쉴 때 그 부위에 숨을 불어넣으면서 알아차립니다. 그러고 나서, 그 부위에서 숨을 내쉬면서 그곳이 부드럽게 열리게 합니다.

가능한 한, 이렇게 알아차림을 확장하여 일상의 순간도 알아차립니다.

호흡 공간 명상은 자동조종 상태에서 빠져나와

현재의 순간으로 재연결되는 유일한 방법입니다.

언제 3분 호흡 공간 명상을 해야 하나요?

시간을 선택하는 최선의 방법은 일상생활 가운데 고정된 시간들을 고려하여 시간을 내는 것이다. 예를 들면 호흡 공간 명상은 침대에서 나오자마자, 샤워하기 전에, 아침, 점심, 저녁을 먹은 후에, 혹은 직장에서 규칙적으로 쉬는 시간 동안, 출근이나 퇴근 중 기차나 버스를 타면서, 또는 잠자리에 들 준비를 하기 전에 할 수 있다. 가장 잘할 수 있는 시간을 찾아보라.

매일 규칙적으로 호흡 공간 명상을 할 수 있는 세 차례의 시간을 여기에 기입한다.

시간 1

___

시간 2

___

시간 3

___

3분 호흡 공간 명상은 MBCT 프로그램에서 가장 중요한 수련이다.

왜 호흡에 주의를 두는 2단계로 바로 가지 않나요? 그것이 우리가 배워야 하는 핵심 기술이 아닌가요? 1단계와 3단계의 요점은 무엇인가요?

호흡으로 주의를 이동하는 것을 배우면 반추, 걱정, 강박적인 계획 세우기 등에서 벗어나는 데 매우 유용하다. 그러나 만약 그것이 우리가 했던 모든 것이라면, 우리는 마음이 작동하는 방식을 바꾸고 있는 게 아니라 단지 마음이 머무는 대상을 바꾸고 있을 뿐이다. 여전히 우리는 행위양식에 머물고 있는 것이다. 1단계와 3단계는 마음에서 나타나는 대상뿐만 아니라 마음이 작동하는 방법을 변화시켜 존재양식으로 이동하게 한다.

그러면 1단계에서는 무슨 일이 일어나나요?

1단계에서는 생각, 감정, 신체감각을 자동적인 과정이 아닌 의식적인 범위로 가져온다.
의도적으로 내적 경험에 관심을 가지고 알아차리면, 그 경험이 심지어 어렵고 불쾌한 것일지라도, 마음의 다가가는 경향이 강화되고 피하려는 경향이 약화된다. 또한 있는 그대로의 생각, 감정, 감각을 무엇인가 잘못된 실제 혹은 확실한 메시지로 보기보다는 단지 마음을 통과하는 사건들로 보도록 애쓰게 된다.

그렇다면 3단계에서는요?

3단계에서, 가능한 한 마음을 모으고 가라앉힘으로써, 알아차림을 확장해서 존재양식의 범주에서 그 순간 신체에 있는 모든 경험들(단지 호흡만이 아니라)을 알아차린다. 이 방식으로 3분 호흡 공간 명상을 마치고 일상과 재연결하여 존재양식 안에서 삶의 모든 경험을 맞이할 수 있도록 마음을 준비했다. 그리고 만약 여기에 어렵거나 불행한 경험들이 있다면, 3단계에서는 신체에서 경험하는 불편함에 대해 보다 관대한 태도를 의도적으로 계발함으로써 개방적이고 수용적인 태도로 그것들을 받아들일 수 있도록 이미 준비해왔다.

3분 호흡 공간 명상은 삶을 생각에서 잠시 떼어놓는 것이 아니라,

현재라고 하는 고향으로 완전히 돌아오게 함으로써,

다른 마음의 틀 속에서 삶을 대면하게 하는 것이다.

4. 불쾌한 경험 기록표

매일, 불쾌한 경험이 일어나고 있을 때 그 경험을 알아차리는 것을 목표로 한다.

이 경험은 극단적이지 않아도 되며 단지 어떤 면에서 불쾌하고, 원하지 않는 것이고, 지루한 경험이면 된다.

지난주와 마찬가지로, 이러한 수련은 주의를 다르게 기울이도록 의식적인 노력을 하게 한다. (우리의 일상적인 반응과는 다르게) 불쾌한 경험을 의식적으로 맞이하여 경험의 분리된 측면들, 즉 불쾌한 감정 자체, 다른 주변에 대한 감정들, 마음속을 지나가는 생각, 그리고 신체 감각들을 알아차리는 것이 가능한지를 보게 한다.

불쾌한 정서와 상황을 대하는 새롭고 유용한 기술을 배우기 시작할 때, 불쾌한 경험들을 구성요소로 분리하는 것이 중심이 되는 단계이다.

한편으로는 불쾌한 감정 그 자체와 다른 한편으로는 불쾌함에 대한 어떤 반응 사이의 차이점을 알아차릴 수 있는지 살펴본다.

불쾌한 일이 일어날 때 어떤 경험이 일어나는지 자세히 알기 위해 다음 질문들을 해본다. 나중에 적어볼 수도 있다.

무슨 경험을 하였는가?	몸에서 구체적으로 어떤 감각을 느꼈는가?	어떤 기분이나 감정을 알았는가?	무슨 생각이 마음에 떠올랐는가?	지금 여기에 적을 때 마음속에 어떤 생각이 드는가?
예 출장을 나와서 회선을 고쳐줄 통신회사를 기다리는 것. 직장에서 중요한 미팅을 놓치고 있음을 깨달음.	관자놀이가 욱신거림. 목과 어깨의 딱딱함, 앞뒤로 걷고 있음.	화난, 무력한	"이게 그들이 서비스한다는 그거야?" "이건 내가 놓치고 싶지 않았던 미팅이야."	이런 일을 조만간 다시 겪지 않아도 되길 바란다.

경험한 바대로 정확히 당신의 생각을 적는다. 또는 마음에 떠오른 어떤 이미지든 묘사한다. 몸의 어느 부위에서 어떤 감각이 느껴졌는지 정확히 기입한다. 글을 적는 것 자체를, 마음에 떠오르는 생각들을 알아차릴 수 있는 기회로 만든다.

1일차

무슨 경험을 하였는가?	몸에서 구체적으로 어떤 감각을 느꼈는가?	어떤 기분이나 감정을 알았는가?	무슨 생각이 마음에 떠올랐는가?	지금 여기에 적을 때 마음속에 어떤 생각이 드는가?

불쾌한 감정을 대할 때는 제거하거나 멀어지려고 자동반응하는 경향이 있다. '원하지 않음' 혹은 '혐오'는 그 자체로 불쾌한 감정이다. 주의 깊게 살펴보면, 시간이 경과함에 따라 불쾌한 감정과 '원하지 않음' 혹은 '밀어냄'이란 반응 사이의 차이를 알 수도 있다. 신체는 우리에게 단서를 줄 수 있어서, '원하지 않음'과 관련된 신체의 긴장, 수축 또는 저항을 알아차릴 수 있을 것이다. 우리는 자신만의 감각패턴을 가지고 있다. 얼굴, 어깨, 복부, 양손 또는 가슴에서 당신의 고유한 패턴을 찾아보라.

2일차

무슨 경험을 하였는가?	몸에서 구체적으로 어떤 감각을 느꼈는가?	어떤 기분이나 감정을 알았는가?	무슨 생각이 마음에 떠올랐는가?	지금 여기에 적을 때 마음속에 어떤 생각이 드는가?

불쾌한 감정을 경험하고 싶지 않다는 것은 어렵거나 불편한 경험에 일정 거리를 두고자 한다는 것을 의미한다. 우리는 그런 경험을 자세히 들여다보지 않는다. 이것은 우리가 불편한 경험들을 모호하지만 위협적인 '커다란 나쁜 얼룩'으로 보고 있을 수 있음을 의미한다.

불쾌한 경험에 주의를 가까이 가져가, 경험들의 분리된 요소들, 즉 신체감각, 감정, 그리고 생각에 관심을 기울여, 그 경험들의 '얼룩이 지워질' 때 무엇이 일어나는지 주의 깊게 알아차린다.

3일차

무슨 경험을 하였는가?	몸에서 구체적으로 어떤 감각을 느꼈는가?	어떤 기분이나 감정을 알았는가?	무슨 생각이 마음에 떠올랐는가?	지금 여기에 적을 때 마음속에 어떤 생각이 드는가?

4일차

무슨 경험을 하였는가?	몸에서 구체적으로 어떤 감각을 느꼈는가?	어떤 기분이나 감정을 알았는가?	무슨 생각이 마음에 떠올랐는가?	지금 여기에 적을 때 마음속에 어떤 생각이 드는가?

종종 불쾌한 경험에 대해 스스로에게 말하는 것은 이야기들이다. 그 경험에 의해 일어나는 생각들은 우리가 경험하는 고통을 창조하고 유지시킨다. 예를 들면, 우리는 자신에게 이렇게 말한다. '나는 이렇게 느끼면 안 돼. 나는 왜 그렇게 약하고 어리석지?' 또는 '이런 일이 계속 일어난다면 어떻게 하지?' 라고 묻기도 한다. 그러고 나서 훨씬 더 불편하다고 느낀다.

생각하는 것이 불행을 증가시키는 악순환을 키울 수 있음을 알아차릴 수 있는지 살펴본다.

5일차

무슨 경험을 하였는가?	몸에서 구체적으로 어떤 감각을 느꼈는가?	어떤 기분이나 감정을 알았는가?	무슨 생각이 마음에 떠올랐는가?	지금 여기에 적을 때 마음속에 어떤 생각이 드는가?

6일차

무슨 경험을 하였는가?	몸에서 구체적으로 어떤 감각을 느꼈는가?	어떤 기분이나 감정을 알았는가?	무슨 생각이 마음에 떠올랐는가?	지금 여기에 적을 때 마음속에 어떤 생각이 드는가?

3주차를 마치고 난 후, 불쾌한 경험 기록표에 담긴 경험을 성찰해볼 수 있는 시간을 잠시 가진다. 배웠거나 알아차린 것들 중 **기억할 만한 가치가 있는 것**을 여기에 적어본다.

_____

_____

_____

_____

_____

_____

3주차의 일상 수련에 당신이 최선의 노력과 의도를 기울였음에 감사한다.

야생의 평화

세상에 대한 절망이 내 안에서 자랄 때
나와 우리 아이들의 삶이 장차 어찌될까 두려워
아주 작은 소리에도 잠 깨는 밤이면
야생오리가 물 위에서 아름다움을 뽐내며 쉬고 있고,
큰 왜가리가 먹이를 먹는 곳으로
걸어가 몸을 누인다.
슬픔을 염려하느라 자신의 삶을 괴롭히지 않는
야생의 평화 속으로 들어간다.
고요한 물의 정적 속으로 들어간다.
그때 나는 느낀다.
내 머리 위로 낮에는 보이지 않던 별들이
이제 반짝이려고 기다리고 있는 것을
잠시 세상의 축복 속에서 편하고 자유롭다는 것을.

– 웬델 베리

week 4 :
혐오 인식하기

오리엔테이션

우리는 다양한 방식으로 불쾌하고 불편한 감정에 반응할 수 있다.

> **제이크 _** "오늘 아침에 슬픈 감정이 일어나는 걸 알았어요. 나는 개의치 않고 이를 악물고 억지로 무엇인가를 계속하고 있었어요. 온몸이 그 감정에 저항하면서 긴장되는 걸 느꼈어요." ☐

> **로즈 _** "불안해지면, 가능한 모든 재앙과 어려움을 생각하고 또 생각해요. (만약에… 만약에… 만약에…) 통제할 수 있는 범위 내에서 방법들을 찾기 위해 노력해요." ☐

> **빈스 _** "어제 얼마나 많은 시간 동안 내가 느끼는 것들을 느끼고 싶어 하지 않았는지 알게 되었어요. 나는 단지 그 시간들을 무시하려 했던 것 같아요." ☐

> **마리아 _** "기분이 처지거나 우울해질 때, 내 마음은 내가 왜 그렇게 느끼고 있는지 설명하려고 이미 일어난 일들을 자꾸 곱씹어요. 내가 무엇을 잘못했지? 내가 무슨 말을 잘못했지? 내가 이렇게 느끼는 것이 뭐가 잘못됐나?' 하며 과거만 계속 살피게 되죠." ☐

> **진 _** "오늘 버스가 늦었어요. 그 형편없는 버스회사의 조직체계에 정말로 화가 났고, 그 사소한 일에 그토록 흥분하는 나 자신에 대해서도 화가 났어요." ☐

> **앤마리 _** "오늘 오후에 상사가 내가 준비한 보고서를 비난했어요. 나는 너무 불안해졌고 그동안 해왔던 일을 거의 알지 못한다는 것에 대해 압박을 너무 많이 느꼈어요." ☐

이러한 것 중 어떤 것이 떠오르는가? 불쾌하거나 어려운 것에 직면하거나, 무엇인가 잘못되었을 때 무엇을 하는지 잠시 성찰해본다. 지난주에 불쾌한 경험 기록표에서 알아차린 것들을 회상하는 것이 도움이 될 것이다. 위의 이야기 중 당신의 경험을 반영하는 것에 표시해보라.

표면적으로 제이크, 로즈, 마리아, 빈스, 앤마리 그리고 진의 반응은 매우 다른 것으로 보일 수 있다. 그렇지만 내적으로는 모두 불쾌하거나 고통스러운 감정을 실제로 경험하지 않으려는 동일한 기저의 욕구에 의해 생겨난 것이다. 이것은 우리 모두가 공유하는 뿌리 깊은 습관으로 **혐오**라고 한다.

혐오는 우리가 불쾌한 것으로 경험하는 상황을 회피하고,
제거하고, 무감해지려 하고, 파괴하려는 욕구이다.

추동양식에는 우울, 불안, 분노, 스트레스와 같은 부정적인
정서에 빠져들게 하는 숨은 힘이 있다.

얼어붙게 하는 혐오

당신이 불쾌한 감정과 어떻게 관계를 맺는지 주의 깊게 살펴보면 다음과 같이 중요한 두 단계가 있다는 것을 알게 될 것이다.

1단계 : 불쾌한 감정이 일어난다.
2단계 : 당신의 마음은 이런저런 방식으로 불쾌한 감정을 경험하지 않으려 하거나 불쾌한 감정을 일으킨 상황을 회피하려고 노력함으로써 불쾌한 감정에 반응한다.

이 두 단계는 제이크, 로즈, 마리아, 빈스, 앤마리 그리고 진에게 아래와 같이 나타났다.

	1단계	2단계
제이크	슬픔	저항
로즈	초조한 기분	걱정
마리아	기분 저하	반추
빈스	대부분의 감정들	무시
앤마리	비난받는 기분	"뭔가를 해야 해."
진	화난 감정	자기비난

대부분 1단계와 2단계는 함께 일어난다. 즉 우리는 그것들을 분리된 다른 것으로 보지 않으며, 단지 기분이 나쁘다고 느낀다.

이러한 1, 2단계의 패턴을 보다 자세히 알게 되면 정서적인 고통으로부터 자유로워지는 강력한 단계로 나아갈 수 있다.

왜 그런가? 비록 불쾌한 감정이 일어나는 1단계에서 마음챙김을 많이 하지 못하더라도, 언제라도 2단계에서 뭔가를 할 수 있다. **당신은 혐오라는 족쇄를 풀고 원치 않는 감정에 얽매이지 않을 수 있다.**

이번 주 수련의 중요한 목표는 불쾌한 경험을 회피하고 연결되지 않으려는 습관을 바로잡기 시작하는 것이다. 이 방식으로 혐오가 당신에게 어떻게 영향을 주는지 잘 알게 된다.

> 불쾌한 감정과 이에 대한 반응을 의도적으로 직면하고 조사하고 인식하면 그것들을 없애지 않아도 된다는 강력한 확신이 든다. 대신에 불쾌한 감정과 그에 대한 반응을 알아차릴 수 있고, 있는 그대로 볼 수 있으며, 자동적으로 반응하기보다는 의식적으로 대응할 수 있게 된다.

'혐오'는 자연스러운 것인가요? 불쾌한 것들을 피하거나 제거하려는 것이 합리적인 것 아닌가요?

그렇다. 그것은 자연스러운 것이다. 진화의 초기에 혐오는 우리가 외부세계에서 직면하는 위험한 것들(날카로운 송곳니를 가진 호랑이, 적, 산불 등등)로부터 문자 그대로 우리의 생명을 구하게 했다. 이것이 혐오가 우리의 내면 깊이 고정된 이유이다. 불쾌하고 어려운 것들이 내면에서 일어날 때, 즉 '적들'이 우리 자신의 강박적이고 위협적인 사고, 감정, 정서 그리고 자아의식일 때 문제가 발생한다. 우리 중 어느 누구도 이러한 내면의 경험을 피할 만큼 빠르지 않고, 또 그것들은 싸우거나 부수려는 노력으로는 제거되지 않는다.

그러면 내적 경험에 대한 혐오는 어떻게 상황을 악화시키나요?

첫째, 혐오는 그 자체로 불쾌하게 느껴진다. 그래서 우리는 불쾌함을 일으키는 원인을 제거하고 싶어 한다. 그러나 제거하려는 것이 불쾌한 감정 자체일 때, 불쾌함의 총합에 혐오까지 더해지면 기분이 좋아지는 것이 아니라 더 나빠졌다고 느끼게 된다.

둘째, 의도적으로 불쾌한 생각과 감정을 제거하려는 시도는 단지 우리가 그것들에 훨씬 더 단단하게 달라붙게 만든다. 그것들을 밀쳐내면 낼수록 우리에게 더 단단하게 달라붙어, 결국 자신을 소진시키고 훨씬 더 많은 불쾌한 감정을 만들게 된다.

어떻게 혐오감을 알 수 있죠?

혐오는 사람마다 다른 형태로 일어난다. 대부분 그것은 ① 전반적으로 '원하지 않는다'는 느낌, 즉 있는 그대로의 상황을 원하지 않고, 겪고 있는 경험을 하고 싶지 않고, 자신이라고 생각하는 그 모습이 다르기를 원하는 것이다. 어떻게 해서든, 일이 다르게 되기를 바라는 것이다. 그 자체로 불쾌한 감정을 느낄 것이다. ② 신체감각은 종종 밀어냄, 수축, 저항, 단단함, 긴장감 혹은 강렬함 등의 특징적인 유형이 있다. 어떤 사람들은 얼굴이나 이마에 긴장을 느끼고 다른 사람들은 어깨에 긴장이 있고, 하복부 혹은 가슴에서 수축이나 강렬함을 느낀다. 그들은 양손을 꽉 쥐고 있을 것이다. 이런 모든 감각들은 그 자체로 불쾌함을 느끼게 한다.

이번 주 수련에서는 지난주 불쾌한 경험 기록표로 시작했던 불쾌한 경험들에 대한 자신의 신체적 반응 패턴에 대한 탐구를 계속한다.

혐오감을 줄이며 부정적인 생각 대하기

우리는 처음에 MBCT를 개발했을 때, 과거에 우울증을 경험했던 사람들을 돕는 것에 초점을 두었다. 설문지가 우울증에 대응하여 개발된 것이었기 때문에 우리는 다음과 같은 연습을 했다. 그러나 MBCT를 지도하면서 대부분의 사람들이 삶에 압도당할 때 다음과 같은 생각을 하고 있다는 것을 광범위하게 발견하였다. 우리는 처음에 했던 대로 그 연습을 설명할 것이다. 만약 당신의 주요 문제가 우울이 아니라고 해도 이 연습이 당신과 어떤 관련이 있는지 알고 싶을 것이다.

만약 과거에 심한 우울증을 경험했다면, 가장 우울했던 때로 돌아가서 생각해본다. 그때 마음에 떠오를 수 있는 몇 가지 생각들이 다음에 기술되어 있다. 우울했을 때 경험했던 생각이 있다면 A열에 X 표시를 한다.

부정적인 생각 체크리스트

	A	B	C
1. 나는 세상에 맞서 싸우는 느낌이다.			
2. 나는 괜찮지 않다.			
3. 왜 나는 성공하지 못했을까?			
4. 아무도 나를 이해하지 못한다.			
5. 나는 사람들을 실망시켰다.			
6. 나는 계속할 수 있다고 생각하지 않는다.			
7. 나는 더 나은 사람이 되고 싶다.			
8. 나는 너무 약하다.			
9. 나의 삶은 내가 원하는 방식대로 되고 있지 않다.			
10. 나는 나 자신에게 너무 실망했다.			
11. 어떤 것도 더 이상 좋게 느껴지지 않는다.			
12. 나는 더 이상 견딜 수 없다.			
13. 나는 시작할 수 없다.			
14. 대체 나는 뭐가 잘못된 거지?			
15. 나는 다른 곳에 있고 싶다.			
16. 나는 뭔가를 함께 할 수 없다.			
17. 나는 나 자신이 싫다.			
18. 나는 가치가 없다.			

	A	B	C
19. 내가 사라져 버렸으면 좋겠다.	——	——	——
20. 나는 뭐가 문제일까?	——	——	——
21. 나는 패배자다.	——	——	——
22. 내 삶은 엉망진창이다.	——	——	——
23. 나는 실패자다.	——	——	——
24. 나는 결코 어떤 것도 해낼 수 없다.	——	——	——
25. 나는 너무 무기력하다.	——	——	——
26. 뭔가가 바뀌어야 한다.	——	——	——
27. 분명 나한테 뭔가 잘못된 것이 있다.	——	——	——
28. 나의 미래는 암울하다.	——	——	——
29. 정말 가치가 없다.	——	——	——
30. 나는 어떤 것도 끝낼 수가 없다.	——	——	——

이제, A열에 X 표시가 된 각각의 생각에 대해서 **가장 우울했을 때**로 돌아가서 그 생각을 얼마나 믿고 있었는지를 표시한다. B열에 0(전혀 믿지 않는다) ~ 10(100% 믿는다)까지의 점수를 쓴다. 선명하게 기억하기 어려울 수 있지만, 할 수 있는 만큼 최선을 다한다.

다음으로, **전혀 우울하지 않았던 때**로 돌아가서 그때 그 생각들을 얼마나 믿고 있었는지 C열에 0~10까지 점수로 표시한다.

마지막으로, B열과 C열에 쓴 점수를 보고 알아차리고 성찰한 것을 여기에 적어본다.

_____

_____

_____

_____

_____

다음은 우울증으로 MBCT 수업에 참가한 사람들이 했던 말이다.

> 애냐 _ "나는 그 생각들을 거의 다 했어요. 우울했을 때는 그 생각들을 100% 다 믿었지만 지금은 전혀 믿지 않아요."

> 카를로스 _ "나도 그래요! 나는 정말로 기분이 저조했을 때, '그런 거지 뭐.'라고 생각했어요. 지금 나는 나 자신에게 '그게 뭐였지? 어떻게 내가 그 모든 것들을 그렇게 믿을 수 있었지? 하고 물어봐요."

> 티나 _ "왜 예전에는 아무도 내게 이런 것을 보여주지 않았나요? 만약 의사들이 이런 것을 알고 있었다면, 왜 말해주지 않았나요? 그랬다면, 내가 어떻게 느끼는지를 의사들이 이해하고 있다는 걸 알았을 텐데요. 나는 지치거나 힘들 때 그 생각을 나라고 여겼어요. 지금은 그게 우울증이었다는 걸 알아요. 만약에 누군가 그것을 좀 더 빨리 이야기해주었다면, 나는 그렇게 많이 고통스러워하지 않았을 거예요."

우울증 진단을 받은 수많은 사람들과 이 연습을 해본 경험으로 다음 두 가지를 말할 수 있다.

1. 우울을 경험한 대부분의 사람들은 이 리스트에 적힌 부정적인 생각들 가운데 전부는 아니더라도 몇 가지 생각을 하고 있음을 인식한다.
2. 생각에 대한 믿음은 기분에 따라 극적으로 변화한다. 사람들은 우울할 때 의심의 여지 없이 생각을 믿지만, 기분이 나아지게 되면 적어도 그러한 생각을 덜 믿는다.

비슷한 경험을 했는가?

우울증 진단을 받은 대부분의 사람들이 매우 유사한 부정적인 생각을 한다는 사실은 매우 중요한 것을 이야기해준다. 즉, **이러한 생각들은 우리 자신이 아니라 우울한 상태의 특징이라는 것이다.**

기분이 저하될 때 이러한 생각들은 우리 자신에 대한 진실처럼 느껴진다. 그렇지만 이것은 독감의 증상처럼 우울증의 증상일 뿐이다.

이러한 생각에 대한 믿음은 기분이 변화하는 만큼 변할 수 있기 때문이다. 부정적인 생각은 우리에 대한 진실을 정확히 반영하고 있기보다, 마음이나 기분의 기저에 깔린 우울한 상태를 반영한 것이기 때문이다. 그런 이유로 생각에 대한 믿음은 생각이 오고 가게 하는 마음의 상태에 따라서 변화한다.

우울증으로 인한 부정적인 생각이나 감정을 '나'라든가 진실이라기보다는 있는 그대로의 증상으로 볼 수 있을 때, 우리는 그것들을 개인적으로 받아들이지 않고 **싫어하는 반응도 덜 하게 될 것이다.**

> 불안, 화 혹은 스트레스 같은 마음의 다른 상태는 어떠한가요?

> 우울증에 적용되는 것은 그런 마음 상태에도 똑같이 적용된다. 사람들이 당신에 대해 어떻게 생각할지 걱정하고 있다고 상상해보자. 당신은 동료들에게 중요한 발표를 해야 한다. 그 발표를 해야 하는 날이 아직 멀다면, 그런 대화에 대한 부정적인 생각을 떨쳐버릴 수 있다. 그러나 그날이 다가옴에 따라, 당신은 더 초조해지고 걱정은 더 강해진다. 발표 날에는 절대적으로 끔찍한 일이 일어날 것이라고 확신하게 된다. "잘 될 거야." 하고 말하고, 긴장을 풀고, 걱정과 나쁜 일에 대한 예상을 돌아보고는 "도대체 어떻게 된 일이지?" 하고 생각한다.

부정적인 생각에 집중하고 힘들었던 때를 다시 생각하면
당신의 기분을 저조하게 또는 슬프게 만들 수 있다.
만약 그렇다면 지금이 호흡 공간 명상을 하기에 좋은 시간이다.

혐오감을 줄이며 마음의 부정적인 상태 보기

이것은 부정적인 생각을 개인적으로 받아들이지 않으면서 혐오감으로 반응하지 않는 것이다.

우리는 생각이 일어나는 것과 같은 방식으로 마음의 부정적인 상태에 반응한다.

우울했을 때 무력감 때문에 게으르다고 자신을 비난한 적이 있는가? 혹은 친구들이나 가족과 함께 시간을 보내는 데 더 이상 관심이 없다는 것을 알아차렸을 때 자신의 이기심에 죄책감을 느꼈는가? 아마도 당신은 자신이 너무 느리게 일하는 것처럼 보이거나 집중할 수 없기 때문에 스스로에게 어리석다는 꼬리표를 붙였을지도 모른다.

이러한 것들이 어떤 사람이 실패했다든지 무능하다는 신호가 아니라면 어떻게 하겠는가?

그러한 것들이 실제로는 우울증의 증상이라면 어떻게 하겠는가?

전 세계적으로 정신과 의사들과 심리학자들은 우울증을 진단할 때 몇 가지 핵심적인 특징들이 드러나는지 살펴본다. 이러한 특징들에는 슬프고, 자신이 가치 없다고 느끼며, 자신을 비난하고, 짜증을 내고, 화를 잘 내고, 지치고, 심드렁해지고, 예전에 즐겼던 활동이나 일에 더 이상 흥미를 보이지 않으며, (예를 들어, 직장에서 일을 하거나 집에서 TV를 볼 때) 의사결정과 집중에 어려움을 겪는 것 등이 포함된다. 의사들은 또한 체중 변화, 식욕 변화, 수면 곤란(잠들거나 일어나는 것이 힘듦), 행동이 느려지는 느낌 또는 하루의 대부분이 불안한지 등을 살펴볼 것이다.

의사들이 우울증 진단에 이러한 특징들을 활용한다는 사실은 상당히 중요한 의미가 있다. 즉 **이러한 느낌들과 변화들이 개인적인 실패나 무능함을 의미하는 것이 아니라, 우울증의 공통적 증상이라는 것이다.**

만약 우리가 마음의 부정적인 상태들을 실제 있는 그대로 볼 수 있다면, 그것들을 개인적인 문제로 덜 받아들이고, 덜 혐오하게 되고, 부정적인 것들에 더 깊이 빠지기보다 그러한 마음 상태가 지나가도록 행동할 기회를 갖게 된다.

당신은 이러한 생각들에 어떻게 대응하는가? 그것들과 어떻게 관계를 맺는가? 그것들은 자신의 경험에 적절해 보이는가? 당신의 생각을 아래에 적어 본다.

_____

_____

_____

_____

_____

일상 수련

4주차에는 **7일 동안 6번** 다음 연습을 한다.

1. 앉기 명상
   (혹은 1, 3, 5번째 날에는 앉기 명상을 하고 2, 4, 6번째 날에는 마음챙김 걷기 또는 마음챙김 움직임을 한다.)
2. 규칙적인 3분 호흡 공간 명상
3. 필요 시 호흡 공간 명상 추가
4. 마음챙김 걷기

---

1. 앉기 명상 :
호흡, 신체, 소리 그리고 선택 없는 알아차림에 대한 마음챙김

이번 주는 매일, 오디오 트랙 9번(앉기 명상)의 안내에 따라 아래와 같이 앉기 명상 수련을 한다.

앉기 명상 :
호흡, 신체, 소리, 생각 그리고 선택 없는 알아차림에 대한 마음챙김
—

1. 호흡과 신체에 대한 마음챙김을 124~126쪽에 기술된 대로 충분히 안정감이 느껴질 때까지 합니다.
2. 알아차림을 신체감각에서 소리로 옮깁니다. 귀에 주의를 기울여서 어디에서 들리는 소리든 들리는 대로 받아들일 수 있도록 알아차림을 확장시킵니다.
3. 일부러 소리를 찾거나 특정한 소리를 들으려고 할 필요는 없습니다. 대신 할 수 있는 한 최선을 다해서, 주변에서 들리는 모든 소리를 받아들일 수 있도록 단지 알아차림을 열어둡니다. 가까이서 들리는 소리, 멀리서 들리는 소리, 앞이나

뒤, 옆이나 위 혹은 아래에서 들리는 소리 등 주변의 모든 소리를 알아차립니다. 분명히 들리는 소리, 희미하게 들리는 소리, 소리와 소리 사이의 틈, 고요한 정적도 알아차립니다.

4. 가능한 한, 소리를 단지 감각으로 알아차립니다. 당신이 그 소리에 대해 생각하고 있음을 알아차리게 되면, 할 수 있는 한 최선을 다해서, 그 소리의 의미나 함축된 뜻보다는 소리의 높이, 음색, 크기, 지속시간 같은 소리의 감각적 특질에 대한 알아차림으로 다시 돌아옵니다.

5. 더 이상 소리를 알아차리지 않고 있음을 알 때마다, 어딘가에 향해 있는 마음을 부드럽게 받아들이고, 들렸다가 사라지는 소리에 매 순간 다시 주의를 기울입니다.

6. 소리에 대한 마음챙김은 그 자체로 매우 가치 있는 수련일 수 있습니다. 그것은 알아차림을 확장시키고, 보다 열린, 공간적인 특질을 부여할 수 있기 때문입니다. 소리 알아차림은 신체감각 알아차림 뒤에 할 수도 있고 그렇게 하지 않을 수도 있습니다. 여기에 소개된 대로, 생각 알아차림 전에 할 수도 있습니다.

7. 준비가 되면, 소리 알아차림을 멈추고, 주의를 생각으로 다시 모아봅니다. 이제 생각을 마음에서 일어나는 사건으로 알아차려 봅니다. 소리 알아차림에서 어떤 소리가 들리든 그 소리가 일어나고 변화하고 사라지는 것을 알아차렸던 것과 같은 방법으로, 최선을 다해서, 마음에서 일어나는 생각을 알아차립니다. 생각이 일어나서 마음속을 떠돌다가 마침내 사라지는 것을 알아차립니다. 억지로 생각을 일으키거나 없애려고 애쓸 필요는 없습니다. 일어났다가 사라지는 소리를 그냥 알아차린 것처럼 그렇게 생각이 자연스럽게 일어나도록 놓아둡니다.

8. 어떤 사람들은 스크린 위에서 상영되는 영화를 보는 것처럼 생각을 바라보고 알아차리면 도움이 된다고 합니다. 자리에 앉아 마음의 스크린을 보면서 생각과 이미지가 떠오르는 것을 기다립니다. 생각이 떠오르면, 생각이 마음의 스크린 위에 있는 동안 주의를 기울이다가, 생각이 사라지면 사라지는 대로 그대로 둡니다. 혹은 생각을 드넓은 하늘을 가로지르는 구름이나 새처럼 보아도 좋고, 시냇물을 따라 떠내려가는 나뭇잎으로 여겨도 좋습니다.

9. 만약 어떤 생각이 유쾌하거나 불쾌한 강렬한 감정이나 정서를 일으킨다면, 가능한 한 최선을 다해서, 그 생각이 일으키는 '정서적 부담'과 강도에 주목한 다음, 이미 그러한 것처럼 그냥 그대로 둡니다.

10. 만약 마음이 집중되지 않고 흩어진다고 느껴지거나 생각과 이미지의 드라마가 반복적으로 그려진다면, 신체의 어디에 영향을 끼치는지 살펴보는 것도 좋습니다. 좋아하지 않는 일이 일어나면, 우리는 종종 얼굴이나 어깨 혹은 몸통이 수축되거나 긴장되는 감각을 느낄 수도 있고, 그 생각과 느낌을 '밀어내고' 싶은 감각을 느낄 수도 있습니다. 강렬한 느낌이 일어날 때 이러한 것들 중에서 어떤 것이 일어나는지를 알아차리고 있는지 살펴봅니다. 일단 알아차렸다면, 앉아서 숨을 쉬고 있는 전반적인 신체감각과 호흡으로 되돌아와, 알아차림을 단단히 하고 안정시킬 수 있는지 알아봅니다.

11. 호흡, 소리 또는 생각처럼 특정한 주의의 대상을 그대로 지나가도록 내버려둘 수 있게 되면, 마음과 신체 그리고 세상의 풍경 속에서 무엇이 일어나든 그것을 알아차림의 공간에 열어 둘 수 있습니다. 이것은 때로 '선택 없는 알아차림'이라 불립니다. 매 순간 무엇이 일어나든 애쓰지 않고 아는, 알아차림 그 자체에서 그냥 쉬는 것이 가능한지 봅니다. 그 선택 없는 알아차림에는 호흡, 신체감각, 소리, 생각 또는 감정이 포함될 수 있습니다. 가능한 한 최선을 다해서, 어떤 것도 붙잡지 않고, 어떠한 것도 찾지 않고, 체화된 깨어 있음 이상의 어떠한 의도도 가지지 않으면서, 단지 앉아서 완전히 깨어 있습니다.

12. 앉기 명상을 마칠 준비가 되면, 몇 분 동안 간단한 호흡 마음챙김 수련으로 되돌아갑니다.

이러한 수련을 할 때마다 다음과 같이 **혐오감의 경험**을 살펴보도록 한다.

○ 불편하거나 불쾌한 감정이나 감각 혹은 생각을 자세히 살펴보면서, 특히 **당신의 몸에서** 그러한 것들에 어떻게 반응하는지를 알아차린다.

○ 혐오감이 끼치는 영향이 무엇인지 조금씩 알아본다. 혐오감은 어떻게 느껴지는가? 몸의 어디에서 어떤 방식으로 느껴지는가? 생각에는 어떤 영향을 끼치는가?

○ 자신만의 '혐오감의 특징'(혐오감을 느끼고 있음을 알게 하는, 특징적인 신체적 감각 유형)은 무엇인가?

○ 혐오감을 알게 됨에 따라, 혐오감이 일어나는 것을 알아차릴 때마다 "지금 혐오감을 느끼고 있다."라고 자신에게 말하는 것이 실질적으로 도움이 되는지 살펴본다.

○ 매일 다음의 빈 칸에 당신이 관찰한 것을 기록한다.

1일차 : 불쾌한 생각, 감정, 감각에 직면할 때, 신체의 어디에서 가장 강렬한 감각이 느껴졌는가?

_____

_____

_____

_____

_____

앉기 명상 동안 그 밖에 무엇을 알아차렸는가?

_____

_____

_____

_____

걱정할 때는 몸 전체가 긴장되는 것을 느끼는데 특히 얼굴과 어깨가 그래요.

훌륭한 발견이다! 가장 강렬한 반응이 일어나는 곳을 자세히 살펴본다. 그것은 매번 같은 곳일 수도 있고 다른 곳일 수도 있다. 자세히 살펴보기 위해서 부드럽게 관심을 가지고 밝게 깨어서 알아차리는 행위 그 자체가 치유되게 한다.

경험을 자세히 살펴보는 것은 경험을 분석적으로 생각하는 것이 아니라,
경험 그 자체에 부드럽게 관심을 가지고 주의를 기울이는 것을 뜻한다.

자세히 살펴보면 드러나고 치유된다.

2일차 : 호흡에 집중할 때와 소리에 집중할 때 알아차림에 어떤 차이가 있었는가?

_____

_____

_____

_____

_____

그 밖에 알아차린 것들

_____

_____

_____

_____

나는 소리가 가진 광활함과 개방성이 좋았어요.

맞다. 마음의 모든 창과 문을 열어두고 싶을 수 있다. 당신은 좁게 (호흡) 그리고
넓게 (소리/선택 없는 알아차림) 집중하는 방법을 배우고 있다. 둘 다 매우 유용하다.
그래서 하나에서 다른 하나로 언제 어떻게 옮겨갈지 알게 되는 것이다.

주의를 집중하기와 확장하기

—

이번 주 명상은 호흡에 주의를 **집중**하는 것으로 시작합니다. 그리고 주의를 몸 전체의 좀 더 넓은 감각으로 **확장**하고, 다음으로 소리와 당신을 둘러싼 공간으로 확장하고, 그런 다음 마침내 **광활한** 선택 없는 알아차림으로 확장합니다.

주의를 집중하는 것과 확장하는 것은 둘 다 혐오를 다루는 데 매우 유용합니다.

주의를 집중하면 마음이 안정되고 모아져, 불편하거나 불쾌한 경험에도 불구하고 **현재에 머무를 수 있습니다.** 또한 마음이 자동반응하여 과거나 미래 또는 알아차림이 없는 상태가 될 때 **지금 여기로 다시 연결될 수 있습니다.**

주의를 확장하면 더 큰 그림, 즉 단지 불쾌한 경험만이 아니라, 그 **경험에 관계하는 방식**을 알아차릴 수 있습니다. 만약 혐오감이 있다면 그것을 볼 수도 있습니다.

주의를 확장하면 **확장감과 포용감으로,** 몸과 마음의 혐오가 일으키는 긴장감에 부드럽게 **대응할 수 있습니다.**

또한 좀 더 **균형 있는 관점**을 가질 수 있습니다. 혐오에 주의를 기울이면 오직 불쾌한 것에만 주의가 좁게 집중되어 모든 경험이 문제 있는 것으로 보일 수 있습니다. 주의의 초점을 넓혀서 신체의 다른 부분이나 경험의 다른 양상도 포함시키면, 문제 있는 것들이 좋은 것들과 결합될 수 있고, 그러면 우리는 모든 것이 문제는 아님을 알 수 있습니다.

_____

_____

_____

_____

그 밖에 알아차린 것들

_____

_____

_____

_____

좀 혼란스러워요. 슬픈 기분이 들어서 걱정하거나 반추할 때, 나는 감정에 집중하고 있어요. 그렇지만 반추 같은 것들은 불쾌한 감정을 경험하지 않으려고 회피하는 혐오가 드러나는 것이라고 했는데요. 좀 더 분명하게 설명해 주시겠어요?

우리가 반추하거나 걱정하는 것은, 고통스러운 감정에 관해서 생각하는 것이다. 그 감정을 실제로 직접 느끼는 것은 아니다. 반추와 걱정은 아주 강렬한 불쾌하고 고통스러운 감정을 경험하지 않으려고 회피하는 교묘한 방법이다. 그리고 그 생각은 온통 원치 않는 감정을 없애거나 위협을 줄일 수 있는 방법을 찾는 방법에 관한 것이다.

4일차 : 신체적 불편감에 어떻게 대응했는가?

_____

_____

_____

_____

_____

이번 앉기 명상에서, 그 밖에 무엇을 알았는가?

_____

_____

_____

_____

오랜 시간 앉아 있으면, 다리가 저리고 등이 아파요. 움직이고 싶지 않지만, 때로는 움직이지 않기에는 너무 고통스러워요.

당신은 의도를 가지고, 아주 친절하게, 가장 불편하게 느껴지는 신체부위에 주의를 기울여 그 감각을 바로 알아차리고 싶을 것이다. 주의를 호흡으로 되돌려도 좋고, 혹은 언제라도 마음챙김으로 움직여도 좋다는 것을 알면서, 계속해서 감각을 자세히 살펴보라.

신체적 불편감이 심할 때의 수련

—

신체적인 불편은 정서적인 불편을 포함하여 모든 종류의 원치 않는 경험을 어떻게 보다 능숙하게 대할지를 배우는 좋은 기회를 줍니다. 이러한 기술을 배우면 우울이나 불안 그리고 스트레스의 함정에서 자유로워질 것입니다.

신체적인 불편을 알아차리게 될 때, 가장 심하게 불편한 바로 그 신체 부위에 주의를 의도적으로 정확히 기울일 수 있는지 알아봅니다. 그곳에 주의를 기울이게 되면, 부드럽고 관심 어린 주의를 기울여 감각의 미세한 패턴을 다음과 같이 탐구해 봅니다.

그 감각은 정확히 어떻게 느껴집니까? 정확히 어디에서 감각이 느껴집니까? 시간이 지나면서 감각이 달라집니까? 강렬한 감각 부위가 한 부분에서 다른 부분으로 달라집니까? 이러한 탐구는 감각에 관해 지나치게 생각하는 것이 아니라, 감각을 직접적으로 경험하는 것입니다. 심하게 불편한 부위들을 알아차림하기 위해 호흡을 사용할 수 있습니다. 바디스캔에서 했듯이, 감각에 호흡을 불어넣습니다.

의도를 가지고 불편함이 강하게 느껴지는 부위로 주의를 정확하게 이동시킴으로써, 불쾌한 경험에서 도망가고 회피하는 혐오감의 자동적인 성향을 역전시킵니다. 또한 혐오감 그 자체를 보다 명료하게 볼 수 있는 기회를 가집니다. 심지어 몸 안의 고통들이 진정으로 무엇인지를 보기 시작할지도 모릅니다. 그것은 무슨 수를 써서라도 제거하거나 회피해야만 하는 '거대한 나쁜 일'이 아니며, 알아차림 안에 담을 수 있고, 알 수 있는, 끊임없이 변화하고 움직이는 신체감각의 패턴입니다.

5일차 : 혐오감을 알아차렸을 때, 그것에 어떻게 대응했는가?

_____

_____

_____

_____

_____

그 밖에 흥미로운 것은 무엇이었나?

_____

_____

_____

'원하지 않는' 감각을 느끼지 않으려고 노력하면서 밀어냈지만 효과가 없었어요. 사실, 그렇게 하니까 오히려 상황이 더 나빠지는 것 같았어요.

정말 중요한 것을 알게 되었다. 혐오감을 불러일으키는 문제들을 바라볼 때, 혐오감을 없애려고 시도하는 것은 자연스러운 것이다. 그러나 그렇게 하는 것은 그저 또 하나의 혐오감을 쌓을 뿐이다. 혐오감에 대응하는 가장 좋은 방법은 가능한 한 온화하고 부드러운 알아차림으로 혐오감이 몸에 어떤 영향을 끼치는지 계속해서 탐색하면서, 혐오감을 있는 그대로 ('혐오감'이라고 자신에게 말하면서) 인식하고, 존중하는 마음으로 대하며, 혐오감이 사라질 때까지 그대로 두는 것이다.

혐오감에 대한 능숙한 대응은
① 있는 그대로 인식하기, ② '혐오감'이라고 이름 붙이기,
③ 존중하는 마음으로 대하고, 지나갈 때까지 있는 그대로 기꺼이 허용하기,
④ 혐오감이 몸에 어떤 영향을 주는지, 온화하고 부드럽게 주의를 가지고 계속해서 탐색하기이다.

6일차 : 혐오감이 전반적으로 신체에 어떤 영향을 주는지 살펴본다. 얼굴을 찌푸린다든지 가슴이나 배, 어깨에 긴장을 느낀다면 이것은 '혐오감 징후'이다. 그것을 아래에 적어 본다.

> **나의 혐오감 징후는 :**
> _____
> _____

그 밖에 무엇을 알았는가?
_____
_____
_____

이따금 다소 달라지긴 하지만, 나는 대부분 이마가 찡그려지고, 어깨가 긴장되고, 손을 움켜쥐는 걸로 혐오를 느껴요.

그 모든 것을 아는 것은 정말 도움이 된다. 이제 신체감각의 그런 패턴을 혐오에 반응하고 있음을 귀띔해 주는 신호로서 활용할 수 있다. 이제 다음 주에 무엇을 할지 좀 더 이야기할 것이다.

2. 규칙적인 3분 호흡 공간 명상

이번 주에는 매일, 지난주에 했던 것처럼, 3분 호흡 공간 명상을 하루 세 번, 미리 선택한 시간에 한다.

이 모든 호흡 공간 명상을 오디오의 도움 없이 스스로 이끌어갈 수 있는지 확인한다. 물론 지시사항을 새롭게 기억할 필요가 있다면, 오디오를 이용하거나 137~138쪽의 안내문을 활용해도 좋다.

이 호흡 공간 명상을 규칙적으로 매일 한다. 하루의 말미에는 아래의 R에 동그라미를 치며 그날 했던 모든 수련을 기록한다(혹은 스마트폰이나 노트에 기록해도 된다).

1일 : **R**	**R**	**R**	2일 : **R**	**R**	**R**	3일 : **R**	**R**	**R**
4일 : **R**	**R**	**R**	5일 : **R**	**R**	**R**	6일 : **R**	**R**	**R**

3. 추가 호흡 공간 명상

이번 주에는 매일, 계획했던 규칙적인 호흡 공간 명상 시간에 더하여, 일상생활에서 불쾌한 감정이나 신체에서 팽팽하게 조이거나 끌어당기는 느낌, 또는 압도당하거나 균형이 깨진 감각을 알아차릴 때마다, 호흡 공간 명상을 추가로 더 한다.

일상생활에서 추가로 호흡 공간 명상 활용하기

—

일상생활에서 호흡 공간 명상을 활용하는 방법은 다음과 같습니다. 강렬한 정서가 일어날 때 그것을 알아차리고, 잠시 생각, 감정, 감각에 알아차림을 가져가서 판단하지 않고, 쫓아버리거나 문제를 해결하려고 애쓰지 않으면서, 그 강렬한 정서가 그저 거기에 있도록 허용합니다(1단계).

그러고 나서, 어디에 있든지 간에 호흡의 닻으로 돌아오고(2단계), 신체 전반에 대한 현실에 기반을 둔 광활한 알아차림으로 돌아옴으로써 '기반에 접촉합니다'(3단계). 이러한 방식으로, 일상의 다음 순간들에 잘 대응하고 마음의 균형이 잡히도록 정신적 기어를 옮깁니다.

호흡 공간 명상을 하는 것이 반드시 불쾌한 감정을 더 이상 느끼지 않음을 의미하는 것은 아닙니다. 중요한 것은 이제 마음이 불쾌한 감정에 혐오감을 가지고 자동적으로 **반응**하는 것이 아니라, 마음챙김하며 **대응**하는 입장에 있다는 것입니다.

가능한 한 언제라도, 3분 수련을 한다. 수련하기 어려운 상황에서는, 당신이 호흡 공간 명상을 그 상황에 적용시키는 데 얼마나 창의적일 수 있는지를 보라. 아주 바쁜 시간 속에서 그저 잠깐 동안 알아차림을 몸과 마음에서 무엇이 일어나고 있는지에 가져가고, 호흡으로 기반에 접촉하고, 신체 전반을 느낄 수 있다.

중요한 것은 혐오감에 자동반응하지 않고, 의도적으로 자동조종 모드에서 나옴으로써 불쾌하고 어려운 상황에 대응하는 습관을 들이는 것이다.

호흡 공간 명상은 MBCT 프로그램의 기초가 될 것이다.

MBCT 프로그램의 전반적인 기초가 되는 것은 불쾌하고 어려운 경험에 대응하는 방법을 배우는 것이다. 그 첫 걸음으로, 혐오감에 자동반응하지 않고 의도적으로 호흡 공간 명상을 하는 것이다.

추가로 한 호흡 공간 명상을 매일 가지고 다니는 수첩이나 스마트폰에 기록하고, 하루를 끝낼 때, 수련한 횟수만큼 X에 동그라미를 친다.

1일 : **X X X X X X**   2일 : **X X X X X X**   3일 : **X X X X X X**

4일 : **X X X X X X**   5일 : **X X X X X X**   6일 : **X X X X X X**

기록을 위해, 필요한 상황에서 호흡 공간 명상을 추가로 활용한 경험 중 하나를 여기에 자세하게 기술한다.

_____

_____

_____

_____

_____

> **루이스_** "오늘 까다로운 전화통화를 해야 했는데, 보통 때는 그것이 내 마음 안에서 계
> 속해서 맴돌곤 했어요. 전화를 걸었고, 통화에 잘 대처할 수 있었지만, 대개 그런 대화가
> 끝난 후에 오랫동안 걱정하곤 했어요. 이번에는 괜찮았어요. 그 통화를 생각하는 걸 멈추
> 었거든요. 걱정이 계속되지 않았어요. 호흡 공간 명상은 놀라웠어요. 오후 내내 마음을 휘
> 젓고 다녔을 걱정을 바로 떨쳐버리는 것 같았어요."

호흡 공간 명상을 하면서 일상생활에서 혐오감을 잘 알게 되고 현명하게 대응하는 기
회가 있을 것이다.

혐오가 불쾌한 경험을 훨씬 더 나쁘게 만든다는 것을 어떻게 해야 잘 기억할 수 있을까?

많은 사람들이 이것을 잘 기억하기 위해 2,500년 이상 다음의 비유를 유용한 도구로 활
용해왔다.

두 개의 화살

—

화살에 맞게 되면, 우리는 육체적 통증과 불편함을 모두 경험할 것입니다.
그러나 우리 대부분은 첫 번째 화살에 이어서 '혐오'라는 두 번째 화살을 맞는 것 같습니다.
그것은, 첫 번째 화살로 인한 통증과 불편함에 분노, 두려움, 비탄, 괴로움과 같은 반응을 덧
붙여서 일어나는 고통입니다.
종종 더 큰 불행을 야기하는 것은 이 두 번째 화살입니다. 이 비유가 주는 중요한 메시지는
두 번째 화살의 고통에서 자신을 해방시킬 수 있다는 것입니다.
왜일까요? 왜냐하면 두 번째 화살을 쏘는 것은 바로 자기 자신이기 때문입니다.

---

4. 마음챙김 걷기

혐오는 매 순간 온전히 현재에 머무르지 못하도록 강력한 영향력을 행사한다.

매 순간 온전히 지금 여기에 있는 존재로서 신체에 마음챙김을 확립하는 것은, 마음을
혐오의 위험에서 보호하는 가장 강력한 방법들 중의 하나이다.

고요하고, 집중되어 있고, 한결같은 마음은 혐오의 폭풍우에 갇힐 가능성이 낮다.

마음이 몸을 벗어나지 않는다면, 당신의 '발은 견고하게 땅을 디디고,' 모든 극단적인

날씨에도 흔들림 없이 견뎌내는 산과 같이 힘과 안정성과 위엄을 가질 수 있을 것이다.

당신은 아마도 매일 일정 시간을 걸을 것이다. 비록 그것이 겨우 주차장이나 버스 정류장에서 직장으로 또는 직장이나 집의 한 장소에서 다른 장소로 이동하는 것일지라도 말이다. 이 시간들은 몸을 마음챙김하며 존재하는 일과 연결할 수 있는 소중한 기회가 된다. 당신은 어쨌든 걷고 있다. 걷는 것을 마음챙김할 수 있는가?

공식 수련인 걷기 명상으로 일상생활에서의 마음챙김 걷기 수련을 시작할 수 있다. 안내는 오디오 트랙 6(마음챙김 걷기)에 있으며, 내용은 아래에 요약되어 있다.

마음챙김 걷기
—

1. 사람들이 볼까 걱정하지 않으면서 왔다 갔다 걸을 수 있는 장소를 찾습니다. 실내도 좋고 실외도 좋습니다. 다섯 걸음에서 열 걸음 정도 걸을 수 있는 곳이면 됩니다.

2. 걸을 곳의 한쪽 끝에 서서, 양발을 10~15cm 정도 벌린 다음 서로 나란히 놓고, 무릎은 부드럽게 살짝 굽혀지도록 합니다. 팔은 양 옆에 느슨하게 늘어뜨리거나 몸 앞쪽에서 두 손을 편안하게 잡습니다. 시선은 부드럽게 똑바로 앞을 향하게 합니다.

3. 알아차림을 발바닥으로 가져갑니다. 발이 땅에 닿는 감각과 체중이 다리와 발을 통해 땅으로 전달되는 느낌을 직접 느껴봅니다. 다리와 발의 감각을 더 분명하게 느끼기 위해 몇 번 무릎을 가볍게 구부리는 것이 도움이 될 것입니다.

4. 준비가 되면, 체중을 오른쪽 다리로 옮깁니다. 왼쪽 다리에 체중이 '덜어지고' 오른쪽 다리가 몸을 지탱하게 됨에 따라, 다리와 발에서 변화하는 신체감각 패턴을 알아차립니다.

5. 왼쪽 다리에서 체중이 '덜어지면서' 왼쪽 뒤꿈치를 바닥에서 천천히 들어 올립니다. 그렇게 할 때 종아리 근육의 감각을 알아차리고, 계속해서, 발가락만 지면과 접촉할 때까지 왼발 전체를 부드럽게 들어 올립니다. 다리와 발의 신체감

각을 알아차리면서, 천천히 왼발을 들어올리고, 허공에서 이동하는 다리와 발을 느끼면서 조심스럽게 앞으로 이동하고, 뒤꿈치를 바닥에 내려놓습니다. 체중을 왼쪽 다리와 발에 실을 때 왼쪽 다리와 발에서 증가하는 신체감각과 지면에서 떨어지는 오른쪽 다리와 발뒤꿈치에서 '체중이 줄어드는 것'을 알아차리면서, 왼쪽 발바닥의 남은 부분이 지면과 접촉하도록 합니다.

6. 체중이 완전히 왼쪽 다리로 옮겨지면, 발과 다리에서 느껴지는 신체감각의 변화하는 패턴을 알아차리면서, 오른발의 남은 부분을 들어 올려서 천천히 앞으로 이동합니다. 오른발 뒤꿈치가 바닥과 접촉하는 동안 주의를 발뒤꿈치에 두고, 오른발이 부드럽게 바닥에 닿는 동안, 두 다리와 발의 변화하는 신체감각 패턴을 알아차리면서, 체중을 오른발에 싣습니다.

7. 이렇게 하여, 천천히 한쪽 끝에서 다른 쪽 끝으로 걸어서 이동합니다. 특히 발바닥과 발뒤꿈치가 지면에 접촉하는 감각과, 다리가 앞쪽으로 움직이는 동안 다리 근육의 감각을 알아차립니다.

8. 한쪽 끝까지 걷기가 끝나면, 잠시 멈춰 서서, 몸이 방향을 바꾸려는 움직임의 복잡한 패턴을 알아차리면서 천천히 돌아서서, 걷기를 계속합니다.

9. 최선을 다해서, 발과 다리의 신체감각과 발이 지면과 접촉하는 것을 알아차리면서, 이렇게 왔다 갔다 합니다. 시선은 계속해서 부드럽게 앞을 향하도록 합니다.

10. 마음이 걷는 감각에 대한 알아차림에서 벗어나 방황하고 있음을 알 때, 앉기 명상에서 호흡을 이용한 것처럼 발이 지면에 닿는 감각을 현재 순간과 다시 연결하는 닻으로 활용하면서, 주의의 초점을 부드럽게 발과 다리의 감각으로 다시 되돌립니다. 마음이 방황하고 있음을 알 때 잠시 동안 그대로 서서, 다시 걸음을 시작하기 전까지 주의를 모으면 도움이 됩니다.

11. 10분에서 15분, 혹은 원한다면 더 긴 시간 동안 걷기를 계속합니다.

12. 처음에는 걸을 때 생기는 감각을 온전하게 알아차리기 위해, 평소보다 느린 속도로 걷습니다. 알아차리면서 느리게 걷는 것이 편안하게 느껴지면, 좀 더 빠른 속도, 즉 보통 속도나 그보다 빠른 속도로 걸으면서 실험할 수 있습니다. 만일 특별히 불안하게 느낀다면, 알아차리면서 빨리 걷는 것으로 시작해서 안정

됨에 따라 자연스럽게 속도를 늦추는 것이 좋습니다.

13. 가능한 자주 걷기 명상에서 기른 알아차림을 일상 속 매일의 걷기 경험으로 가져갑니다.

이 공식 수련을 이번 주 동안 매일 할 필요는 없다(비록 얼마든지 자유롭게 할 수 있지만). 걷는 동안 현존하는 몸을 마음챙김하는 단순한 힘을 알게 되도록 그냥 자주 수련한다.

그러면 이번 주 일상생활 가운데 한 장소에서 다른 장소로 걷는 동안, 기억하는 만큼 자주 마음챙김하며 현존감과 재연결할 수 있다. 많은 사람들이 이 수련을 좋아하게 된다.

수잔 _ "나는 걷기 명상을 좋아해요. 퇴근할 때 의식적으로 할 수 있기 때문이에요. 아이들을 데리러 학교에 가야 할 때, 급하게 행진하듯 걸어가요. 내가 서두르고 다소 스트레스를 받기 때문에 자주 쿵쿵거리며 걷고, 급하게 걷는 것을 알았어요."

"이제는 내가 그러는 걸 종종 알아차리고, 더 천천히 걷고, 걸음과 함께 호흡하게 돼요. 그래서 기다리고 있는 아이들에게 갈 때까지 침착해요."

"속도를 늦추면 다른 모든 것이 느려지고 무엇이 일어나는지를 더 잘 알 수 있어요. 전에는 길 끝에 도착하기까지 겨우 10초밖에 안 걸렸는데 이제는 30초나 40초가 걸려요. 그럴 만한 가치가 충분해요."

"몇 초 늦는다고 해도 상관없어요. 당신이 시간을 알아차리게 되면, 1분 동안 머물러 보려고 할 때 1분도 매우 긴 시간이 될 수 있어요."

마음챙김 걷기에서, 걷고 있음을 알아차리고, 걸음을 느끼고,
한 걸음 한 걸음에 충분히 현존하고, 걷기 자체를 위해서, 어떠한 목적지 없이 걷는다.
중요한 것은 감각 자체에 관한 그 어떤 생각이나 감정을 내려놓고,
움직임에 동반하는 감각에 대한 순간순간의 알아차림을 유지하는 것이다.

4주차의 수련을 잘 해 나가기 바란다.

기러기

―

당신은 좋은 사람이 될 필요가 없습니다.
뉘우치면서 수천 마일 사막을
무릎으로 걸어가야 할 필요도 없습니다.
단지 당신 몸 안에 있는 그 연약한 동물이
사랑하는 것을 사랑하게 두면 됩니다.
나에게 당신의 절망에 대해 말하세요.
그러면 나는 나의 절망을 이야기해줄 테니.
그러는 사이에도 세상은 흘러갑니다.
그러는 동안 태양과 투명한 빗방울은
대지를 가로질러 지나갑니다.
평원과 우거진 나무들 위로
산과 강 너머로.
그러는 동안 기러기는 맑고 푸른 하늘 높이
다시 집으로 날아갑니다.
당신이 누구든, 얼마나 외롭든
세상은 당신이 상상하는 대로 자신을 드러내며,
기러기처럼 거칠고 들뜬 목소리로
당신에게 거듭 소리칩니다.
이 세상 모든 것들 속에 당신의 자리가 있다고.

- 메리 올리버

9장

week 5 :
있는 그대로 수용하기

오리엔테이션

불쾌한 감정은 삶에서 주요한 부분을 차지한다. 그 자체로 상당히 어려운 문제이다. 이러한 감정으로 인해 추가적인 문제를 겪을지 말지는, 그 감정에 어떻게 반응하는지에 전적으로 달려 있다.

만약 혐오감을 가지고 불쾌한 감정에 반응한다면, 아마도 불쾌한 감정은 점점 커져서 우리는 곧 불행, 스트레스, 우울에 다시 한 번 빠지게 될 것이다.

MBCT 과정은 살면서 겪는 어렵고 불쾌한 것을 전과는 다르게 보다 능숙한 방법으로 대응하는 것이 알아차림으로 인해 가능하다는 것을 살펴보도록 이끈다. 이 방법은 실제로 더 큰 자유를 누릴 수 있는 길을 제시한다.

줄 서서 기다리기

—

요시는 슈퍼마켓에서 매주 하는 쇼핑을 마치고 계산대의 긴 줄을 살펴보았다. 그는 평소에 계산이 가장 빠른 줄을 알아내는 데 선수였다. 오늘 그는 다른 줄보다 더 길긴 하지만, 서 있는 사람들 모두 구매할 물건이 몇 개 안 되어 보이는 줄에 섰다. 그는 자신의 현명한 선택에 미소 지었다.

처음 두 손님들은 빨리 계산을 했고, 이제 그 앞으로는 두 명만 있었다. 첫 번째 여자가 마음을 바꿔서 계산원에게 구매한 물품 하나를 교환해 달라고 요구했다. 계산원이 교환할 물품을 가지고 돌아오기까지 몇 분이 걸렸다. 요시는 서서히 짜증이 나는 것을 느꼈다.

다음 손님은 계산원과 어젯밤 야구 경기에 대해 긴 시간 토론하는 데 열중했다. 요시는 점차로 불만과 분노가 커지는 것을 느낄 수 있었다. 드디어 그들은 계산을 마무리했고, 이제 요시의 차례였다. 계산원은 그를 바라보고 미소 지으면서 재빨리 "죄송합니다. 휴식 시간입니다. 다른 사람이 곧 올 겁니다."라고 말하고는 사라졌다. 요시는 속수무책으로 거센 분노가 강하게 치밀어 오름을 느꼈고, 기다리는 동안 분노가 커져가는 것을 느끼면서 관리자에게 항의할 말을 속으로 연습했다.

그러고 있을 때, 그는 몸에서 어렴풋한 긴장과 불편감을 알아차리게 되었고, 마음챙김 수업에서 최근 새로 접한 개념인 혐오감의 특징이 떠올랐다.

그는 빠르게 몸을 스캔했고, 가슴 한가운데에 고통스러울 정도의 긴장을 느꼈고 몸은 뭐인 듯한 느낌인 것을 알았다. 그는 알아차림으로 맹렬하고 강렬한 몸의 감각들과 그에 저항하는 감각을 직접적으로 접촉하면서, 감각들에 숨을 불어넣고, 내쉬었다.

그러자 놀랍게도 강렬함, 분노, 불만이 순식간에 갑자기 사라졌다. 할 말을 잃은 요시는 새로 온 계산원이 금전등록기에 자리를 잡고 그의 구매물품들을 포장하기 시작했을 때 그녀에게 그냥 미소를 지었다.

요시가 의도적으로 고통스러운 감정과 혐오감에 주의를 돌려 몸의 감각을 경험하는 동안에, 그것들은 기적적으로 거의 사라졌다.

무슨 일이 있어났는지 어떻게 이해할 수 있을까? 그 상황이 불만을 촉발시켰음을 이해하는 것은 어렵지 않다. 이러한 감정들에 대한 혐오는 요시의 몸과 마음을 점령하고 피드백 순환(불만→분노→혐오→분노→혐오⋯)에 걸려들게 했다.

이러한 순환은 혐오에 뿌리내리고 있으며, 분노를 실제로 지속시키는 것은 **회피**이다. 마음챙김하면서 몸 안의 감각들로 향하는 단순하지만 근본적인 접근을 통해, 요시는 저절로 계속되는 이러한 순환에 먹이를 주는 것을 중단했다. 그 결과는 즉각적인 평화였다.

그 경험들은 MBCT의 중심 메시지를 강조한다. 즉, **고통을 일으키는 것은 힘들고 불쾌한 것과 어떻게 관계하는가이지, 불쾌한 감정이나 감각 자체가 아니다.**

그러나 요시의 경험처럼 극적인 변화가 항상 일어나는 것은 아니다. 보다 자주, 단지 어려움을 향해 방향을 돌리는 것으로 혐오감을 줄일 수 있지만, 여전히 우리는 불쾌한 감정을 경험하게 되고, 더 나아가 혐오로 반응할 수도 있다.

그렇다면, 이제 무엇을 해야 할까?

여기가 우리가 허용하기와 내려놓기를 배우는 지점이다.

허용하기와 내려놓기

힘거운 감정, 생각, 감각, 내적 경험을 수용하는 것은 그것들이 변화하거나 다른 어떤 것이 되기를 바라지 않고, 기꺼이 그것들이 알아차림 안에 머물도록 함을 의미한다. 우리는 삶과 논쟁하지 않고, 경험을 이미 일어난 그대로 수용한다.

> 그렇다면, 이것은 체념과 같은 것인가요?

절대로 그렇지 않다! 체념할 때, 우리는 현재 경험하고 있는 것을 원하지 않지만, 그와 관련해서 아무것도 할 수 없다는 무력감을 느낀다. 수동적으로 참기만 할 뿐이다. 그러나 허용하기/내려놓기는 경험에 대한 수용과 개방성이라는 적극적이고 자발적인 표현을 수반한다. 허용하기/내려놓기에는 의식적인 주의 기울이기와 에너지가 필요하다. 허용하기/내려놓기를 통해 우리는 자신을 자동적이고 습관적인 혐오 반응의 희생자가 되지 않게 하고, 어떻게 대응할지를 선택한다.

**무언가를 부드럽게 알아차린다는 것은 그것에 직면하고,
이름 붙이며, 함께할 수 있다는 확인이다.**

허용하기와 내려놓기는 우리 대부분에게 익숙한 어떤 것이 아니다. 우리가 힘겨운 경험과 관계할 때 이 근본적인 변화를 충분히 느껴 보도록 하는 것 또한 쉽지는 않다.

13세기의 시인 루미가 쓴 〈여인숙〉이라는 시는 우리에게 요구되는 극적인 태도의 변화를 아주 잘 전달한다.

여인숙

인간이란 존재는 여인숙이다.
매일 아침 새로운 손님이 든다.

기쁨, 절망, 옹졸함,
스치는 작은 깨달음까지
예고 없이 찾아든다.

그 모두를 맞아들여 대접하라.
설령 그들이 슬픔의 무리여서

그대의 집을 거칠게 휩쓸고
가구를 몽땅 내가더라도

꿋꿋이 한 분 한 분 손님을 모셔라.
그들은 그대를 비우는지도 모른다,
낯모를 새로운 기쁨이 빈자리에 들도록.

어두운 생각, 부끄러움, 악의.
문 앞에서 그들을 보거들랑
미소 지으며 안으로 맞아들여라.

누가 들어오든 감사히 여겨라.
모든 손님은 저 멀리서 보낸
안내자들이니까.

– 루미

이 시의 무엇이 가장 인상적인가? 자세히 읽어보고 특별히 관심을 사로잡는 단어나 행에 밑줄을 그어본
다. 당신의 견해나 생각을 여기에 적는다.

_____

_____

_____

_____

_____

_____

이것은 너무나도 비현실적이군요! 난 정말 못하겠어요.

이 시는 매우 극적으로 반갑게 맞이하는 수용의 태도를 표현하고 있다. 그러나 누구라도 힘겨운 경험과의 새로운 관계를 훈련하고 계발하는 것을 시작할 수 있다. 이것을 스스로 확인할 수 있다. 지금 바로 이번 주의 수련으로 시작해보자.

어떻게 제가 우울, 수치심, 비열함을 좋아하게 될 거라고 예상할 수 있나요?

이것을 명확하게 할 필요가 있다. 사실 불쾌한 생각과 감정을 좋아할 필요는 없다. 여인숙 주인이 문 앞에 도착하는 모든 손님을 좋아하지는 않는 것과 같다. 하지만 마찬가지로, 그는 손님들의 면전에서 문을 꽝 닫고 잠그지도 않을 것이다. 모든 손님을 정중하게 대하면서, 손님들이 들어오게 하고, 그들이 필요한 기간만큼 머물게 허용할 것이고, 그들이 떠날 준비가 되면 보낼 것이다. 우리 마음에 방문하는 손님들을 같은 방식으로 대할 수 있는가?

좋아요. 내 마음의 방문객을 어떻게 정중하게 대하나요?

가능한 한 최선을 다해서, 모든 경험을 존중하고 돌본다. 그 경험과 연결하고 관계를 맺는다. 어떤 경험이든지, 심지어 혐오스러운 경험일지라도, 그것이 지금 이 순간의 경험과 다르기를 바라지 않고, 그저 있는 그대로 알아차림 안에 머물도록 허용한다.

지금 내 주변에는 수많은 문제를 일으키는 사람이 있어요. 나와 아이들에게 아주 모욕적이고 불친절해요. 어떻게 내가 이 사람을 허용하게 된다는 건가요?

우리가 말하는 것은 자신의 감정을 허용함이지, 타인이 우리에게 어떤 대우를 하더라도 허용하는 것이 아님을 이해하는 것이 실제로 중요하다. 허용에 대한 첫 걸음은 실제로 무슨 일이 일어나고 있는지를 명료하게 보는 것이다. 만일 관계에 있어 뭔가가 대단히 잘못되었다면, 조치를 취할 필요가 있다. 우리들 중 많은 이들이 아주 오래 상황을 참고 견디는데, 이는 자신에게 무엇이 실제로 일어나고 있는지 보도록 허용하지 않기 때문이다. 우리는 그 모든 것에 대해, 자신을 비난하거나, 누군가가 변화할 의도나 능력이 없음에도 그 사람을 바꿀 수 있다는 생각의 덫에 스스로 걸려든다. 당신의 감정이 여기에 머물도록 허용하고, 친절과 연민으로 그 감정을 감싸 안을 때, 더욱 명료하게 나아갈 길을 볼 수 있을 것이다.

허용하기와 내려놓기를 키우는 것이 왜 이렇게 중요한가?

불쾌한 감정, 감각, 생각을 경험할 때마다, 우리는 인생의 여정에서 선택의 지점에 서 있는 것이다.

우리가 내리는 선택은 즉각적인 행복뿐만 아니라, 더 먼 앞날의 행복에도 영향을 끼칠 것이다.

선택 1 : 혐오감, 즉 부정적인 느낌, 신체감각, 생각들을 제거하려는 욕구로 자동적으로 반응한다.

이 반응으로 인해, 몸과 마음은 원하지 않는 고통스러운 정서 상태에 다시 빠져 반응들의 연쇄적인 순환에서 첫 번째 연결고리를 형성한다.

선택 2 : 가능한 한 최선을 다해, 비록 좋아하지 않더라도, 부정적인 감정, 감각, 생각이 여기에 머물도록 허용하려는 의도를 의식적으로 몸에 익힌다.

이 방법을 택함으로써, 마음을 새로운 방향으로 향하게 하는 의미 있고 강력한 조치를 취하는 것이다. 기본적인 자세를 '원하지 않음'에서 '열어 놓음'으로 바꾼다.

이렇게 함으로써, 습관적인 자동반응의 연쇄적인 순환은 그 첫 번째 고리에서 끊어진다.
그러면 경험은 새로운 방향으로 펼쳐지고, 우울로 인한 자기비난, 불안에 따르는 공포, 분노의 이글거림, 또는 스트레스로 인한 소진이라는 수렁에 빠질 가능성이 낮아진다.

불쾌한 경험에 대해 즉각적이고 자동적인 혐오로 반응하지 않고, 그 경험을 자각 안에 담는 것은, 그것을 없애려고 애쓰다 생겨난 고통을 그 자리에서 바로 없앤다.

> 경험을 대하는 기본적인 태도를 '원하지 않음'에서 '열려 있음'으로 전환하는 것은 습관적인 자동반응의 연쇄적인 순환을 그 첫 번째 연결 고리에서 중단시킨다.

또한 그 변화는 삶의 모든 힘겨운 경험에 적용되는, 명상 전통의 두 가지 '진리'를 스스로 탐구할 수 있는 기회를 우리에게 준다.

- ○ **모든 불쾌한 감정들은 강제로 변화시키려고 하지 않으면 저절로 지나간다.**
- ○ **불쾌한 감정이 있음에도 불구하고, 우리는 평화와 만족을 경험할 수 있다.**

일상 수련

5주차에는 **7일 동안 6번** 다음 연습을 한다.

1. 앉기 명상 : 어려움 다루기
2. 규칙적인 3분 호흡 공간 명상
3. 필요시 3분 호흡 공간 명상 – 추가 안내문으로 하기

---

1. 앉기 명상 : 어려움 다루기

> 마음을 편안하게 하기 위해, 상황을 다르게 변화시키고자 애쓰는 욕구를 내려놓는다.

힘들고 원하지 않는 경험에 직면하여 허용하기와 내려놓기를 계발하는 세 단계가 있다.

단계 1

신중하고 의도적으로, 불쾌한 경험과 관련하여 가장 강렬한 감각이 느껴지는 신체 부위를 알아차린다. 비록 어려움의 가장 명확한 모습이 부정적인 생각이나 느낌일지라도, 주의 깊게 살펴보면, 그 경험과 연결되었다고 느껴지는 감각이 있는 신체 부위를 대체로 발견할 것이다.

단계 2

신체 내부에서 그 경험, 즉, 어떠한 수축, 밀어냄, 원하지 않는 감각과 어떻게 관계하고 있는지 **부드럽고 친절하게** 알아차린다. 신체 내부에서 혐오하는 반응을 느낄 수 있는가?

단계 3

힘든 경험과 연결된 신체감각과 **혐오가 여기에 있도록 허용하면서, 관심 어린 부드러운** 알아차림을 **지속한다.** 감각들을 알아차리면서, 경험이 여기 있도록 허용하고 그 경험과 연결되어 머물면서, 부드러운 호기심으로 **조사한다.**

첫째, 셋째, 다섯째 날은 아래에 요약된 어려움 다루기 명상(오디오 트랙 10번)을 수련한다.

둘째, 넷째, 여섯째 날은 자연적으로 일어나는 그 어떤 어려움에도 최선을 다해 능숙하게 대응할 것을 기억하면서, 4주차에 했던 (158~160쪽) 앉기 명상을 오디오 안내 없이 침묵 속에서 수련한다.

신체를 통해 맞이한 어려움 다루기

—

1. 시작하기 위해, 앞서 124~126쪽에서 설명했듯이, 마음이 차분히 안정될 때까지 호흡과 신체에 대한 마음챙김을 수련합니다. 그리고 난 후, 준비가 되면 최선을 다해 다음의 안내를 따라갑니다.
2. 지금까지 안내는 앉아 있으면서 마음이 고통스러운 생각 또는 감정으로 옮겨갈

때, 단순히 마음이 어디로 갔는지를 알아차리고, 부드럽지만 단호하게 주의를 호흡이나 신체, 또는 집중하고자 하는 어떤 대상으로 가져오는 것이었습니다.

3. 이제는 다른 대응법을 살펴봅니다. 고통스러운 생각이나 감정에서 주의를 거두는 대신, 그 생각이나 감정에 마음이 머물도록 허용합니다. 그리고 나서, 주의를 몸으로 돌려서 그 생각이나 감정과 함께 생겨나는 신체감각을 알아차릴 수 있는지 봅니다.

4. 그러한 감각을 확인한 뒤, 의도적으로 주의의 초점을 그 감각이 가장 강렬한 신체 부위로 옮깁니다. 바디스캔에서 연습했듯이, 들숨에서 이 부위에 **숨을 불어넣고**, 날숨에서 그 부위에서 **숨을 내쉰다**고 상상하면서, 감각을 변화시키는 것이 아니라 감각을 탐색하며 명료하게 봅니다.

5. 지금 어떤 어려움이나 걱정이 없지만, 이 새로운 접근법을 탐구해보고 싶다면, 일상생활에서 바로 지금 겪고 있는 어려움 가운데 잠시 함께 머물러도 괜찮은 어려움을 의도적으로 마음으로 가져옵니다. 아주 중요하거나 결정적인 것일 필요는 없으며, 조금 불쾌한데 아직 해결되지 않은 것이면 됩니다. 아마도 조금 화나고 후회스럽고 죄책감이 들었던 어떤 상황이나 오해 혹은 논쟁이 있을 것입니다. 만약 아무것도 마음에 떠오르지 않는다면, 최근이든 더 이전이든, 과거에 불쾌했던 것을 선택해도 됩니다.

6. 이제 골치 아픈 생각이나 상황, 즉 어떤 걱정이나 강렬한 감정에 초점을 두었다면, 시간을 가지고 어려움과 그것에 대한 반응이 일어나는 몸 안의 신체감각에 주의를 기울이도록 합니다.

7. 어떤 느낌들이 몸 안에서 일어나는지 마음속으로 주의를 기울이며, 접근하고, 살펴볼 수 있는지 봅니다. 신체 감각들을 마음챙김하면서, 기꺼이 받아들이고 환영하는 표현으로 주의의 초점을 감각이 가장 강렬한 몸의 부위로 의도적으로 향하게 합니다.

8. 이 활동에는 그 강렬한 감각들이 순간순간 강해지거나 약해짐을 바라보면서 감각들을 탐색하고, 들숨에 몸의 그 부위로 숨을 불어넣고, 날숨에 그 부위에서 숨을 내쉬는 것이 포함됩니다.

9. 몸의 감각에 주의를 잘 기울이고 있고, 아마도 불쾌할 그 감각들을 생생하게 잘 알아차리고 있다면, 때로 자신에게 이렇게 말하면서 당신이 경험하는 어떤 감각이든 깊이 수용하고 마음을 열 수 있습니다. **"그것은 지금 여기에 있다. 그것에 열려 있어도 괜찮다. 그것이 무엇이든지, 이미 여기에 있다. 나는 그것을 향해 열려 있다."** 의도적으로 긴장을 내려놓고, 감각들을 알아차리며 부드럽게 마음을 엽니다. 숨을 내쉴 때마다 마음속으로 **"부드럽게" "열어두자"** 라고 말해 봅니다.

10. 그리고 이러한 신체 감각과, 당신과 그 감각들의 관계를 탐색하면서, 그 감각들과 함께 숨 쉬고, 받아들이고, 그대로 존재하게 하고, 있는 그대로 허용하면서 알아차림 속에 머무는 것이 가능한지 봅니다.

11. **"이미 여기에 있다"** 또는 **"괜찮다"** 라고 말하는 것은, 본래의 상황을 판단하거나 모든 것이 좋다고 말하는 것이 아니라, 단지 지금 당장 몸 안의 감각에 알아차림을 열어놓을 수 있게 돕는 것입니다.

12. 이러한 감각들을 좋아해야 할 필요는 없습니다. 그런 감각들을 원하지 않는 것은 자연스러운 일입니다. 당신이 자신에게 마음속으로 **"이 감각들을 원하지 않아도 괜찮아. 그렇지만 이미 여기에 있으니, 그것들에 열려 있을 거야."** 라고 말하는 것이 도움이 될 것입니다.

13. 만약 원한다면, 신체감각과 함께 숨을 쉬는 동안, 들어오고 나가는 호흡의 감각과 신체감각, 이 두 가지를 모두 알아차려볼 수도 있습니다.

14. 신체감각이 더 이상 전과 같은 정도로 주의를 끌지 않게 되면, 주의의 1차 대상인 호흡으로 완전히 돌아옵니다.

15. 주의를 기울일 만한 강렬한 신체감각이 없을 수도 있습니다. 그럴 때는 몸에서 느껴지는 어떤 감각과도 자유롭게 이 연습을 해도 좋습니다. 아무런 감정이 느껴지지 않더라도 괜찮습니다.

경험을 허용하는 것은, 어떤 다른 상태를 만들려고 시도하지 않고, 지금 일어나고 있는 것이 무엇이든지 단지 그것에 공간을 허용하는 것이다.

매일 앉기 명상 후에 당신이 경험한 것을 아래에 간단히 적어본다.

1일차(오디오) :
몸 안의 어디에서 ① 어려움, ② 혐오나 원하지 않음 또는 저항을 감지했는가? 만약 감지했다면, 그 어려움과 혐오에 어떤 일이 일어났는가?

_____

_____

_____

_____

_____

그 밖에 알아차린 것들

_____

_____

_____

_____

마음에 떠오르는 어려움이 없어서, 기분이 좋지 않았어요.

전혀 문제되지 않는다. 당신이 바라는 대로 수련할 수 없다고 하여 불쾌한 감정이 생기는 순간 당신은 진짜 '어려움'을 겪게 된다.

당신이 이 수련에 사용하는 어려움은 아주 작은 것일 수 있다.
약간의 불안감도 괜찮다.

2일차(오디오 없이) :
몸 안의 어디에서 ① 어려움, ② 혐오나 원하지 않음 또는 저항을 감지했는가? 만약 감지했다면, 그 어려움과 혐오에 어떤 일이 일어났는가?

_____

_____

_____

_____

그 밖에 알아차린 것들

_____

_____

_____

효과가 없었어요. 불쾌한 감각이 사라지지 않았어요.

더할 나위 없이 좋다. 이상하게 여겨질 수 있지만, 실제로 감정 자체를 변화시키려고 하지 않는다는 것을 기억하는 것이 도움이 된다. 불쾌한 감정들을 알아차리면서 누그러지게 하고 감정에 대한 혐오의 관계를 편안하게 하려는 것이 의도이다. 혐오는 우리를 고통스럽게 하고, 정서적인 괴로움에 빠지게 한다. 감정들은 때로는 저절로 변하지만, 또한 종종 변하지 않는다.

제일라 _ "어려움을 마음에서 떠올렸을 때, 바로 여기, 목에서 느껴졌어요. 마치 무언가가 목을 동여맨 것처럼, 목이 꽉 조이고 답답하게 느껴졌어요. 마치 숨을 쉴 수 없는 것처럼요. 그 느낌이 별로 좋지 않아서 대응하려고 온갖 시도를 했어요. 알다시피, 그 부분에 숨을 불어넣고, 이완하고, 그리고 그 모든 것을 해봤지만 그 느낌은 사라지지 않았어요. 나는 조금 겁에 질리기 시작했어요. … 만일 사라지지 않으면 어떡하지? 그때 CD에서 내가 어떻게 몸 안의 감각들과 관계 맺고 있는지 알아차리는 것에 대한 내용이 흘러나왔어요. 전에는 이 말이 무슨 뜻인지 이해하지 못했지만, 그때는 단지 목의 느낌뿐만 아니라, 이 감각들을 원하지 않는다는 사실과도 관련이 있다는 걸 깨달았어요. 나는 생각했어요. '내가 여기서 보지 않고 있는 무언가가 있나? 내가 느끼지 못하는 어떤 것이 있나?' 그래서 나는 몸을 다시 한 번 스캔했어요. 나는 이 '원하지 않음'에 그 자체의 신체감각이 있는 걸 발견했어요. 그 감각들은 내 목이 아니라 배에서 느껴졌어요. 나는 매우 부드럽게 배에 주의를 기울이기 시작했고, 그렇게 하자마자 배와 목의 느낌들이 사라졌어요. 기대하지 않던 일이었어요. 내가 이 시점에서 상황을 변화시키려고 시도하지 않았던 것이 도움이 된 것 같았어요. 확실히 정말 놀랍고 감동적이었어요."

제일라와 같이, 수련을 통해 때때로 어려움과 그것에 대한 혐오 사이의 차이점을 몸 안에서 매우 분명하게 감지할 수 있을 것이다. 그리고 당신이 어려움 자체에는 아무것도 할 수 없을지라도, 어려움에 대한 혐오는 누그러뜨릴 수 있음을 알 수 있다.

3일차(오디오) :
몸 안의 어디에서 ① 어려움, ② 혐오나 원하지 않음 또는 저항을 감지했는가? 만약 감지했다면, 그 어려움과 혐오에 어떤 일이 일어났는가?

_____

_____

_____

_____

_____

그 밖에 알아차린 것들

_____

_____

_____

_____

4일차(오디오 없이) :

몸 안의 어디에서 ① 어려움, ② 혐오나 원하지 않음 또는 저항을 감지했는가? 만약 감지했다면, 그 어려움과 혐오에 어떤 일이 일어났는가?

_____

_____

_____

_____

그 밖에 알아차린 것들

_____

_____

_____

아주 오래되고 익숙한 어려움이 떠올랐어요. 나는 그 어려움이 가져온 모든 고통에 너무나 분노를 느꼈어요. 그리고 그것을 미리 해결하지 못한 나 자신에게도 분노를 느꼈지요.

이런 때에, 친절이 MBCT의 근간임을 떠올리는 것이 도움이 된다. 자신에 대한 친절은 "이런 감정들을 좋아하지 않아도 돼. 그것들을 원하지 않아도 돼."라고 자신에게 말하면서, 스스로에게 온화하게 대하는 것을 뜻한다. 순간순간 일어나는 것에 대한 친절은 "좋아, 네가 여기 있구나. 비록 너를 좋아하지 않지만 네가 여기 있도록 허용할 거야."라고 말하는 것이다. 우리는 가까이 다가간다. 우리가 두려워하는 것들에게 여인숙을 열어놓고, 그들을 환대한다.

우리는 의도적으로 모든 경험을 기본적으로 친절하게 대함으로써,
혐오가 힘을 쓰지 못하게 한다. 경험이 그 자체로 존재하도록 허용하고,
경험을 판단하거나 다르게 만들기 위한 시도를 하지 않는다.

이렇게 분명히 봄으로써, 그것이 무엇이든, 바꿔야 할 것을 선택할 수 있다.

5일차(오디오) :
몸 안의 어디에서 ① 어려움, ② 혐오나 원하지 않음 또는 저항을 감지했는가? 만약 감지했다면, 그 어려움과 혐오에 어떤 일이 일어났는가?

_____

_____

_____

_____

_____

_____

그 밖에 알아차린 것들
_____

_____

_____

_____

나는 암 투병을 하는 친구를 생각하고 있었어요. 내가 어떻게 그 사실에 "괜찮아."라고 말할 수 있을까요? 전혀 괜찮지 않은 일이잖아요.

"괜찮아."라고 말하는 것은, 당신의 친구가 암과 싸우고 있는 사실에 관한 것이 아니다. 단지 그 순간에 당신에게 도움이 되려는 것이다. 그 상황에 대한 감정, 즉 두려움이나 분노 혹은 죄책감을 있는 그대로 받아들이고, 덜 애쓰고, 덜 혐오하면서 그 감정들과 함께하려는 것이다. 이미 일어난 감정들과 싸우기보다는 이미 존재하고 있는 그 감정들을 느끼도록 부드럽게 당신을 격려하는 것이다. 그것이 여기에서 "괜찮아."가 의미하는 바이다.

마리아 _ "마음속에서 어려움을 느끼자, 온몸이 아주 꽉 조이고, 뻣뻣해졌어요. 그래서 온몸에 숨을 불어넣었는데, 갑자기 내 몸이 공기가 들어왔다 나가는 거대한 빈 공간이 되었어요. 말하자면, 휴가에서 돌아와 문과 창문을 모두 열고 환기할 때처럼 말이에요. 어려움과 관련된 긴장은 여전히 있었지만, 나는 '오, 너 아직 거기 있구나. 하지만 걱정하지 않아. 바람이 불고 있고, 괜찮아.'라고 생각했어요. 그 긴장을 위한 더 큰 공간이 있었고, 나는 그 긴장을 볼 수 있었어요."

"몸은 여전히 약간 꽉 조이는 것 같았지만, 그 조이는 느낌은 훨씬 약해졌고, 공기가 그 주변을 흐르고 있었어요. 처음에는 조이는 느낌으로 꽉 차 있었어요. 너무 꽉 조여진 것 같아서, 음 그러니까 거기엔 그 느낌밖에는 아무것도 없었어요. 그 느낌은 견고한 바위 덩어리 같았고 거대했어요. 그것은 극복할 수 없을 만큼 견고했지만, 작은 돌멩이로 줄어들었어요. 그것은 여전히 돌이었지만, 크기는 작아졌어요."

"정말 좋아요. 그 이유는 아마도 내가 그 문제를 밀어내고 있고, 뭐랄까, 그 위에 앉아서, 그것이 표면으로 완전히 올라오지 못하게 하고 있다고 생각하기 때문이에요. 나는 전에는 그것이 단지 거기 있도록 허용한 적이 없었어요. 그것이 나를 압도할 거라고 생각했지만 이제 그것과 함께할 수 있다는 걸 알게 되었죠."

허용하기/내려놓기는 혐오라는 괴로움에서 우리를 자유롭게 한다.
그것은 덜 애쓰면서, 좀 더 친절하게 어려움을 담을 수 있는 공간을 창조해낸다.
내려놓기가 원래의 불쾌한 감정을 즉각적으로 제거하지 않는 경우가 매우 자주 있다.

6일차(오디오 없이) :

몸 안의 어디에서 ① 어려움, ② 혐오나 원하지 않음 또는 저항을 감지했는가? 만약 감지했다면, 그 어려움과 혐오에 어떤 일이 일어났는가?

_____

_____

_____

_____

_____

그 밖에 알아차린 것들

_____

_____

_____

2. 규칙적인 3분 호흡 공간 명상

이번 주 동안 매일, 지난주에 했던 것과 같이, 하루에 3번 앞서 정했던 시간에 3분 호흡 공간 명상을 수련한다. 오디오 없이 할 수 있는지 본다.

수련에 대한 기록을 남길 수 있도록, 매일 하루를 마치면서 그날 수련했던 호흡 공간 명상의 횟수만큼 194쪽 표의 R에 동그라미를 친다.

3. 대응 3분 호흡 공간 명상
: 추가 안내와 함께하기

이번 주 동안 매일 계획된 규칙적인 호흡 공간 명상에 더하여, **어떤 불쾌한 감정, 긴장, 저항 또는 상황이 있는 그대로를 원하지 않음을 느낄 때마다**, 호흡 공간 명상을 수련한다.

상황에 대응할 수 있는 호흡 공간 명상을 수련할 때마다, 아주 간략하더라도 스마트폰

이나 수첩에 기록하면서, 이 수련을 생생하게 지속하려는 의도를 유지할 수 있다. 매일 일과
를 마치고, 호흡 공간 명상을 수련한 횟수만큼 표의 X에 동그라미를 쳐라.

	정기적 호흡 공간 명상			대응 호흡 공간 명상									
1일	R	R	R	X	X	X	X	X	X	X	X	X	X
2일	R	R	R	X	X	X	X	X	X	X	X	X	X
3일	R	R	R	X	X	X	X	X	X	X	X	X	X
4일	R	R	R	X	X	X	X	X	X	X	X	X	X
5일	R	R	R	X	X	X	X	X	X	X	X	X	X
6일	R	R	R	X	X	X	X	X	X	X	X	X	X
7일	R	R	R	X	X	X	X	X	X	X	X	X	X

아래의 긴 안내문을 활용하여 탐구할 수도 있다.

호흡 공간 명상 활용하기 : 확장된 안내문
—

당신은 하루에 세 번 규칙적으로, 그리고 필요할 때마다 호흡 공간 명상을 해왔습
니다. 우리는 또한 당신이 몸과 마음에서 어려움을 느낄 때마다, 첫 걸음으로 언제
나 호흡 공간 명상을 할 것을 제안합니다. 이 시점에 도움이 될 만한 추가 안내를
하겠습니다.

1. 알아차림

당신은 이미 주의의 초점을 내적인 경험으로 가져가서 생각, 감정, 신체 감각에서 어떤 일이 벌어지는지 주의를 기울이고 알아차리는 훈련을 해왔습니다.

또한 이제 무엇이 일어나고 있는지 기술하고 확인하는 것, 즉 경험을 말로 옮기는 것(마음속으로 "분노의 느낌이 일어나고 있다."거나 "자기 비판적인 생각이 있다."라고 말하는 것)이 유용하다는 것을 알 것입니다.

2. 주의 되돌리기

당신은 이미 숨이 들어오고 나가는 것을 처음부터 끝까지 따라가면서, 온전히 주의를 부드럽게 호흡으로 돌리는 것을 훈련해왔습니다.

"숨을 마시고, 숨을 내쉬고"와 같이, 또는 호흡을 1부터 5까지 세고 처음부터 다시 시작하기 "마시고, 하나… 내쉬고, 하나, 마시고, 둘…." 등과 같이 마음속으로 이름을 붙여볼 수도 있습니다.

3. 주의 확장하기

자세와 얼굴 표정을 알아차리면서, 몸의 모든 감각을 바로 지금 있는 그대로 알아차리면서, 주의를 몸 전체로 확장하는 훈련을 해왔습니다.

이제, 당신이 원한다면, 특히 어떤 불편함이나 긴장 또는 저항이 있다면 이 단계를 확장할 수 있습니다. 이러한 감각들이 나타나면, 그것들에 알아차림을 가져갈 수 있습니다. 들숨에서 그 감각들에 숨을 불어넣고, 내쉬는 숨과 함께 부드러워지고 열리면서, 그 감각들에서 숨을 내쉽니다. 날숨에서 "괜찮아. 그것이 무엇이든, 이미 여기에 있고, 나는 그것을 느껴."라고 자신에게 말해봅니다.

최선을 다해, 이 확장된 알아차림을 하루 중 필요한 순간에 함께합니다.

"분노의 감정이 일어나고 있다."라고 말하는 것이 이상하게 들려요. 왜 그냥 "나는 화났다."라고 말하면 안 되나요?

"~의 감정이 여기에 있다."라는 말은 단순히 그 순간의 당신의 경험을 기술하는 것이다. "나는 ~이다."라고 말하는 것은 감정을 개인적으로 인식하는 습관을 강화시킨다. "이 감정은 나다."라고 생각하는 습관은 우리를 반추와 걱정에 빠져들게 만드는 모든 이야기의 시작이다. 자신에게 이야기하는 방법을 바꾸는 것은 상황을 덜 개인적으로 받아들이기 시작하는 간단한 방법이다.

호흡 공간 명상으로 대응하는 것은 상황을 바꾸려는 그저 또 다른 영리한 방법 아닌가요?

호흡 공간 명상을 당신의 경험이 그저 있는 그대로 그 순간에 있도록 허용하는 방법으로써 사용하는 것과, 그 명상이 불쾌한 감정들을 제거하는 데 '효과가 있을 것'이라는 희망을 가지고 사용하는 것 사이에는 약간의 차이가 있다.
중요한 것은 의도이다. 당신이 원하지 않는 감정들을 제거하려는 숨은 의도를 가지고 무엇인가를 할 때, 그런 의도는 역효과를 낳기 쉽다. 당신이 도전해야 할 것은, 자신에게 정직하고, 친절한 행동으로서 진정으로 '내려놓기'의 가능성을 최선을 다해 탐색하는 것이다.

이번 한 주 동안, 대응 3분 호흡 공간 명상이 도움이 된다고 느꼈던 상황을 간략히 적어본다.
무엇이 어려웠는가? 당신의 대응은 무엇이었는가? 어떤 효과가 있었는가?

_____

_____

_____

_____

차오_ "지난 월요일 병원에 계신 아버지를 만나러 가고 있었어요. 도착해서 무엇을 알게될지 정말 몰랐어요. 뒤섞인 메시지가 너무 많았어요. 일요일 아침 일찍, 걱정과 불안에 떨면서 잠에서 깼어요. 그래서 나는 '불쾌한 사건, 불쾌한 사건, 불쾌한 사건'이라고 생각했는데, 전에는 그렇게 생각했던 적이 없어요. 그러고는 '자, 이제 네가 정말로 느끼는 게 뭐지?'라는 생각을 했어요."

"정말 기뻤어요. 왜냐하면 '배는 뒤틀리고, 손은 꽉 쥐어져 있고 숨 쉬기가 어려워.'라고 생각하고 있었거든요."

"그리고 그때 호흡을 시작했어요. … 그러자 불쾌한 느낌은 계속되지 않았어요. … 그 느낌은 계속되지 않았죠. 정말 기뻤어요. 왜냐하면 이 경험을 통해서, 모든 것이 통제할 수 없는 건 아니라고 느끼게 되었기 때문이에요. 어쨌든 호흡 공간 명상이 모든 것을 당장에 해결하지는 않아요. 그것들은 여전히 거기에 있지만 호흡 공간 명상은 도움이 되었어요. 정말 도움이 되었어요."

이 장의 초점은 원하지 않는 **정서적인** 고통에 대해 허용하기/내려놓기의 관계를 어떻게 함양하는지에 관한 것이었다. 마지막으로, 렉시가 어떻게 MBCT를 통해서 **신체적인** 고통과의 관계를 변화시켰는지에 대해 쓴 흥미로운 글을 살펴보자.

렉시 _ "나는 2007년에 사고로 인해 심각한 허리 부상을 입었어요. 그 때문에 심신이 약해지고 통증이 심해서, 회복하려면 대학교를 1년간 휴학해야 했어요."

"결국 학업을 다시 시작했지만, 통증을 견디려고 많은 약을 계속 먹어야 했어요."

"올 봄에 8주간의 마음챙김 코스에 등록했는데, 거기서 내 삶이 바뀌었어요."

"8주간의 마음챙김 코스로 내 몸 전체에 대한 알아차림을 계발하는 데 도움을 받았고, 이 자각을 통해서 통증에 더 잘 대처할 수 있었어요. 마음챙김 코스는 통증을 무시하지 않고, 통증의 존재를 받아들이는 걸 가르쳤어요. 그 덕분에 통증이 나의 생각, 감정 그리고 행동에 미치는 영향이 줄어들었죠. 통증과 예전과는 다른 관계를 맺고 통증을 새로운 방식으로 바라보기 시작했어요. 그리고 자세를 개선하는 데도 도움이 되었죠."

"코스의 마지막에, 나는 처음으로 진통제를 끊을 수 있을 거란 느낌이 들었어요. 내가 배웠던, 일상생활에 쉽게 적용할 수 있는 간단한 명상수련/기술로 진통제를 대체했어요."

서곡

—

바뀔 필요가 없다면, 더 자비롭거나, 더 현존하거나, 더 사랑스럽거나 현명한
누군가로 당신을 변화시킬 필요가 없다면 어떨까?

끊임없이 더 나아지려고 하는 당신 삶의 모든 장소에서, 이것이 어떤 영향을 줄까?

해야 할 것이란 단순히 펼치는 것, 부드럽고, 자비롭고, 충만하게 살 수 있고,
열정적으로 현존하는, 당신의 본질적인 성품 안에서 이미 그대로인 자신이 되는
것이라면 어떨까?

나는 왜 그리도 내가 되기를 바라는 사람이 아닐까라는 질문이 아니라, 나는 왜
그리도 진정한 나 자신이 되기를 원하지 않는가라는 질문이라면 어떨까?

이것이 어떠한 방식으로 당신이 무엇을 배워야 한다고 생각하는지에 변화를 줄까?

진실로 우리 자신이 되는 것은 분투와 노력을 통해서가 아니라, 우리가 펼쳐야
할 격려의 따뜻함을 주는, 사람들과 장소들과 수련들을 인식하고 받아들임을
통해서라면?

이것이 당신이 어떤 방식으로 하루를 보낼지를 선택하게 할까?

세상에서 아름다움을 만들어내는 방식으로 움직이고 싶은 충동이 깊은 곳에서
일어나서 당신이 그저 주의를 기울이고 기다리는 매 순간을 안내할 것임을 안다면
어떨까?

이것이 어떻게 당신의 고요함, 당신의 움직임, 그저 내려놓고 춤추려는 이 충동을
따르려는 당신의 의지를 만들어낼까?

– Oriah Mountain Dreamer

week 6 :
생각을 생각으로 바라보기

오리엔테이션

존은 학교에 가는 길이었다.

그는 수학 시간이 걱정되었다.

그는 오늘 다시 그 수업을 통제할 수 있을지 확신이 없었다.

그것은 수위의 업무가 아니었다.

계속해서 읽기 전에 잠시 시간을 내어, 당신이 이해한 위 문장들의 의미를 간단히 적어본다.

_____

_____

_____

_____

_____

루_ "처음에는 학교에 가는 어린 소년이 다가오는 수학시간을 걱정하는 것이라고 생각했어요. 그런데 갑자기 그건 소년이 아니라, 선생님이라는 것을 알게 됐죠. 그리고 마지막 줄에서는 선생님이 아니라 학교 수위 아저씨라는 것을 알게 되고 또 한 번 생각을 바꿔야 했어요."

이 짧은 연습은 다음과 같은 몇 가지 매우 중요한 것들을 보여준다.

○ 마음은 감각을 통해서 우리에게 다가오는 것으로부터 끊임없이 '의미를 만든다.'

○ 그 의미들은 종종 단지 약간의, 부분적인 정보의 파편에 기반하고 있다. 우리가 만드는 의미들은 거의 항상 주어진 사실 그대로를 훨씬 뛰어넘는다.

- 결과적으로, 우리가 만들어내는 그 의미들은 일어나고 있는 일의 사실적인 상황을 반영하지 않는다. 앞의 연습에서 나타난 것처럼, 그것이 우리가 자신의 관점을 새로운 정보의 관점으로 반복해서 갱신해야 하는 이유이다.
- 비록 우리가 받아들이는 정보에 끊임없이 내용을 추가로 덧붙이고 있지만, 누군가 와서 우리에게 장난을 치지 않는 한(이 장의 첫 부분에서와 같이), 우리는 적극적으로 의미를 만들어내는 사람이 바로 자신이라는 것을 모른다. 우리는 단지 사물을 있는 그대로 본다고 생각한다.

사무실
—

잠시 동안 이 장면을 최대한 생생하게 상상해본다.

당신은 방금 직장에서 동료와 말다툼을 해서 기분이 좋지 않다. 잠시 후에 당신은 홀에 있는 다른 동료를 보았고, 그 동료는 가던 길을 멈출 수 없다고 말하면서 황급히 떠났다.

마음에 떠오르는 생각을 여기에 적어본다.

_____

_____

_____

_____

_____

_____

이제 이 장면을 상상해보라.

당신은 자신과 동료가 업무가 잘 처리되었다고 칭찬을 받아서 기분이 좋다. 잠시 후에, 당신은 홀에 있는 다른 동료를 보았는데, 그 동료는 가던 길을 멈출 수 없다고 말하면서 황급히 떠났다.

마음에 떠오르는 생각을 여기에 적어본다.

_____

_____

_____

_____

_____

이제 두 개의 시나리오에 대해 당신이 쓴 것을 다시 읽어본다.
두 상황에서 당신에게 스쳐 지나간 생각이 무엇이든 적어본다.

_____

_____

_____

_____

_____

_____

_____

_____

루 _ "첫 번째 시나리오에서는, 그 동료가 나에게 적대적으로 느끼거나, 나에 관한 안 좋은 이야기를 들었기 때문에 황급히 지나갔다고 생각했을 거예요. 그녀가 왜 나에게 말을 건네지 않았지 하고 마음속으로 계속 되뇌었을 거예요." "두 번째 시나리오에서는, 그저 그녀가 회의에 가는 길이라고 생각했을 거예요. 잠깐 동안 그녀가 부러워하나 보다 하는 생각이 들겠지만, 많은 생각을 하지는 않을 거예요."

재미있지 않은가? 우리는 동료가 멈출 수 없다고 얘기하는, 정확히 똑같이 객관적인 상황 아래에 있다. 그러나 매우 다른 두 가지 해석은 매우 다른 감정으로 이어진다. 한 상황에서는 화나고 걱정되지만, 다른 상황에서는 별로 개의치 않는다. 우리 마음이 더하는 '추가적인 부분'은 경험에 갖다 붙이는 마음의 틀에 따라 달라질 것이다. 마음의 틀은, 다른 것들 중에서, 우리에게 방금 일어났던 것을 반영한다. 서로 다른 해석은 다른 마음의 틀을 반영한다. 말다툼은 자기 비판적인 마음의 틀을 만들어낸다. 반면에 칭찬은 좀 더 긍정적인 틀을 만들어낸다.

마음의 틀 → 해석 → 감정

사건에 대한 우리의 해석은, 사실 그만큼이나 또는 그 이상으로, 우리가 그 사건들에 갖다 붙이는 뭔가를 반영한다.

생각은 사실이 아니다.
(생각이 사실이라고 말하는 그 생각조차도)

기분과 감정은 우리 마음의 틀을 만드는 데 강력한 영향을 끼친다. 우리는 마음의 틀이라는 렌즈를 통해 세상을 본다. 결국 이것은 우리의 사고패턴을 형성한다.

어떤 기분이 들 때, 사고패턴은 자주 그 패턴을 형성한 감정과 비슷한 주제를 떠올린다. 절망적 감정은 무기력한 생각으로 이어지고, 친절한 감정은 자애로운 생각으로 이어지는 등등과 같다.

감정은 관련된 사고패턴을 낳는다.

감정과 생각의 주제가 이런 식으로 맞물릴 때, 그 사고패턴들은 맨 처음에 만들어진 감정을 재창조한다. 감정은 계속될 뿐만 아니라, 감정과 생각 사이의 긴밀한 연결성은 생각을 사실인 것처럼 느끼게 한다.

생각과 기분이 맞물릴 때, 생각은 매우 강력해져서
생각을 생각으로 보기가 어렵다.

다음은 고통스러운 정서에 갇히게 되는 악순환이 어떻게 계속되는지에 관한 것이다.

> 좋아요. 만일 이런 식으로 상황을 이해한다면, 무슨 일이 일어나나요?
> 이때 무엇을 해야 하죠?

> 어떻게 해서든, 우리는 감정이나 마음의 틀 또는 생각의 손아귀에서 자신을 해방시켜야 한다.
> 종종 생각은 출발하기 좋은 대상이다. 생각의 주제를 인식하면 마음 깊은 곳에서 무슨 일이 일어나고 있는지 단서를 알 수 있다.

> 그리고 일어나는 생각들을 인식한 다음에는요?

> 아주 중요한 것은 생각에 대한 새로운 관계를 배우는 것이다. 생각을 생각으로, 실제에 관한 사실이 아니라, 마음에서 일어났다 사라지는 정신적 사건으로 관련 짓는 것이다. 이렇게 해서, 우리를 감정적인 고통의 덫에 걸리게 하는 생각-감정이라는 순환의 손아귀에서 마음과 몸을 해방시킬 수 있다.
> 이번 주 일상 수련의 초점은 생각과의 관계에서의 그러한 변화이다.

일상 수련

6주차에는 **7일 동안 6번** 다음 연습을 한다.

 1. 앉기 명상 : 생각을 정신적 사건으로 여기는 것에 초점을 두기
 2. 규칙적인 3분 호흡 공간 명상
 3. 대응 3분 호흡 공간 명상 : 생각에 초점을 두기

 추가 수련 :
 4. 조기경보 시스템 구축하기

---

1. 앉기 명상
: 생각을 정신적 사건으로 여기는 것에 초점을 둔다

매일 안내멘트를 들으며 앉기 명상을 하루에 최소한 40~45분간 수련한다(10분 앉기 명상, 20분 앉기 명상, 스트레칭과 호흡 명상, 앉기 명상, 어려움 다루기 명상 등의 오디오 트랙에서 선택한다). 2개의 20분 명상을 결합하거나 하나의 20분 명상에 두 개의 10분 명상을 더해서, 또는 그냥 하나의 40분 명상을 활용해서 40~45분을 구성하면 된다. 하루하루 다른 구성으로 자유롭게 실험한다.

어떤 명상을 하든, 생각은 지나가는 정신적 사건이며 '당신' 또는 '진실'이 아닌, 그저 생각으로 여길 수 있음을 기억한다.

생각을 정신적 사건으로 바라보는 3가지 수련방법

—

선택 1_ 주의가 의도된 초점(호흡이나 몸, 또는 소리)에서 떠나서 방황하고 있음을 알아차릴 때, 떠오르는 생각, 이미지 또는 주변의 기억을 인식하기 위해 충분히 **멈춥니**

다. 이 생각들을 생각으로 보도록 상기시키는 도구로서, 매우 조용하게 **'생각'**이라고 **자신에게 말합니다.** 그리고 가능한 한 부드럽고 친절하게, 주의를 당신이 의도한 초점인 호흡, 몸, 소리 등으로 돌립니다.

선택 2_ 생각 자체를 주의의 주된 초점으로 삼습니다.

어떤 소리가 일어나든지 간에 그 소리에 알아차림의 초점을 맞추고, 그 소리가 일어나고, 펼쳐지고, 사라지는 것을 알아차리는 것과 같이, 이제 최선을 다해서 같은 방식으로, 마음에서 일어나는 생각으로 알아차림을 가져갑니다.

이미지나 비유가 도움이 될 수 있습니다. 당신은 다음과 같이 생각으로 알아차림을 가져갈 것입니다.

○ 마치 생각들이 극장의 스크린에 투영된 것처럼, 당신은 앉아서 생각이나 이미지가 나타나기를 기다리면서 스크린을 보고 있습니다. 생각이나 이미지가 나타날 때, 생각이 스크린에 머무는 시간 동안 주의를 기울입니다. 그리고 생각이 사라질 때 생각을 떠나보냅니다.
○ 마치 생각들이 빈 무대 위로 올라왔다가 무대 반대편으로 나가는 것처럼 바라보고 떠나보냅니다.
○ 마치 마음이 광활한 하늘이고 생각들은 하늘을 지나가는 구름이나 새인 것처럼 바라보고 떠나보냅니다.
○ 마치 생각들이 물 위에서 움직이며 떠내려가는 나뭇잎인 것처럼 바라보고 떠나보냅니다.

처음에는, 생각을 주의의 주된 대상으로 삼아 한 번에 3~4분 이내로 수련하는 것을 목표로 합니다. 누구도 이러한 방식으로 생각에 직접 주의를 기울이는 것이 쉽지는 않을 것입니다. 다른 이미지나 비유 또는 아무것도 없음을 자유롭게 탐구해 봅니다.

선택 3_ 생각이 강렬한 정서적 감정을 갖고 있거나 거슬리거나 지속됨을 알게 될 때, 정서는 신체감각, 감정 그리고 연관된 생각들의 '꾸러미(204~205쪽)'임을 기억합니다. 단지 생각을 생각으로 알아차립니다. 그리고 **생각 아래로 내려가 몸 안에서 생각을 낳은 정서가 어떠한 감각으로 느껴지는지 탐험합니다.** 당신이 지난주 어려움 다루기에서 했던 것처럼, 이러한 감각들이 가장 강렬하게 느껴지는 몸의 부위로 알아차림을 가져갑니다.

1일차

잠시 멈추고, 호흡으로 돌아오기 전에 '생각'이라고 자신에게 말함으로써 생각을 생각으로 알아차리도록 자신에게 상기하는 것은 어떤 효과가 있었는가?

_____

_____

_____

_____

그 밖에 알아차린 것들

_____

_____

_____

> 나는 '호흡으로 돌아오기'가 다소 자동적으로 되었음을 알았어요. 멈추고 더 명료하게 상황을 볼 시간을 갖고 더욱 의식적으로 생각을 내려놓는 것이 기분 좋았어요.

좋다. 간단히 (종종 쉽지는 않지만) 움직임을 멈추고, 수없이 반복되는 생각을 인식하고, 이름 붙이고, 내려놓는 것은, 생각과 새로운 관계를 맺는 아주 강력한 방법이다.

연관성의 기차

—

생각과 싸우거나, 없애려고 노력하거나, 판단할 필요가 없다. 그보다는 생각이 일어남을 알아차리면, 그저 생각을 따라가지 않는 것을 선택할 수 있다.

생각 속에서 우리 자신을 잃을 때 동일시가 강해진다. 생각이 마음을 휩쓸고 지나가면, 아주 짧은 시간에 우리는 정말로 휩쓸리게 된다. 우리는 연관성의 기차를 타게 된다. 우리가 그렇게 하고 있음을 알지 못한 채, 그리고 목적지도 정확히 모른 채로, 길 아래쪽 어딘가에서 깨어나서, 우리가 생각하고 있었고, 속고 있었음을 알게 될 것이다. 그리고 기차에서 내릴 때는 기차에 올라탔던 때와는 전혀 다른 정신적 환경이 되었을 것이다.

연습하기 위해서, 눈을 감고, 극장에 앉아서 텅 빈 스크린을 바라보고 있다고 상상할 수 있다. 그저 생각이 일어나기를 기다린다. 생각이란 정확히 무엇인가? 무슨 생각이 일어나고 있는가? 생각은 우리가 그 속에 빠져 길을 잃을 때는 진짜인 것 같지만, 조사해보면 사라지는 전광판과도 같다.

그러나 우리에게 영향을 주는 강렬한 생각은 어떠한가? 우리는 바라보고, 바라보고, 바라보고 있다. 그리고 순식간에 쑥! 생각에 빠져 길을 잃어버린다. 어떤가? 우리를 반복해서 붙잡아서 생각이 그저 공허하게 지나가는 현상임을 잊게 하는, 마음의 상태 또는 특정한 종류의 생각은 무엇인가?

우리가 하는 생각의 종류와 그 생각이 우리 삶에 끼치는 영향은 상황에 대한 우리의 이해에 달려 있다. 만일 일어나고 사라지는 생각을 그저 바라보는 명료하고 강렬한 공간 안에 있다면, 어떤 생각이 마음에 나타나는지는 실제로 문제가 되지 않는다. 생각을 지나가는 풍경으로 볼 수 있기 때문이다.

생각에서 행동이 나온다. 행동에서 모든 종류의 결과가 나온다. 어떠한 생각에 투자하겠는가? 가장 큰 과제는 생각을 명료하게 보는 것이고, 그로 인해 어떤 생각은 행동으로 옮기고 어떤 생각은 그저 생각으로 지나가게 할지를 선택할 수 있다.

– 조셉 골드스타인

2일차

생각을 주의의 초점으로 삼았을 때, 어떤 일이 일어났는가? 어떤 이미지나 비유가 도움이 되었는가?

_____

_____

_____

_____

그 밖에 알아차린 것들

_____

_____

_____

처음 생각에 주의를 두려고 했을 때 생각은 아예 사라졌어요. 그러고 나서 생각을 마치 영화처럼 지켜보았는데, 행동으로 휘말려들기 전에 관객석에 앉아서 몇 가지 생각을 바라보았어요. 행동으로 휘말려 들어가자, 나는 절대 이것을 할 수 없을 거라고 생각하기 시작했어요.

이러한 것은 모두 아주 흔한 경험이다. 생각을 지나가는 정신적 사건으로 바라볼 수 있도록, 수련에 ('나는 절대 이것을 할 수 없을 거야.'와 같은) 수련에 대한 생각을 포함시키는 것은 정말 도움이 된다. 그와 같이 생각은 당신을 크게 화나게 하거나 의기소침하지 않게 한다. 당신은 그 생각을 극장의 뒷좌석에서 들리는 목소리로 받아들일 수 있다.

그 얘기를 들으니 지난주 어느 날 일어났던 일이 떠오르네요. 나는 명상에 집중하려고 무진장 애를 쓰고 있었어요. 마음은 직장에서 하고 있던 일로 가득 차 있었어요. 나는 계속해서 자신에게 말했어요. 호흡으로 돌아온다. 호흡으로 돌아온다. <u>호흡으로 돌아온다!</u> 내게는 그 말이 정말로 별 효과가 없었어요. 아마도 실제로 상황을 더 나쁘게 만들었을지도 몰라요. 그때 무엇인가가 일어났지요. 나는 '이것은 나에게 별 효과가 없다.'가 또 다른 생각, 즉 은밀히 퍼지는 숨겨진 생각임을 알게 되었어요. 그리고 '그것은 나를 더 나쁘게 만든다.'도 역시 그렇고요. 나는 무대 위의 생각을 찾고 있었지만, 그 생각들은 무대에 전혀 나타나지 않았어요. 은밀하게 숨겨진 생각들은 당신이 얘기한 것처럼 전혀 다른 어딘가에서 왔어요. 그런데 어느 순간 그 생각들을 보게 되었죠. 놀라웠어요. 절망스러운 느낌이 녹아 없어졌어요. 일과 관련된 것들은 여전히 있었지만, 그것은 전과 같은 무게는 아니었어요. 나는 어떻게 이것을 이토록 일찍 바라볼 수 있었는지 그래서 그토록 쉽게 빠지지는 않았는지 궁금했어요.

완벽하다. … 이러한 생각은 마치 위장이라도 한 것처럼 나타나는데, 이런 생각이 당신의 의식 속으로 몰래 기어들어 오는 것을 볼 수조차 없다. 생각은 감정의 배경 가까이에서 너무나도 잘 변장하고 있어서, 이러한 감정을 '원하지 않음'이라는 반응에 사로잡히게 된다. 이런 생각을 알아차리는 것은 매우 어렵다, 사실 그렇지 않은가? 시간을 가지고, 당신 뒤에서 들려오는 목소리에 귀를 기울이고, 어떠한 감정이 이러한 미묘한 생각을 낳았는지 알기 위해 주의를 몸으로 돌리는 것은 정말로 도움이 될 것이다.

3일차

강렬하고, 거슬리고, 지속되는 생각들과 마주쳤을 때 어떻게 대응했는가? 무슨 일이 일어났는가?

_____

_____

_____

_____

그 밖에 알아차린 것들

_____

_____

_____

내일 상사를 만날 걱정이 계속해서 일어났어요. 나는 계속해서 '생각'이라는 이름을 붙이고 호흡으로 돌아왔지만, 그 걱정은 여전히 계속해서 일어났어요.

계속 그렇게 한 것은 잘 한 일이다. 정서적으로 강렬한 생각은 가장 정서적인 '꾸러미'라는 빙산의 일각에 불과함을 기억하는 것이 도움이 될 것이다. 빙산의 대부분인 신체감각과 감정은 물에 잠겨 있다. 많은 사람들이 다음의 일반적인 규칙이 도움이 된다고 한다. 정서와 관련된 생각이 일어날 때, 생각을 인정하고, 몸속으로 들어가 그 생각을 낳은 감각과 감정을 알아차린다.

마음챙김은 우리가 생각을 큰 꾸러미의 한 부분으로 보도록 한다.
생각 자체에 얽혀들기보다는 생각을 일으키는 감정에 직접 초점을 맞춘다.
우리는 마음챙김하며 다정하게 다음과 같이 조사한다.
"지금 이 순간 무엇을 느끼고 있는가?"

루이스_ "나는 몇 주 동안 무척 힘들고 기운이 없었어요. 그래서 내가 우울증에 완전히 빠져들 가능성이 높다는 걸 알았어요. 의사를 만나려고 휴가를 냈기 때문에 압박감을 느끼면서, 아이와 함께 병원 진료실에 있었어요. 한편으로는, '상사가 뭐라고 할까?'를 생각하면서 다른 한편으로는 '내가 왜 여기 있으면 안 되지? 난 그럴 만한 자격이 있어.'라고 생각하고 있었어요."

"나 자신에게 어리석게 굴지 말라고 말하면서, 어떤 일이 일어나고 있었는지 알았지만, 예전 방식은 아니었어요. 대신에, 나는 시간을 가졌어요. 내가 느끼고 있던 것을 인정했어요. 화가 나고, 피곤하고, 혼란스럽고, 딸이 매우 걱정되었어요. 그러자 나의 관점이 넓어지는 걸 느꼈고, 자신에게 '이렇게 느끼는 것은 괜찮아, 괜찮아.'라고 말할 수 있었어요. 나는 이 감정들을 쫓아버리려고 애쓰지 않고, 그저 거기에 있도록 허용했어요. 그러자 그 감정들이 좀 편해졌어요."

4일차

당신은 마주한 생각에 어떠한 태도를 취했는가? 안달하고, 짜증내고, 생각이 사라지기를 바랐는가, 혹은 수용하고, 관심을 가졌는가, 아니면 중립적인 태도를 취했는가?

_____

_____

_____

_____

그 밖에 알아차린 것들

_____

_____

_____

나 자신에게 놀랐어요. 평소처럼 걱정과 자기비판적인 생각의 흐름이 폭포수처럼 내 마음에 쏟아지고 있었어요. 그러나 내 마음의 한 구석은 내가 생각을 볼 수 있음을 기억했어요. 그러자 나는 생각과의 싸움에 휩쓸리기보다는 생각에 관심을 갖게 되었어요.

훌륭하다! 수련이 우리에게 요구하는 것은 관점의 중대한 전환이다. 마음챙김은 우리에게 또 다른 설 자리를 준다. 생각과 감정이 거대한 급류처럼 몰려와 우리가 내동댕이쳐진 것처럼 느껴질 때, 우리는 폭포 뒤로 물러난다. 거기서 생각과 감정의 폭포가 지나가는 것을 본다. 그것들은 매우 가까이 있다. 당신은 그것들의 힘을 느끼지만, 그것들은 당신이 아니다.

언제나 그렇듯이, 친절은 수련에 숙련되기 위해 필요한 기초이다.

생각에 대한 친절은 생각이 여기에 있도록 허용하고,
생각을 친절하게 관심 어린 알아차림 안에 담으면서,
당신 자신에게 생각이 적이 아님을 상냥하게 상기시키는 것을 의미한다.

당신 자신에 대한 친절은 지금 이 순간 있는 그대로의 자신을 허용하는 것이다.

5일차
당신이 인식했던, 익숙하고 진부한 생각의 패턴을 적어보라. 그것은 어떤 영향력을 지니는가?

_____

_____

_____

_____

나는 부족해, 나는 할 수 없어, 만일 …라면 어떤 일이 일어날까? 등등 수많은 오랜 습관이 있어요. 모두 유력한 용의자들이에요!

유머는 훌륭한 협력자이다. 당신이 그 낡은 패턴들의 참모습을 보게 되었을 때, 그 패턴들에게 비꼬는 미소를 지으면서 조금은 기꺼이 맞아들여라. 이렇게 해서 당신은 낡은 패턴들에게서 당신을 화나게 하고 통제하는 힘을 뺏기 시작한다.

도움이 되지 않는 상위 10가지 생각들

마음을 많이 관찰해서 오래된 동일한 생각이 반복적으로 떠오르는 것을 보았을 때, 최근에 당신이 더 이상 잘 대처하지 못하고 있음을 결국 알게 될 것이다.

익숙한 사고패턴에 이름을 붙이면 그 사고패턴이 시작될 때, 곧 인식할 수 있다. "그래, 난 이 프로그램을 알아. 이것은 '난 내 상사를 못 견디겠어' 프로그램이군. 또는 '내가 얼마나 열심히 일하는지 아무도 몰라' 프로그램이야."라고 말할 수 있게 된다. 사고패턴을 있는 그대로 인식하는 것은 당신과 사고패턴 사이에 공간을 만든다. 결국 당신은 이러한 익숙한 패턴들을 명료하게 보게 되고, 이 패턴들은 더 이상 당신에게 영향을 끼치지 못하게 될 것이다.

당신 자신에게서 도움이 되지 않는 상위 10가지의 사고패턴이나 프로그램을 확인해보자. '유력한 용의자들'을 아래에 기록한다.

Program 1 _____

Program 2 _____

Program 3 _____

Program 4 _____

Program 5 _____

Program 6 _____

Program 7 _____

Program 8 _____

Program 9 _____

Program 10 _____

이 작업을 다음 몇 주에 걸쳐 이어지는 지속적인 프로젝트로 해도 좋다. 그리고 반드시 열 가지를 다 찾을 필요는 없다.

6일차

당신의 생각은 어떤 형태인가? 당신은 생각을 언어나 이미지 또는 그림으로 경험하는가? 또는 언어나 이미지가 없는 '의미'로 경험하는가? 만일 언어로 경험한다면, 그 목소리의 톤은 어떠한가?

_____

_____

_____

_____

_____

_____

_____

_____

> 나는 혼합적으로 경험하는 것 같아요. 어떤 생각은 자주 불평하는 목소리로, 내 머릿속에 분명하게 언어로 떠올라요. 다른 때는 이미지가 있었어요. 거절당했다고 느꼈을 때, 나는 친구들이 나를 빼고, 옹기종기 함께 모여서 웃으면서 서로 이야기하는 이미지를 보았어요.

> 어떤 사람들은 주로 언어로 생각하고, 다른 사람들은 주로 이미지로 생각한다. 때로는 언어나 이미지 없이 단지 의미가 떠오른다. 동일한 정서가 계속해서 떠오를 때, 감정의 본질을 확고하게 하는 듯한 어떤 이미지가 있는지 확인해볼 가치가 있다. 그 이미지들이 아마도 그 정서가 계속해서 진행되게 하고 있을지도 모른다.

"우리가 초대하지도 않은 생각, 즉 '이것을 해라. 저것을 말해라.
기억해라, 계획해라, 집착해라, 판단해라.' 등에 얼마나 많은 힘을 부지불식간에
부여하는지 관찰해보면 놀랍다. 이러한 생각들은 우리가 제정신이 아니게
몰아가는 잠재력이 있고, 또 자주 그렇게 한다."
- 조셉 골드스타인

2. 규칙적인 3분 호흡 공간 명상

이번 주는 매일, 지난주에 했던 것과 같이 하루에 3번, 앞서 정한 시간에 3분 호흡 공간 명상을 한다.

수련한 기록이 남도록, 매일 일과가 끝난 후 계획된 호흡 공간 명상을 한 횟수만큼 다음 쪽 표의 R에 동그라미를 친다.

3. 대응 3분 호흡 공간 명상 : 생각에 초점을 두기

이번 주는 매일, 계획된 규칙적인 호흡 공간 명상에 더하여, **당신이 어떤 불쾌한 감정을 알아차릴 때마다 그리고 생각에 이끌려가고 있는 것을 인식할 때마다** 3분 호흡 공간 명상을 한다.

당신이 대응 호흡 공간 명상을 활용할 때마다 아래 표의 X에 동그라미를 침으로써, 이 수련의 의도가 생생하게 지속되도록 할 수 있다.

	규칙적인 호흡 공간 명상	대응 호흡 공간 명상
1일	R R R	X X X X X X X X X X
2일	R R R	X X X X X X X X X X
3일	R R R	X X X X X X X X X X
4일	R R R	X X X X X X X X X X
5일	R R R	X X X X X X X X X X
6일	R R R	X X X X X X X X X X
7일	R R R	X X X X X X X X X X

**생각이 압도하려고 위협할 때, 첫 번째 단계는 아무리 짧더라도,
항상 호흡 공간 명상을 하는 것이다.**

만일 호흡 공간 명상을 한 후에도 부정적인 생각이 여전히 든다면, 다음에 무엇을 할지 몇 가지 선택할 수 있다.

선택 1. 비록 아주 약간이지만, 호흡 공간 명상을 통해 생각에 대한 변화된 관점을 가지고, 일상생활의 흐름으로 그냥 **다시 들어갈** 수 있다.

선택 2. 생각이 **신체** 내부에서 어떻게 경험되는지에 초점을 두고서, 계속해서 생각에

연료를 공급하는 정서를 마음챙김할 수 있다. 지난주에 소개한 3단계의 보다 긴 안내문(194~195쪽)을 따르는 것이 도움이 될 것이다.

선택 3. 아래 상자 안에 설명된 하나 또는 그 이상의 전략들을 탐구하면서, 부정적인 **생각** 자체에 주의를 둘 수 있다.

호흡 공간 명상 : 생각을 다르게 보는 방법

—

1. 생각을 따라가야 한다는 느낌 없이, 단지 생각이 알아차림의 장 안에서 왔다가 가는 것을 바라봅니다.
2. 부정적인 생각을 사실이 아닌, 정신적 사건으로 바라볼 것을 스스로 상기합니다.
3. 생각을 종이에 적어봅니다. 그럼으로써, 생각을 덜 감정적이고 덜 압도적인 방식으로 바라볼 수 있습니다. 생각이 떠오를 때 잠시 멈추고 그 생각을 적어보면, 더 넓은 관점을 취할 기회를 가질 수 있습니다.
4. 사고패턴을 도움이 되지 않는 '상위 10가지 생각' 가운데 하나로써 인식하는지 살펴봅니다.
5. "지금 여기 어떤 감정이 있는가?", "나는 이러한 감정을 **몸 안에서** 어떻게 경험하고 있는가?"라고 질문하면서, 생각을 만들어내는 감정에 친절과 연민으로 주의를 기울입니다.

이 모든 다른 종류의 호흡 공간 명상으로 인해 약간 혼란스러워졌어요. 어떻게 그것들이 무엇인지 모두 기억할 수 있나요? 그리고 특정 시점에 어떤 것을 사용해야 하는지 어떻게 아나요?

모든 어려운 상황에서, 첫 걸음은 언제나 기본적인 호흡 공간 명상을 하는 것이다. 그 첫 걸음이 어떤 장소로 당신을 데려간다고 생각해볼 수 있다. 그 장소 밖에는 여러 개의 문이 있다. 당신은 그 문들 중 하나를 통해 그 장소를 떠난다. 각각의 문은 당신의 다음 걸음으로 서로 다른 가능성을 제공한다. 즉 재진입, 몸 그리고 생각 (다음 주에 하나의 문을 더 소개할 것이다) 등이다.

시간이 지남에 따라 모든 문을 탐구할 것을 권장한다. 그와 같이 당신은 각기 다른 종류의 상황에서 자신을 위한 가장 능숙한 대응을 발견한다. 일반적으로, 어떤 시점에서 몸 안의 실제적인 신체감각에 주의를 두는 것이 도움이 된다. 시간이 갈수록 호흡을 사용하는 당신만의 방법을 발견할 것이고, 그러면 호흡은 당신의 충실한 친구가 될 것이다.

이번 주 내에, 대응 호흡 공간 명상으로 견디기 힘든 생각에 효과를 보았다고 느꼈던 **하나의** 상황을 아래에 간단히 적어본다.

어떤 생각들이었는가? 당신은 어떻게 대응했는가? 효과는 어떠했는가?

_____

_____

_____

_____

_____

_____

_____

_____

챈_ "나는 불현듯 누군가가 2주 전에 한 말을 떠올렸어요. '그녀는 틀림없이 이러이러한 뜻으로 말했을 거야. 그녀는 왜 그렇게 말했을까?' 하면서 내 마음은 정신없이 돌아만 갔어요."

"하지만 그때 나는 '생각은 사실이 아니다'라는 말에 대해 생각했고, 그 말은 정말 나에게 효과가 있었어요. 생각은 사실이 아니고, 생각이 사실이라고 말하는 그 생각조차도 사실이 아니죠. 그 이유는 만일 그런 것이 당신 머릿속에 떠올랐다면, '자, 봐봐. 그건 실제가 아니야. 이게 진짜야.'라고 말할 수 있기 때문이죠. 당신은 여기 이 방에 있고, 주변의 좋은 것들을 보고 있어요. 그리고 그때 '하지만 그녀는 정말로 그렇게 말했어. 그건 진짜로 일어난 일이야.'라는 또 하나의 생각이 다시 들 거예요. 그때 나는 다음 구절을 알아차릴 수 있었어요. '심지어 생각이 사실이라고 말하는 그 생각조차도 사실이 아니다.' (웃음이 났어요) 그리고 나서 나는 호흡 공간 명상을 하고, 대개는 생각이 사라진다는 것을 알았어요."

4. 조기경보 시스템 구축하기

MBCT 프로그램은 본래 우울증에 다시 깊이 빠지지 않도록 조치를 취하기 위해, 우울한 사람들에게 자율성을 주는 기술과 이해를 계발하기 위해 고안되었다. 이어지는 부분은 주로 그러한 사람들을 염두에 두고 기술한다.

하지만 우리는 많은 사람들이 소진되어 가고, 과도하게 스트레스를 받고, 지나치게 걱정하고 있다는 조기 신호를 인식하는 것이 도움이 된다는 것을 알았다.

**만일 기분이 나빠지고 있다는 신호들에 가능한 한 빨리 대응할 수 있다면
당신의 행동은 가장 효과적일 것이다.**

그래서 조기경보 시스템을 준비하는 첫 걸음은, 때로 **재발 특징**이라고 불리는 당신의 **조기경보 징후**, 즉 기분이 급락하기 시작함을 알려주는 징후들의 패턴을 알아보는 것이다. 그러한 징후패턴들이 만일 확인되지 않은 상태로 남는다면, 당신은 다시 우울이나 다른 고통스러운 정서에 빠지게 될 것이다. 여기에 MBCT에 참여했던 사람들이 확인한, 기분이 가라앉을 때의 몇 가지 신호들이 있다. 어떤 것은 당신에게도 맞을 것이고, 다른 어떤 것들은 아닐 수도 있다. 당신의 경험을 반영하는 항목의 네모 칸에 V 표시를 한다.

잠을 더 많이 자거나 더 적게 자는 것. 일어나는 시간이 들쑥날쑥하고, 잠들기가 어려움 ☐	운동하는 것을 포기함 ☐
쉽게 기진맥진함 ☐	사람들을 만나고 싶어 하지 않음 ☐
일 처리하기 싫음(메일 열기, 청구서 지불하기 등) ☐	더 많이 먹거나, 음식에 흥미가 없어서 더 적게 먹음 ☐
부정적인 생각과 감정이 서로 잡고 있음을 봄. 그것들이 서로 '붙어 있어' 떼어내기 어려움 ☐	자신과 다른 사람들에게 짜증이 남 ☐
	일을 미루고, 마감일을 연기함 ☐

우울(또는 다소 다른 원하지 않는 기분상태)이 다시 강력해지려고 할 때 받게 되는 당신 자신의 신호는 어떤 것들인가? 과거 경험을 돌이켜 보아, 기분이 급락하고 있음을 조기에 경고해주는 패턴들을 기억해본다. 다음 질문들을 가이드로 활용한다.

당신이 스스로 그러한 신호를 알아차리기 훨씬 전에 다른 사람들이 종종 먼저 알아차릴 수도 있다. 괜찮다면 **당신이 신뢰하며, 당신을 잘 알고, 당신과 자주 만나는 사람**들의 도움을 받아 그 징후들을 **알아차리고**, 그에 **반응**하기보다는 **대응**해보라.

우울 조기경보 시스템

당신에게 정서적인 괴로움이나 우울을 촉발시키는 것은 무엇인가?

_____

_____

_____

_____

> ○ 촉발의 계기는 외부적인
> 것(당신에게 일어나는 일) 또는
> 내부적인 것(예를 들어 생각,
> 감정, 기억, 걱정)일 수 있다.
> ○ 작은 계기 또한 큰 것과
> 마찬가지로 생각하라.
> 때로는 아주 하찮아 보이는
> 것이 이후의 기분을
> 급락시킬 수 있다.

_____

_____

기분이 급락하거나 감정이 통제 불가능이라고 처음 느낄 때, 어떤 종류의 생각이 마음에 지나가는가?

_____

_____

_____

_____

그 밖에 다른 어떤 정서도 알아차리는가?

_____

_____

_____

_____

몸에서는 어떤 일이 일어나는가?

_____

_____

_____

_____

_____

당신은 무엇을 하는가? 또는 무엇을 하고 싶은가?

_____

_____

_____

_____

_____

어떤 오래된 사고나 행동의 습관 때문에 자신도 모르게 고통스러운 기분에 빠지게 되는가?(예를 들어, 고통스러운 생각과 감정을 반추하고, 억누르거나 회피하기, 그런 생각과 감정을 허용하고 탐구하기보다 맞서 싸우기)

_____

_____

_____

_____

_____

과거에 당신이 경고 징후와 신호들에 주의를 기울이고 알아차리는 것을 방해했던 것은 무엇인가? (예를 들어, 밀쳐냄, 부인, 오락, 무력감, 술 마시기, 논쟁, 가족이나 동료에 대한 비난)

_____

_____

_____

_____

_____

어떻게 친구와 가족 구성원들을 당신의 조기경보 시스템에 동참시킬 수 있나?

_____

_____

_____

_____

출처 : *The Mindful Way Workbook*. Copyright 2014 by The Guilford Press.

> 이렇게 과거를 돌이켜 생각하는 것이 지금 당장은 어떤 슬픈 감정을 다시 불러일으킬 확률이 상당히 크다. 만일 그렇다면, 지금이 **3분 호흡 공간 명상**을 할 좋은 시점이다.

다음 주에는 당신이 조기경보 징후들을 탐지했을 때 실제로 무엇을 할 수 있는지를 살펴볼 것이다. 지금은 **가장 중요한 다섯 가지 신호**를 포함하여 당신의 **조기경보 징후**(재발 특징)를 기술해봄으로써, 당신의 경보 신호들에 대한 '종합보고서'를 작성하는 것이 좋다. 다음 쪽의 양식을 활용하라.

나의 조기경보 징후들 (재발 특징)

—

나의 삶이 통제 불가능하게 돌아가고 있거나 우울이 다시 나를 장악할 수 있음을 말해주는 다섯 가지의 주요 징후들은 아래와 같다.

1. _____

_____

2. _____

_____

3. _____

_____

4. _____

_____

5. _____

_____

생각에서 한 걸음 물러나기

—

생각은 단지 생각일 뿐이며 '당신 자신'이나 '실제'가 아님을 아는 것이 당신에게 얼마나 큰 자유를 주는지 알면 놀랄 것이다. 예를 들어, 오늘 꼭 몇 가지 일을 끝내야만 한다고 생각하면서 그 생각을 생각으로 인식하지 않고, 마치 '진실'인 것처럼 행동한다면, 그때 당신은 그 일들을 반드시 모두 오늘 끝마쳐야 한다고 정말로 믿는 현실을 그 순간에 불러 일으킨다.

심장마비를 겪고 나서 재발을 막고 싶었던 피터라는 한 환자는, 밤 10시에 투광조명을 켜고 차고 진입로에서 차를 세차하고 있는 자신을 발견했던 어느 날 밤, 이러한 사실을 극적으로 깨닫게 되었다. 그에게 세차를 할 필요가 없었다는 생각이 갑자기 떠올랐다. 오늘 해야만 한다는 생각에 모든 것을 짜 맞추느라 하루 종일 시간을 보낸 그날의 필연적인 결과였다. 그가 자신에게 무슨 일을 하고 있었는지 보았을 때, 그는 모든 것을 오늘 끝내야 한다는 신념에 자신이 완전히 붙잡혀 있었기 때문에, 그 원래 신념이 진실인지에 의문을 제기할 수 없었다는 것도 역시 알았다.

당신이 이와 비슷하게 행동한다는 생각이 든다면, 피터가 그랬듯이, 당신도 역시 이유도 모른 채 내몰리고, 긴장되고, 불안하게 느낄 확률이 크다. 그러므로 명상 도중에 오늘 얼마나 많은 일을 끝마쳐야 하는지에 대한 생각이 떠오른다면, 그 생각을 단지 생각으로 여기기 위해 매우 주의를 기울여야 한다. 그렇지 않으면 단지 그런 생각이 마음에 일어났기 때문에 명상을 그만두기로 결정했다는 것을 알아차리기도 전에, 자리에서 일어나 그 일들을 할지도 모른다.

반면에, 그러한 생각이 일어날 때, 만일 한 걸음 물러나서 생각을 명료하게 볼 수 있다면, 우선순위를 정할 수 있고, 정말로 무엇을 할 필요가 있는지에 대해 분별 있게 결정할 수 있을 것이다. 당신은 낮 동안에 언제 그만두어야 하는지 알게 될 것이다. 그러므로 생각을 생각으로 인식하는 단순한 행동은 생각이 종종 만들어내는 왜곡된 현실로부터 당신을 자유롭게 할 수 있고, 더 나은 통찰력과 더 큰 삶의 통제감을 허용할 것이다.

생각이라는 마음의 폭압에서 벗어나는 이러한 해방은 명상수행 그 자체로부터 직접 일어난다. 우리가 매일 무위의 상태에서 호흡의 흐름에 주의를 기울이고, 몸과 마음의 움직임에 붙잡히지 않고 관찰하면서 일정 시간을 보낼 때, 우리는 고요함과 마음챙김을 함께 함양하고 있는 것이다. 마음이 안정되고 생각의 내용에 덜 사로잡히게 되면서, 우리는 집중하고 고요해지는 마음의 능력을 강화한다. 그리고 만일 생각이 떠오를 때마다, 생각을 단지 생각으로 인식하면서, 생각의 내용을 알아차리고, 생각이 우리에게 가하는 힘과 그 내용을 정확히 파악한다면, 그때마다 우리는 생각을 놓아버리고 호흡과 신체감각으로 돌아오게 되며, 마음챙김을 강화하게 된다. 우리는 자신을 더 잘 알게 되고, 우리가 원하는 대로가 아니라 우리의 원래 모습대로 자신을 더욱 수용하게 된다.

- 존 카밧진

11장

week 7 :
친절하게 행동하기

오리엔테이션

한 주를 보내면서 당신이 일상적으로 무엇을 하는지 잠시 마음에 떠올려본다.

아래의 빈칸에, 집이나 직장에서 당신의 삶을 이루는 10가지 활동을 빠르게 적어본다.
예시 하나를 미리 준비해두었다.
'업무'나 '집안일'과 같은 큰 덩어리의 활동을 '동료들과 대화하기,' '이메일,' '식사 준비하기' 또는 '세탁하기'와 같은 더 작은 부분으로 쪼갤 수 있는지 본다.

활동 1   샤워하기

활동 2

활동 3

활동 4

활동 5

활동 6

활동 7

활동 8

활동 9

활동 10

이제 이러한 각각의 활동들을 순서대로 고려해보고, 자신에게 아래의 두 가지 질문을 해본다.

1. 이 활동이 나의 기분을 고양시키는가, 나에게 힘을 주는가, 나에게 자양분이 되는가, 혹은 살아 있는 느낌을 증가시키는가? 만약 대답이 "그렇다."라면, 예를 들어 "자양분이 된다면" 그 옆에 +를 기입한다.

2. 이 활동이 나의 기분을 가라앉게 하는가, 나의 에너지를 빼앗는가, 또는 살아 있다는 존재감을 감소시키는가? 만약 대답이 "그렇다."라면, 예를 들어 "감소시키고" "빼앗아간다면" 그 옆에 −를 기입한다.

+를 표시한 활동도 있고, −를 표시한 활동도 있을 것이며, 아무 표시도 하지 않은 활동도 있을 것이다.

매우 간단하지만, 이 연습은 매우 중요한 것들을 상기시킨다. 즉

당신이 하는 일이 기분에 영향을 끼친다. 가장 중요한 것은
하는 일을 바꾸면 기분을 바꿀 수 있다는 것이다.

이 전략을 최대한 활용하기 위해서, 202~203쪽에 소개된 "사무실" 연습이 의미하는 것이 무엇인지 기억하는 것이 중요하다. 즉 똑같은 사건이나 활동일지라도, 그 전에 가지고 있던 기분, 그 사건에 부여하는 의미, 또는 중간에 끼어드는, 도움이 되지 않는 생각들과 같은 많은 여러 가지 요소들에 따라서, 당신은 전혀 다른 감정을 느끼게 될 수 있다.

이러한 요소들을 고려해보면, 기분을 고양시키고자 한 행동들이 우리가 의도하는 결과를 반드시 가져다주지는 않는다는 것을 알 것이다.

> 나는 과거에 우울증을 없애기 위한 활동을 해왔지만,
> 그것은 별로 효과적이지 않았어요.

당신만 그런 것이 아니다. 그것은 상당히 감지하기가 힘들다.

1. 활동의 종류에 따라서 큰 차이가 있을 수 있다. 어떤 활동들은 그리 유용하지 않지만, 또 다른 활동들은 꽤 효과적이다. 가끔은 미리 아는 것이 어렵기도 하다.
2. 활동의 배후에 있는 의도는 매우 중요하다. 나중에 이것을 되살펴볼 것이다.
3. 부정적인 사고는 실제로 활동의 기반을 약화시킬 수 있다. 즉, "별 의미가 없어. 어떤 것도 별반 다르지가 않아.", "나 자신을 위해 뭔가 할 자격이 없어.", "나는 어떤 상황에서도 예전만큼 많이 기쁘지가 않아. 굳이 그럴 필요가 있나?"라는 내면의 소리를 들을 때 아주 힘이 든다.

MBCT는 이러한 각각의 잠재적인 문제를 다룬다. 계속해서 읽어보라!

좋은 소식은 만약 당신이 실제로 이 순간에 현존하고 마음챙김을 할 수 있다면, 당신이 정말로 필요한 것이 무엇인지 알 수 있다는 것이다.

**당신은 기분을 고조시키고 행복을 증진시키기 위해서
단순하지만 강력한 방법으로 활동을 바꿀 수 있다.**

활동을 능숙하게 사용하면, 그 자체로 우울증에 효과적인 처치가 될 수 있다는 고무적인 사실을 보여주는 연구가 있다.

1. 도움이 되는 활동들 : 능숙한 활동과 즐거운 활동

마음이 울적하고, 탈진되고, 기력이 부족하다고 느낄 때, 기분을 끌어올리는 데 매우 효과적인 두 가지 활동 유형이 있다.

1. 즐거운 활동들 : 친구와 전화로 수다 떨기, 긴 시간 동안 따뜻하고 여유로운 목욕하기, 산책하기와 같은 즐거움이나 기쁨을 주는 활동

2. 능숙한 활동들 : 편지쓰기, 잔디 깎기, 미뤄놓았던 일 하기와 같이 성취감, 만족감 또
는 통제감을 주는 활동

능숙한 활동들은 그 자체로는 즐겁지 않을 수 있지만, 이 세상에 어떤 일들은 하고 난
뒤에 기분이 즐거워진다.

능숙하고 즐거운 활동들과 마음을 울적하게 하는 활동들 간에는 **쌍방의 관련성**이 있다
는 것을 아는 것이 중요하다.

한편으로는, 이러한 활동들이 기분을 끌어올릴 수 있다.

그러나

다른 한편으로는, 기분이 점점 더 저조해짐에 따라서 그런 활동들을 많이 즐길 수 없
을 것이고, 기분이 좀 더 균형 잡혀 있을 때보다는 그런 활동들에서 얻는 만족감을 적을 것
이다.

그때는 이러한 활동들이 주는 유익함이 거의 없다고 생각하기가 쉽다. 그러나 결정적
으로,

우울할 때조차도, 당신은 기분과 능숙하고 즐거운 활동들 사이의 관계를 활용할 수 있다.
이러한 활동들이 기분을 고양시킬 수 있도록 하기 위해서
신중하게 쌍방간 관계의 균형에 손을 댈 수 있다.

이것을 어떻게 하는가?

첫 번째 단계, 당신의 생활 속에 **이미** 존재하는 능숙하고 즐거운 활동들을 발견하기 위
해서 일상의 경험을 조사한다.

사전에 이용할 수 있는 이러한 도구들을 가지고 있다는 것은 우울증에 대처할 활동이
필요할 때 당신을 위해서 그 활동들이 거기에 있음을 의미한다.

233~234쪽에 있는 양식들을 사용해서, 바로 지금 자신의 경험을 되돌아보고 10가지
즐거운 활동과 10가지 능숙한 활동의 목록을 만들어볼 수 있다.

앞서의 연습에서 자양분이 되는 것(+)으로 당신이 확인한 활동들을 이용하는 것이 좋
다. 중요한 것은 시작한다는 것이다(바로 지금 10가지 목록을 다 가지고 있을 필요는 없다).

나의 즐거운 활동 목록

보기 : 친구 만나기, TV에서 재미있거나 행복감을 주는 것 시청하기, 음악 듣기, 기분 좋게 따뜻한 목욕하기, 좋아하는 음식 먹기

즐거운 활동 1
_____

즐거운 활동 2
_____

즐거운 활동 3
_____

즐거운 활동 4
_____

즐거운 활동 5
_____

즐거운 활동 6
_____

즐거운 활동 7
_____

즐거운 활동 8
_____

즐거운 활동 9
_____

즐거운 활동 10
_____

출처 : *The Mindful Way Workbook*. Copyright 2014 by The Guilford Press.

나의 능숙한 활동 목록

보기 : 서랍 청소하기, 청구서 처리하기, 밀린 이메일 정리하기, 세차하기, 미루어 둔 일(그것이 얼마나 작든지 간에) 하기

능숙한 활동 1
_____

능숙한 활동 2
_____

능숙한 활동 3
_____

능숙한 활동 4

_____

능숙한 활동 5

_____

능숙한 활동 6

_____

능숙한 활동 7

_____

능숙한 활동 8

_____

능숙한 활동 9

_____

능숙한 활동 10

_____

출처 : _The Mindful Way Workbook._ Copyright 2014 by The Guilford Press.

두 번째 단계, 즐거운 활동과 능숙한 활동 목록을 확인한 지금 기분이 상대적으로 양호한 동안에, 바로 지금 당신의 삶 속으로 그 활동들을 짜 넣는다.

스트레스로 지치고, 기진맥진해지고, 우울해지기 전에 당신의 삶 속으로 능숙하고 즐거운 활동들을 짜 넣는다는 것은 이런 걸 의미한다.

1. 당신이 침울한 기분을 알자마자 기분을 고양시킬 수 있는 활동들이 바로 그곳에 있다. 활용할 수 있는 활동들을 이미 가지고 있다는 것은 그 활동들에 대해서 생각할 가능성이 좀 더 많고, '아무것도 아닌 일에 왜 괴로워하는가?'와 같은 부정적인 사고에 직면하여서도 그 활동들을 계속할 가능성이 많다는 것을 의미한다.
2. 당신의 일상적인 삶이 좀 더 행복해지고 좀 더 만족스러워질 것이다.

활동 목록을 가지고 다닐 수 있도록 수첩이나 스마트폰 메모장을 활용하자.

2. 의도가 가장 중요하다

우울증과 저조한 에너지 상태에 활동을 능숙하게 적용해온 수년간의 경험에 따르면 의도의 두 가지 양상이 중심축이 된다는 것을 알 수 있다.

당신 자신의 경험에서 같은 양상들을 인식하는지 알 수 있도록 우리는 여기서 자세히 다룰 것이다.

우울증에서 동기부여는 반대 방향으로 작용한다.

힌트 : 당신이 피로를 느낄 때마다 쉬기 위해서 활동을 포기하지 않는 것이 최선이다. 대신에, 기분과 생각이 "아니오."라고 할 때조차도 '게임에 머무르기', 즉 활동 계속하기, 잠시 활동을 증가시키는 것을 계속하는 것이 가능한지 살펴본다.

조슈아 _ "이것이 내가 MBCT 코스에서 배운 가장 중요한 거예요. 나는 우울할 때, '우울할 때 상황들은 반대로 작용한다.'라는 말을 기억해요.

지금 내가 사용하는 좌우명은 이런 거예요.

'내가 그것을 하고 싶어 해야 할 필요는 없어, 단지 그것을 해야만 해.'

'상황을 정리하려고 노력할 수 있을 정도로 기분이 좋아질 때까지 기다리는 것은 좋지 않아. 그런 방법은 통하지 않아.'

유치원 동기부여 기법들일지라도, 만약 그 기법들이 작동하기만 한다면 난 좋아요. 내가 그 주 동안에 30시간의 프로젝트를 해낸다면 차트에 금으로 된 별을 걸어달라고 파트너에게 요구하면서 큰 프로젝트 하나를 마쳤어요(당시에 나는 또 하나의 다른 프로젝트에도 파트타임으로 일하고 있었거든요). 작은 것이었지만 그것은 정말 도움이 되었어요.

내가 그런 기법들을 사용할 정도로 어리석구나 하는 생각이 들곤 했어요. 그때, 나는 누군가가 어떤 글에서 말했던 것을 기억했답니다. '바보스럽지만 효과가 있다면, 그것은 어리석은 것이 아니다.'"

카타리나는 열렬한 영화광이었다. 그러나 우울증을 앓게 되면서 그녀는 영화 보러 다니는 것을 그만두었다. '그냥 흥미 없어.' '난 어색하고 혼자일거야.' '다시 외출하는 것을 즐길 수 있을 때까지 기다리는 편이 좋아.'와 같은 생각을 하면서 그녀는 집을 나서기에 충분한 동기가 없었다.

마음챙김 수련을 통해서, 카타리나는 매 순간의 경험과 상황에 생각을 부여하는 방법 사이에서 차이점을 볼 수 있게 되었다. 이것은 그녀가 어깨 부위 통증감각을 다룰 때 특히 분명했다. 그녀의 생각은 그녀에게 통증이 참을 수 없을 정도라고 말했지만, 통증감각들에 숨을 불어넣고 불어넣은 숨을 내뱉음으로써 그 감각들을 참을 만하게 다룰 수 있음을 발견했다.

비슷하게 활용해서, 그녀는 자신의 믿음을 유보하고 영화를 보러 가기로 결정했다. 처음에는 조금 불편했지만, 이야기가 점점 재미있어졌고 편안한 일상으로 돌아감에 따라 기분이 좋았다고 얘기했다. 그 영화는 카타리나의 기분에 즉각적인 영향을 끼치지는 못했지만, 그녀가 기대했던 것 이상으로 그녀를 사로잡았다. 결과적으로, 카타리나가 그 활동들을 할 동기가 있고 없음에 관계없이, 그녀는 주간 활동들에 대한 일정을 잡아서 실행하기 시작했다. 우울증 상태에서 동기부여는 반대로 작용한다는 개념에 대한 실험을 기꺼이 함으로써, 카타리나는 자신에게 동기를 다시 부여하였고 서서히 활동적인 삶을 다시 하도록 활동들이 영향을 끼치게 허용하였다.

친절은 치유를 하고 불친절(혐오)은 치유를 방해한다.

236 _

다음의 두 가지 시나리오를 보자.

시나리오 1
—

톰_ "지난 밤 귀가해서, 텅 빈 아파트로 문을 열고 들어섰을 때 슬픔과 피로감이 나를 덮쳤어요. 기분이 빠르게 우울해지는 걸 느낄 수 있었어요. 그때 나는 활동이 우울증을 없앨 수 있는 길이라는 걸 기억했어요. 즐거운 활동과 능숙한 활동 목록을 생각했고 기분을 바꿀 수 있는 가장 좋은 것 중 하나로 좋아하는 음악 듣기를 선택했어요. 음악을 틀고 편안히 앉아서 음악을 들었어요. 그러나 음악을 들으면서, '이것이 효과가 있을까? 슬픔이 사라질까?' 하고 궁금해하면서 음악보다는 기분에 초점을 맞추고 있는 걸 알았어요. 주의를 다시 음악에 되돌려야 했지만, 그때 나는 자신에게 짜증이 났고 음악이 효과가 없어서 불만스러웠어요. 오히려 내가 나아지기보다는 악화된다고 느껴져, 마침내 음악을 듣지 않게 되었고, 저녁 내내 불만스러운 감정에 휩싸였어요. 난 잠자리에 들었고 그 모든 것이 없어져 기뻤어요."

시나리오 2
—

짐_ "어젯밤 집에 돌아와, 텅 빈 아파트의 문을 열고 들어섰을 때 슬픔과 피로감이 나를 덮쳤어요. 난 기분이 빠르게 우울해지는 걸 느낄 수 있었어요. 그때 나는 활동이 자신을 돌볼 수 있는 하나의 길임을 기억했어요. 즐거운 활동과 능숙한 활동 목록을 생각했고 '바로 지금 어떻게 나 자신을 가장 잘 돌볼 수 있는가?'를 자신에게 물었어요. 그 순간에 스스로를 돌보기 위해, 나 자신에게 친절히 대하는 한 방법으로 내가 좋아하는 음악을 듣기로 했어요. 나는 음악을 틀고, 몸을 편안히 하고, 음악을 들었어요. 나의 마음은 가끔 줄행랑을 쳐버렸지만, 최선을 다해서 나 자신에게 친절하게 대했어요. 나의 몸과 마음이 마침내 친절한 주의를 받고 있다는 것을 느낌에 따라 몸과 마음에서 안도감을 느낄 수 있었어요. 그날 밤 몸을 편안히 할 수 있는 다른 방법에 대한 생각이 마음에 떠올랐어요. 음악이 멈췄을 때, 나는 슬픔과 피로가 약간 사라진 것을 알았죠. 나는 잠들기 전까지 그날 밤의 남은 시간을 아주 즐겁게, 이리저리 한가롭게 보냈어요."

이 두 가지 시나리오에서 서로 다른 의도에 따라 매우 다른 결과를 낸 같은 행동, 즉 '내가 좋아하는 음악 듣기'를 한다.

피하려고 하는 부정적인 의도, 즉 톰이 슬픔과 가라앉는 기분을 **없앨** 목적으로 음악을 사용하는 것(그의 기분이 나아지고 있는지를 확인하고자 제시된 것)은 피하고 싶고 불쾌한 느낌에 기름을 붓는 격이다.

친절하고 긍정적인 의도, 즉 짐이 슬픔과 피로를 느꼈을 때 자신을 **돌보기 위한** 방법으로써 음악을 사용하는 것은 치유될 수 있게 했다.

무엇을 하는가보다 어떻게 능숙하고 즐거운 활동을 하는가, 즉 활동의 배후에 있는 마음 또는 의도가 보다 더 중요하다.

**당신 자신에게 친절한 행동을 하는 것으로써,
최선을 다해 능숙하고 즐거운 활동을 하는 것이 가능한지 보라.**

**기분이 저조하고, 진이 빠지고, 모든 에너지가 사라지고 있거나 사라져 버렸다고 느낄 때,
스스로에게 다음과 같은 질문을 하는 시간을 가져라.
"바로 지금 나 자신을 어떻게 가장 잘 돌볼 수 있는가?"**

3. 방해하는 생각들

"일하러 가는 것처럼, 인생에서는 선택의 여지가 없는 상황이 있어."

"다른 사람들이나 일에 대한 의무를 다해야만, 나 자신을 위해 좋은 것을 할 수 있어."

"나 자신을 위한 시간을 갖도록 키워지지 않았어."

"부모님은 연세가 많으시고 돌봐드려야 해. 나 자신을 우선시하는 것은 잘못이야."

"난 엄마, 직장인, 여성, 아내 그리고 가정주부로서 균형을 잘 잡고 있어. 나 자신을 위한 시간은 어디 있지?"

자신을 위해 더 많은 시간을 가지는 것에 대한 죄책감과 결합된 희망 없음("너무 어려운 일이야.")을 주제로 하는 생각들이 있다. 이러한 생각들은 행복을 증진시키기 위해 효과적인 행동을 하려는 당신의 동기를 약화시킬 수 있다.

그러면 무엇을 할 수 있는가?

재키는 늘 말했듯이, 연이어 발생하는 일로 '정신없을 정도로' 바쁜 병동에서 근무하는 간호사였다. 휴식할 시간조차 없었는데, 앉아서 명상할 시간은 더더욱 없어 보였다. 그러나 그녀는 그 바쁨 속에서 주의를 많이 기울이기 시작했다. 그녀는 가장 정신없이 바쁜 시간 속에서조차 작은 공간이 열려 있음을 알았다. 예를 들어, 그녀는 한 환자에 대한 몇 가지 검사 결과를 알기 위해서 병원의 다른 부서에 있는 사람에게 전화를 할 필요가 있었다. 그녀는 여러 번 전화를 했지만 응답이 없었다. 할 일이 아주 많을 때 다른 부서의 사람이 전화 받기를 기다리는 것은, 그녀의 일 중에 가장 불만스러운 것들 가운데 하나였다. 그녀는 화가 났고, 그렇게 쉽게 불만스러워진 것에 대해 자신을 비난하기 시작했다.

그러고서 그녀는 멈췄다. 그녀가 이리저리 뛰어다니지 않을 수 있기까지 30초가 걸렸다. 즉 그날의 소음 속에서 가능한 침묵의 순간이었다. 그녀는 한걸음 물러나 상대가 전화를 안 받는 순간을 호흡 공간 명상을 할 기회로 이용하기 시작했다. 점차로 그녀는 한걸음 뒤로 물러설 수 있는 많은 다른 시간들을 찾아내기 시작했다. 예를 들면, 약을 담은 카트를 옮길 때, 움직임의 속도를 제한하면서 복도를 걸어갈 때, 또는 환자의 가족을 보기 위해 병동의 다른 쪽 끝까지 걸어갈 때 등이다. 이에 앞서, 그녀는 점심시간이나 병원 화장실에 갈 때 명상 수련을 가장 잘할 수 있을 거란 생각을 했다. 이제 그녀는 하루 내내 틈새 공간, 즉 그날의 나머지 활동들을 위해서 그녀의 생각, 기분 그리고 행동을 탈바꿈시킬 공간들을 찾을 수 있다는 것을 알았다.

마음챙김 수련은 재키에게 다음과 같이 도움이 되었다.

1. 경험으로부터 도망가거나 피하기보다는 '다가가라.'
2. 생각을 생각으로서 보라. 화를 낼 만큼 어리석었다라고 말하는 생각들을 그대로 받아들이지 마라.

재키가 상황에 다가간 방식에서 이러한 두 가지 중요한 변화는 그녀가 처한 상황에 독창적으로 임하게 했고, 몹시 바쁘고 힘든 그녀의 삶 속에서조차 자신을 위한 시간을 가질 수 있도록 바쁜 와중에도 있는 공간들을 찾게 했다.

대응 3분 호흡 공간 명상 하기는 당신 자신의 삶 속에서 당신도 같은 것을 할 수 있는 길을 제시한다. 이것이 이번 주 일상 수련의 주요한 초점이다.

일상 수련

7주차에는 **7일 동안 6번** 다음 연습을 한다.

1. 지속 가능한 마음챙김 수련
2. 규칙적인 3분 호흡 공간 명상
3. 대응 3분 호흡 공간 명상 : 마음챙김 활동의 문

추가로
4. 활동 계획 마련하기

---

1. 지속 가능한 마음챙김 수련

당신이 탐험해왔던 공식 마음챙김 수련의 다양한 형태들(바디스캔, 각기 다른 시간과 유형의 앉기 명상, 마음챙김 스트레칭, 마음챙김 움직임, 마음챙김 걷기, 규칙적인 3분 호흡 공간 명상)에서, 일단은 프로그램이 끝나는 8주 동안 당신이 현실적으로 지속할 수 있는 수련 형태를 정하는 것이 가능한지를 본다.

주중과 주말에는 다른 일상 수련을 하는 것이 좋다. 중요한 것은 당신을 위해 매일 자양분이 되는 정말 중요한 자원으로 마음챙김 수련을 이행하는 동안 현실적인 제약을 아는 것이다.

> **최선을 다해서, 편안하다고 느껴지는 수련을 찾아라. 지속 가능하지 않을 정도로 엄청나게 많은 노력을 기울일 필요는 없다.** (당신을 완전히 포기하게 할지도 모르는) 아주 많은 계획보다는 (당신이 뒤에라도 언제든지 보다 많은 것을 추가할 수 있는) 아주 작은 계획을 세우는 것이 낫다.

매일, 하고자 의도한 것, 실제로 한 것 그리고 그런 정도의 수련을 얼마나 할 수 있는지에 관해서 알게 된 것을 적는다.

이번 주의 끝에, 당신이 오랜 기간에 걸쳐 하고자 의도하는 수련 유형을 완결해야 할 기회가 있을 것이다.

한 주 동안의 수련들
—

1일차
의도한 수련 :

_____

실제로 한 수련 :

_____

알게 된 것 :

_____

2일차
의도한 수련 :

_____

실제로 한 수련 :

_____

알게 된 것 :

_____

3일차
의도한 수련 :

_____

실제로 한 수련 :

_____

알게 된 것 :

_____

4일차
의도한 수련 :

_____

실제로 한 수련 :

_____

알게 된 것 :

_____

5일차
의도한 수련 :

_____

실제로 한 수련 :

_____

알게 된 것 :

_____

6일차
의도한 수련 :

_____

실제로 한 수련 :

_____

알게 된 것 :

_____

    한 주의 수련이 끝난 후, 매일 적었던 것을 살펴보고 되돌아볼 시간을 가진다. 그리고 서 지금부터 지속하고자 하는 공식 수련의 형태를 적을 수 있는지 본다. 아래 박스에 주중 과 주말에 할 다른 형태의 수련에 대해 쓸 수 있는 공간이 있다. 그러나 주중과 주말에 같 은 형태의 수련을 하는 것이 좀 더 편안하다면, 부담 없이 그렇게 한다.

    첫 번째 줄에 **대응 호흡 공간 명상**이라고 쓰고 이 명상을 힘들고 불쾌한 감정을 알아차 리는 첫 대응으로 **항상** 떠올리기를 추천한다.

나의 일상수련 유형
—

평일 :

1.   대응 호흡 공간 명상

_____

2.

_____

3.

_____

주말 :

1.   대응 호흡 공간 명상

_____

2.

_____

3.

_____

출처 : *The Mindful Way Workbook.* Copyright 2014 by The Guilford Press.

---

2. 규칙적인 3분 호흡 공간 명상

이번 주 매일매일 지난주에 정했던 대로, 앞서 결정한 횟수대로 3분 호흡 공간 명상을 하루에 세 번 실시하라.

당신의 수련을 파악하기 위해서, 하루의 말미에 당신이 계획한 호흡 공간 명상을 한 횟수만큼 아래 표에 기입된 R에 동그라미를 쳐라.

1일 : **R R R**	2일 : **R R R**	3일 : **R R R**
4일 : **R R R**	5일 : **R R R**	6일 : **R R R**

3. 대응 3분 호흡 공간 명상 : 마음챙김 활동의 문

지난주 우리는 다음에 해야 할 것에 대한 다른 선택을 제공하는 세 개의 문인 **재진입, 신체, 생각**으로부터 우리를 어떤 장소로 데려오는 대응 호흡 공간 명상을 설명했다.

이번 주에 우리는 또 다른 문, 즉 마음챙김 활동의 문을 소개한다.

호흡 공간 명상 : 마음챙김 활동의 문

—

세 번째 단계에 있는 확장된 알아차림과 재연결한 후에 대응 호흡 공간 명상을 마치게 되면, 몇 가지 **계획된 활동**을 하는 것이 적절해 보입니다.

자신에게 물어보기 : **바로 지금 나 자신을 위해서 무엇이 필요한가? 바로 지금 나는 어떻게 자신을 가장 잘 돌볼 수 있는가?**

우울한 기분에 대응할 때, 다음 활동들이 특히 도움이 될 수 있습니다.

1. **즐거운 일 하기.** 즐거운 활동(233쪽) 목록에서 활동 하나를 선택하거나 또는 즉시 할 수 있거나 적절해 보이는 다른 즐거운 활동도 이용해봅니다.

2. **당신에게 능숙함, 만족감, 성취감 또는 통제감을 주는 일 하기.** 능숙한 활동 (233~234쪽) 목록에서 활동 하나를 선택하거나 또는 가까이에 있거나 적절해 보

이는 능숙한 활동도 이용해봅니다. ① 일을 더 작은 단계와 더 작은 덩어리로 나누어서 한 번에 하나씩만 다룰 것과 ② 어떤 일 또는 일의 한 부분을 마칠 때마다 당신의 노력에 고마움을 표할 순간을 가질 것을 기억합니다.

3. 마음챙김으로 활동하기(247쪽의 현재에 머물기를 읽어봅니다). 최선을 다해, 주의를 바로 지금 당신이 하고 있는 것에만 둡니다. 그리고 특히 신체감각에 주의를 기울이면서 마음을 바로 이 순간에 있는 그대로 둡니다. 스스로에게 자신의 활동을 부드럽게 말하는 것이 도움이 됩니다. (예를 들면, "지금 나는 계단을 내려가고 있어. … 지금 나는 손 아래에 있는 난간을 느낄 수 있어. … 지금 나는 주방으로 걸어가고 있어. … 지금 나는 전등을 켜고 있어.") 그리고 무엇인가를 할 때 자신의 호흡을 알아차리고, 걸을 때 자신의 발이 바닥에 닿는 것을 알아차립니다.

기억하라

1. 최선을 다해서, 하나의 실험으로 활동을 합니다. 활동을 마친 뒤에 어떻게 느낄 것인지 미리 판단하는 경향을 놓을 수 있는지 봅니다. 이렇게 하는 것이 도움이 되든 안 되든 관대하게 수용합니다.

2. 활동의 범위를 고려하고 좋아하는 몇 가지 활동에 자신을 한정시키지 않습니다. 때로는 새로운 활동을 시도하는 그 자체로 흥미로울 수 있습니다. '탐험'과 '탐구'는 종종 '후퇴'와 '물러섬'에 상반됩니다.

3. 기적을 기대하지 않습니다. 최선을 대해서 계획한 것을 실행합니다. 기적을 기대하면서 상황이 극적으로 변하게 될 거라고 스스로에게 압박을 더하는 것은 현실적이지 않습니다. 오히려, 기분이 변할 때 이런 활동을 하는 것은 전반적으로 당신의 통제감을 형성하는 데 도움이 됩니다.

4. 당신이 활동을 하고 싶을 때까지 기다릴 필요는 없습니다. 바로 행동하십시오.

이번 주 매일, 계획했던 규칙적인 호흡 공간 명상에 덧붙여서, **당신이 불쾌한 감정을 알아차릴 때마다** 호흡 공간 명상을 하고, **최소한 하루에 한 번** 위의 안내문을 참고하여 **활동의 문**을 활용해보라.

매일, 이 새로운 문에 대한 당신의 경험을 아래에 기록한다(**어떤 상황이었는가? 당신은 무엇을 했는가? 무엇이 일어났는가?**).

1일차

상황 :

_____

활동 :

_____

결과 :

_____

> 근무하다가 오후 3시쯤 되었을 때, 피곤하고 무기력감이 커지는 것을 느낄 수 있었어요. 이것에 관해 내가 무엇을 할 수 있을지 궁금했지만, 내가 했던 '쇼핑가기,' '친구 만나기'와 같은 생각들은 현실성이 없었어요. 그래서 나는 3분이 아닌, 아마도 모두 합쳐 1분 정도의 호흡 공간 명상을 하고 나서 "바로 지금 어떻게 나 자신을 가장 잘 돌볼 수 있는가?"라고 자신에게 물었어요. 그러자 **"마음챙김하며 커피 마시기"**라는 대답이 불쑥 튀어나왔어요. 나는 친절하게, 커피 한 잔을 마치 건포도를 먹을 때처럼 조금씩 마시면서 그 경험에 정말로 주의를 기울이며 5분간을 나 자신에게 '선물'했답니다. 그런 다음 나는 조금 더 편안하게, 조금 더 여유로운 마음으로, 상쾌한 기분으로 업무에 복귀했어요.

> 아주 좋다! 다른 장소에서 '다시 시작'하기 위해서 종종 약간의 기분 변화만 있어도 충분하다. 그때 우리는 똑같은 낡은 습관을 따라 가지 않고, 새롭고 다른 방식으로 삶을 펼칠 수 있다.

현재에 머물기

―

알아차림의 한 방법으로써 신체를 활용한다는 것을 기억합니다. 그것은 자세에 대한 마음챙김 하기처럼 간단한 것일 수도 있습니다. 당신은 아마도 이 글을 읽을 때 앉아 있을 것입니다. 이 순간 당신의 신체에서 느껴지는 감각은 무엇입니까? 당신이 글을 다 읽고 나서 일어설 때, 일어서는 감각, 다음 활동을 위해 걸어가는 감각, 하루의 마지막에 눕는 감각을 느껴봅니다. 움직일 때, 어떤 것을 잡으려고 할 때, 돌아설 때, 당신의 몸에 머물러 봅니다. 말 그대로 너무나 간단합니다.

당신이 하는 작은 움직임까지도 아는 것이 제2의 천성이 될 때까지, 거기에 있는 것(그리고 몸이 항상 거기에 있음)을 느끼면서 오직 꾸준히 수련합니다. 만약 어떤 것을 잡으려 한다면 당신은 어떻게든 그렇게 할 것이고, 거기에는 당신이 해야 할 것 외에는 아무것도 없습니다. 손을 뻗는 것을 단지 알아차립니다. 당신은 움직이고 있습니다. 당신은 그곳에 존재하고, 그것을 느끼도록 스스로 훈련할 수 있습니까?

매우 간단한 일입니다. 주의를 몸으로 되돌리는 연습을 반복해서 해봅니다. 역설적으로, 순간으로 편안히 돌아오는 이 기본적인 노력을 통해 우리는 공식 명상 시간에서 마음챙김으로 하는 일상의 생활에 이르기까지 알아차림을 확장할 수 있는 열쇠를 얻습니다. 온종일 간단한 움직임을 느끼는 것에서 당신이 얻게 되는 힘을 과소평가하지 마십시오.

– 조셉 골드스타인

2일차

상황 :

_____

활동 :

_____

결과 :

_____

나는 해야 할 모든 일이 부담스러웠고 기진맥진한 상태였어요. 그래서 능숙한 활동이나 즐거운 활동을 해야 한다는 생각이 '해야 할' 목록에 있는 것처럼 느껴졌어요. 그렇지만 어찌 되었든 난 호흡 공간 명상을 했고 "지금 나에게 필요한 것은 무엇인가?"라고 자신에게 물었죠. 휴식, 평화, 나 자신을 위한 잠깐의 시간이라는 느낌을 아주 선명하게 받았어요. 하지만 내가 그냥 소파에 누워서 반추할 거라는 걸 알았고, 그래서 몸을 단순하게 움직이면서 휴식하자고 마음먹었어요. 결국 그냥 마음챙김으로 이리저리, 매우 천천히, 매우 부드럽게 걸어 다녔어요. 그러니까 아주 평화롭고 편안했어요. 여느 때와 달리 나를 좀 돌보는 것이 좋았어요.

결국 예상하지 못했던 것을 했지만 그것이 당신에겐 필요한 것이었다. 그 일은 열린 마음으로 호흡 공간 명상을 활용한 훌륭한 사례이다. 잘했다!

3일차

상황 :

_____

활동 :

_____

결과 :

_____

나는 호흡 공간 명상을 했고, 활동의 문을 열어 '능숙한 활동'으로, 내가 미뤄오던 잔디 깎기를 하기로 했어요. 그 일을 하기 위해서, 나는 두 개의 잔디밭을 더 작은 부분으로 나누었어요. 잔디 깎기는 오래 걸리지 않았고, 그걸 한 게 기뻤어요. 그러고 나서 "많지도 않잖아. 큰 것도 하면 안 되니?" 하고 머릿속에서 불평하는 목소리가 들렸어요. 잠시 한숨을 쉬고 어깨를 으쓱하고서 다시 시작하려던 찰나, 이 일은 나 자신을 돌보려던 의미였다는 것을 기억했죠. 나에게 친절하자 생각하고는 잔디 깎는 기계를 치우고 쉬었어요. 작은 승리를 한 것 같은 느낌이 들었어요.

아주 중요한 일을 했다! '해야 하는' 일, '하는 것이 당연한' 일, 그리고 '해야만 하는' 일에 직면하여 자신에게 친절하게 대하는 매 순간마다 당신은 새로운 존재방식에 씨앗을 심는 것이다.

어떤 일의 전체나 일부를 마칠 때마다
자신에게 "잘했어."라고 말하는 것을 기억하라.

하나의 활동을 좀 더 작은 부분, 좀 더 다루기 쉬운 단계로
나누는 것이 실제로 도움이 될 수 있다.

시간에 따라서 (잠시 동안만 할 것 그리고 그만두기 위해서 스스로 허락을 해야 하는 것) **또는**
활동에 따라서 (책상을 전부 치우기보다는 일부만 치우는 것과 같이 좀 더 큰 활동의 부분만 하는 것)
하나의 활동을 나눌 수도 있다. 그리고 활동의 각 단계가 끝난 뒤에는
자신이 한 것에 감사하기 위해 잠시 멈추어라.

4일차

상황 :

_____

활동 :

_____

결과 :

_____

> 맨 먼저 호흡 공간 명상을 해야 할 필요가 있는 건지 여전히 확신이 없어요.
> 곧바로 능숙한 활동과 즐거운 활동을 하는 것이 더 간단하지 않나요?

> 이것은 호흡 공간 명상을 하고 행동할 때와 하지 않고 행동할 때를 실험함으로써 스스로 확인할 수 있다. 당신의 활동은 행위양식이라기보다는 존재양식에서 생겨나기 때문에 항상 호흡 공간 명상으로 시작하기를 권한다. 이것은 행동이 혐오감보다는 좀 더 독창적으로 전체적인 상황을 비추는 친절함으로부터 일어날 가능성이 더 많다는 것을 의미하고 그리고 당신은 생각으로 생각을 차단하는 것을 좀 더 많이 볼 수 있을 것이다. 그리고 물론 호흡 공간 명상을 하고 난 뒤에, 다른 문도 함께 열어서 활동의 문을 다음 기회를 위해 남겨두는 것이 더 적절하다는 것을 알 수도 있다.

호흡 공간 명상은 프로그램의 더 넓은 측면을
우리와 연결시키기 때문에 도움이 된다.
이 명상은 당신이 배웠던 모든 것을 상기시키는 형태로,
"파티에 자신의 친구를 모두 데려간다."

5일차

상황 :

_____

활동 :

_____

결과 :

_____

계속 마음이 울적했고 친구를 만나지 않는 것이 습관이 되었어요. 친구를 만나는 것은 노력이 많이 필요한 것 같았고, 내가 즐기지 못할 거라서 내가 지루해하는 것을 친구들이 눈치챌 거라고 생각했어요. 그때 친구들 중 몇 명이 나를 식사에 초대했어요. 흔히 하는 생각들이 마음속에 지나갔죠. 밝은 주황색 글자로 "오늘은 다른 것을 하라."라는 로고를 붙인 슈퍼마켓 배달트럭을 보았을 때 난 몇 가지 핑곗거리를 찾고 있었어요. 그래서 나는 호흡 공간 명상을 했고, 그 생각의 문을 열어서 '생각은 사실이 아님'을 기억하고는 활동의 문을 열기 위해 나아갔어요. 결국 나는 친구들과 함께했죠. 쉽지는 않았지만, 내가 노력한 것에 정말로 기뻐하는 나를 보고서 친구들이 아주 기뻐해 주었어요.

행동을 취하는 것이 가장 중요한 일이 되는 때가 있다. 즉, 당신이 하고 싶지 않은 것을 할 용기를 내는 것이 당신의 몸과 마음이 가장 필요로 하는 것일 수도 있다.

6일차

상황 :

_____

활동 :

_____

결과 :

_____

주말이었어요. 혼자 있었는데 날씨는 추웠고 비까지 오고 있었죠. 참 비참한 느낌이 들었어요. 나는 무언가 하려고 생각했지만, 그것은 노력을 아주 많이 해야 할 것 같아서, 소파에서 쉬고 있었지만 전혀 도움이 되지 않았어요. 마침내 나는 호흡 공간 명상에 관심을 가지고 활동의 문을 선택했어요. 나는 몸을 움직일 필요를 느꼈지만, 빗속에서 산책을 할 생각은 별로 없었어요. 그러다가 "우울증에서 동기부여는 반대로 작용한다. 그냥 행동하라!"는 말이 문득 생각났어요. 그래서 그대로 밖으로 나갔어요. 머리카락에 부딪히는 바람, 나를 정신 차리게 했던 피부에 닿는 빗물, 그리고 마음을 선명하게 했던 걷기 자체를 실제로 즐겼어요. 나는 30분간 산책을 했죠. 그러고 나서 친구에게 전화를 걸어 만나자고 했어요.

저조한 기분은 당신의 생각과 느낌뿐만 아니라 몸에도 영향을 끼친다는 것을 기억하는 것이 도움이 된다. 육체적인 운동이 기분을 끌어올리는 데 놀라울 정도로 강력한 효과를 보일 수 있다.

신체 활동은 우울한 기분일 때 생기는 피로감과 무력감을 반전시킬 수 있다.

4. 활동 계획 마련하기

지난주에는 조기경보 징후, 즉 상황이 악화되기 시작하고 있어서 건설적인 행동을 할 시간임을 당신(과 주위의 사람들)에게 알릴 신호 유형을 확인했다. 이번 주 목표는 실제로 무엇을 할 것인지 구체적인 사실에 근거한 계획을 마련하는 것이다.

> 활동 계획을 마련하고 필요한 순간에 실행할 때 함께할 수 있도록 친구들과 가족들을 참여시키는 것이 가능한지 살펴보라.

당신은 조기경보 징후를 알아차릴 때 어떤 방법으로 가장 능숙하게 대응할 것인가?

이 워크북에 기입한 것을 되돌아보는 것뿐만 아니라 수년간에 걸친 경험에 비추어보는 것이 도움이 될 수 있다. 이 두 가지는 당신이 해왔던 것과 도움이 된다고 발견했던 것을 떠올리게 하는 정말로 좋은 방법일 수 있다.

과거에, 기분이 나빠지기 시작할 때 도움이 되는 것은 무엇이었는가?

_____

_____

_____

_____

_____

_____

_____

당신이 느끼고 있는 정신적인 고통이나 우울감에 능숙하게 대응한 것은 무엇이었는가? (이 과정에서 당신이 배워온 것을 포함해서) 덧붙이지 않고 혼란스러운 생각과 감정에 어떤 방법으로 가장 잘 대응할 수 있었는가?

_____

_____

_____

_____

_____

_____

당신은 이러한 힘들고 고통스런 순간에 어떻게 자신을 가장 잘 돌볼 수 있는가? (예를 들면, 마음을 달래주는 것들, 자양분이 되는 활동들, 연락할 수 있는 사람들, 고통에 현명하게 대응하기 위해 할 수 있는 작은 일들)

_____

_____

_____

_____

_____

_____

과거에, 상황을 통제할 수 없기 시작했을 때 자신을 위한 조치를 방해하는 것은 무엇이었는가? 만약에 이런 장애가 미래에도 일어난다면, 그 장애를 어떻게 다룰 것인가?

256~257쪽에서, 조기경보 징후에 관한 지난주의 메모뿐만 아니라 위의 메모에서 알 수 있는 것을 요약할 수 있게 **활동 계획**, 즉 당신이나 친구들 또는 가족들이 조기경보 징후를 알게 될 때, 당신이 그에 대응하기 위한 하나의 틀로 사용할 수 있는 것을 구체적으로 적어본다.

마치 곤경에 처한 소중한 친구에게 편지를 쓰듯이 자신에게 친절한 편지를 보내듯이 쓰는 것이 도움이 될 것이다. 그러한 뜻에서, 그 편지를 다음과 같이 시작할 것을 제안한다. "아마도 당신은 이러한 생각에 관심이 많지 않을 것이라는 것을 알지만, 당신이 다음과 같이 하는 것이 매우 중요하다고 생각한다."

다음과 같은 틀이 도움이 될 것이다.

단계 1 : 항상 **호흡 공간 명상**으로 시작한다. 우리는 당신을 위해서 이 내용을 썼다.
단계 2 : **최선을 다해 당신 자신을 챙기기 위해** 과거에 도움이 되었던 수련을 선택한다.
　　　　예를 들면, 마음챙김 움직임, 바디스캔, 오디오 들으면서 앉기 명상, 도움이 되었던 과정에서 알았던 것 상기하기, 생각을 검토하게 하는 호흡 공간 명상 자주 하기, 당신을 '지혜로운' 마음으로 '재연결'해줄 수 있는 것 읽기.

단계 3 : 비록 소용이 없어 보일지라도, **즐거움**과 **능숙함**을 느끼게 할 **활동을 한다**(예를 들면, 당신의 즐거운 활동과 능숙한 활동 목록에 있는 활동을 한다). 활동을 작은 부분으로 나눈다(예를 들면, 어떤 일의 부분만 하거나 단기간이나 편리한 기간에만 일을 한다).

**어려움에 처한 순간 당신이 필요로 하는 것은
이 과정 내내 이미 여러 번 수련해왔던 것과 다르지 않다.**

나의 활동 계획

—

_____ 님

당신이 이런 생각에 그다지 관심이 없다는 것을 알지만, 상황이 통제를 벗어나기 시작한다고 알려주는 다음의 징후들을 당신이나 당신 주위의 사람들이 알자마자 당신이 활동을 취하는 것이 매우 중요하다고 생각합니다.

1. _____   2. _____

3. _____   4. _____

5. _____

나는 다음의 활동을 권합니다.

단계 1 : 호흡 공간 명상으로 시작합니다.
단계 2 : 최선을 다해 당신 자신을 챙기기 위해서 아래의 수련들을 활용합니다.

_____

_____

_____

단계 3 : **즐거움**과 **능숙함**을 느끼게 하는 아래의 활동을 합니다.

_____

_____

_____

건설적인 활동을 방해할 수 있는 다음의 장애들을 **유념합니다.**

_____

_____

_____

이 순간에 당신이 필요한 것은 MBCT 과정 내내 당신이 이미 여러 번 수련해왔던 것과 다르지 않습니다.

행운을 빕니다!

서명 _____ 날짜 _____

이 계획을 친구와 가족들과 복사해서 나누고 싶다면, 그렇게 해도 괜찮다.

압도되는 듯한 느낌일 때

아마도, 기분이 순식간에 압도되어 무언가를 해보는 것이 불가능하게 느껴지는 날이 있을 것이다.

그와 같은 순간에, 그때라도, 변화를 가져오기 위해 할 수 있는 것들이 있음을 기억하는 것은 필수적이다. 가장 중요한 것은, 아무리 조금일지라도 약간의 통제감을 되찾는 것이다.

> 만약 이러한 순간에 1%라도 기분을 개선시킬 수 있다면, 아주 중요한 변화를 이룬 것이다.
> 즉 이 순간의 특성은 다음 순간에 영향을 끼치고, 그것은 또 그 다음에 영향을 끼치고,
> 이렇게 계속 이어진다.

하나의 작은 변화는 결국 많은 영향을 끼친다.

스티브_ "나는 지난 몇 년 동안 일과 관련된 스트레스와 우울증 때문에 1년 중 하반기 내 내 직장에서 여러 번 휴가를 받아야 했어요. 명상, 인지치료, MBCT 중 특히 바디스캔을 포함해서 우울증에 이용할 수 있는 많은 다양한 치료를 받았어요. 정말로 낙담했을 때, 나는 정말로 쓸모가 없으며, 영원히 그럴 거라고 느꼈어요. 내가 정말로 우울했을 때 도움이 되지 않는 접근법 중의 하나는 퇴근시간 후에도 더 오래 사무실에 머무는 것이 일을 해결하는 방법이라고 생각한 것이었어요. 그러나 그렇지 않았어요. 그 방법은, 당시에 아마도 나를 가장 우울하게 하는 환경에서 일은 점점 더 적게 하면서 시간만 오래 보내는 것이었죠."

"요즈음 나는 포괄적인 '모든 일 다 하기' 전략을 펼칠 수가 없어요. 그 모두를 써넣었다 하더라도, 할 수 있다면 나는 그것을 조금도 하지 않을 거예요."

"요즈음 나의 전략은 이런 거예요. 즉 '스티브, 어떤 거라도 해, 무엇이든지.' 나는 아주 조금은 유용한 어떤 것이 일을 시작하게 할 수 있고 나를 기분 좋게 할 거라는 것을 알게 되었어요. 정말 작은 일이겠지만, 무엇을 한다는 것은 정말로 중요하죠. 그리고 가능하다면, 가깝고 신뢰하고 있는 동료와 같이 하죠. 방금 나는 쓸모 있는 것을 다시는 못 할 거라고 생각하고 있었는지도 몰라요. 그러나 그때 내가 무언가를 한다면, 그것이 비록 아주 사소한 일이라도 '다시는 할 수 없을 거야.'라는 치명적인 믿음이 진실이 아님을 보여주지요.

여름 날

―

누가 이 세상을 만들었을까요?
누가 백조와 검은 곰을 만들었을까요?
누가 메뚜기를 만들었을까요?

메뚜기를, 내 말은 그러니까,
풀 밖으로 튀어나온 이 메뚜기를,
내 손에 묻은 설탕을 먹고 있는 이 메뚜기 말이에요
턱을 위아래로 움직이는 대신 앞뒤로 움직이며
엄청나게 크고 복잡한 눈으로 사방을 주시하고 있는 이 메뚜기를 말이죠.

이제 메뚜기는 창백한 앞다리를 들고 얼굴을 깨끗이 씻고 있어요.
그러고는 날개를 활짝 펴서 날아가 버리네요.

난 메뚜기의 기도가 무엇인지 정확히 모릅니다.
어떤 식으로 세상을 바라보고,
어떤 식으로 수풀 속으로 떨어지고
어떤 식으로 풀 속에서 무릎을 꿇는지,
어떻게 한가하고 즐겁게 지내는지,
어떻게 들판을 산책하는지 나는 압니다.
그것들은 바로 내가 하루 종일 해왔던 것이니까요

제게 말해주세요.
내가 달리 뭘 했어야 했는지요?
모든 것은 결국 죽지 않던가요, 너무 일찍?
제게 말해주세요.

단 하나뿐인 본연의 소중한 삶에서
당신이 하려는 일은 무엇인지?

– 메리 올리버

week 8 :
이제 무엇을 해야 하는가?

오리엔테이션

단 하나뿐인 본연의 소중한 삶에서 당신이 하려는 일은 무엇인지?

메리 올리버의 시(259쪽)에서 그녀가 제기한 이 중요한 질문에 당신은 어떻게 대답할 것인가?

MBCT 프로그램은 더 큰 행복, 전체성, 만족감, 그리고 안녕감에 대한 당신 마음속 가장 깊은 곳에서의 소망을 깨닫도록 어떻게 하는가?

사람들이 MBCT에서 가장 소중하다고 알게 되는 것은 매우 다양하다. 아래에 이전의 참가자들이 말했던 몇 가지가 있다.

> "18살 된 딸에게 짜증과 화를 덜 내게 되었어요. 딸아이와 좀 더 건설적으로 관계를 맺을 수 있어요."

> "지금은 기분이 저하되거나 우울이 시작되는 것을 느낄 때 사용할 전략을 가지고 있어요."

> "만약 내가 무엇을 책임진다면, 그 일이 실패할 거라는 항상 갖는 두려움 대신에, 내가 자원을 가지고 있음을 느껴요."

> "자기수용을 더 많이 하게 되어서, 과거에 우울하고 불안해서 느꼈던 수치심을 벗어버렸어요."

> "나는 내부의 힘을 발견했어요."

> "지난 수년간 억눌러왔던 감정들이 있었어요. 내 인생을 진짜로 살기 위해서, 나는 그 감정들을 느껴야 했어요. 삶에 대한 나의 전체적인 관점이 바뀌었어요."

수련에 투자한 시간과 노력에서 얻었던 많은 것이 바로 지금 당신에게 분명하지 않을 수도 있다는 것은 당연하다.

8주차에서는 MBCT 프로그램에서 당신 자신의 경험을 되돌아볼 기회를 가진다. 즉, **당신은 무엇을 경험했는가? 당신은 무엇을 알았는가? 당신에게 무엇이 가장 가치 있었는가?**

지난 몇 주간에 걸친 인내와 지속의 열매를 당신의 나머지 인생으로 가져갈 방법을 고려할 때에, 당신이 발견했던 것을 실제로 말로 옮기는 것은 자신에게 그것을 상기시키고, 당신을 격려하고 또 격려할 수 있다.

8주차는 MBCT 프로그램의 끝이 아니라 마음챙김을 통해 새로운 발견을 해나가는 여행의 시작이라 할 수 있겠는가?

> **진정한 8주차는 우리 삶의 남은 날들이다.**
> – 존 카밧진

MBCT 수업을 할 때, 이 시점에서 다시 원점으로 돌아와 1주차 프로그램 가운데 가장 먼저 한 바디스캔을 한다.

만약 수업에 참여하고 있지 않다면, 바로 지금 그와 같은 것, 즉 프로그램 전체에 대한 당신의 경험을 거슬러 올라가 되돌아보기를 계속하기에 앞서 존재양식으로 재진입하고 싶을 것이다. 이 책에 포함되어 있는 CD의 안내음성이 있건 없건 간에 자유롭게 해본다.

무엇을 알아차렸는가? 당신의 경험은 1주차의 경험과 어떻게 같았고 또 어떻게 달랐는가? (그때 메모했던 것을 되돌아볼 수도 있다.) 유사점과 차이점에 대해서 적어본다.

_____

_____

_____

_____

_____

_____

그리고 전체 과정에 대한 당신의 경험을 보다 폭넓게 되돌아보기 위해 지금 되돌아서서, 아래 MBCT의 목표 2가지를 마음에 새기는 것이 도움이 될 것이다.

목표 1 : 감정적 고통을 만들고 지속적인 괴로움으로 빠져들게 하는 마음의 습관적인 패턴을 좀 더 일찍 인지해서 더욱 능숙하게 대응하기

목표 2 : 새로운 존재양식 함양하기
- 마음에서 파괴적이고 습관적인 패턴이 야기될 가능성이 적다는 것을 의미하는 존재양식
- 더 큰 안녕감, 편안함 그리고 만족감을 가지고 삶을 영위하게 하는 존재양식
- 감정적 혼란을 지나가도록 친절하게 안내하는 마음 내부의 지혜를 신뢰하도록 더 많은 준비를 하는 존재양식

다른 사람들은 MBCT에서 무엇이 가장 도움이 된다고 하는가? 아래에, 참여자들이 우리에게 말하는 것 중에서 가장 자주 언급하는 주제 몇 가지가 있다.

이런 것들이 당신에게는 얼마나 중요했는가?

1에서 10까지 점수를 적는다. 1은 전혀 중요하지 않음을 의미하고, 10은 매우 중요함을 의미한다.

주제	점수 (1~10)
기분이 저조해지는 것을 아는 것과 조기경보 징후를 인식하는 것	_____
부정적인 생각과 감정의 유형에서 빠져나오는 새로운 방법들 알기	_____
부정적인 생각과 감정을 다르게, 즉 '내'가 아니라 정서적 꾸러미의 부분으로 보기	_____
원하지 않는 정서에 직면해서 무력감을 조금 덜 느끼기	_____
많은 사람들이 우울과 여러 곤란한 정서를 경험하고 있고 그래서 '나뿐만'이 아니라는 것을 보면서 혼자라고 덜 느끼기	_____
나 자신에게 조금 더 친절하고 조금 덜 비판하기	_____
나 자신을 조금 더 소중하게 여기기, 즉 나 자신의 욕구를 인식하고 충족시키기	_____

경험을 되돌아보는 또 다른 방법으로, 마음의 존재양식의 핵심 특징들 (40~46쪽)을 회상하고 이러한 각각의 특징들이 지금 당신에게 얼마나 중요한지 위와 동일하게 1에서 10까지의 점수로 평가한다.

알아차림과 ('자동조종 상태'와 대조되는) 의식적인 선택으로 살아가기　　　　_____

(사고하는 것과 대조되는) **감각을 통해 경험을 직접 아는 것**　　　　_____

(과거와 미래에 사는 것과 대조되는) **이 순간, 지금, 여기에 존재함**　　　　_____

(불쾌한 것을 피하는 것과 대조되는) **모든 경험에 관심을 가지고 다가가기**　　　　_____

(다른 것이 되도록 바라는 것과 대조되는) **상황을 있는 그대로 존재하도록 허용하기** _____

(반드시 진실이고 현실로 보는 것과 대조되는) **생각을 정신적인 사건으로 보기**　　　　_____

(당신이나 다른 사람들의 노력에 상관없이 목표 달성에 초점을 맞추는 것과 대조되는)
친절과 연민으로 자신을 돌보기　　　　_____

지금까지 MBCT에서 유용했다고 느끼는 중요한 방법들을 아래에 적어본다(중요한 변화에 대한 작은 힌트를 포함해서, 비록 그 자체만으로는 완전히 드러날 기회가 아직까지 없었던 것도 적는다).

_____

_____

_____

_____

_____

_____

_____

조앤 _ "내가 마음챙김을 경험하게 해줘서 진심으로 감사해요. 마음챙김은 나에게 아주 깊은 영향을 끼치고 있어요. 마음챙김은 표면 아래에서 조용히 작용하고 있어요."

"나는 이제 아이들과 잘 지낼 수 있고, 그날의 업무에 대해 생각하면서 살기보다는 우리가 함께할 수 있는 것에 몰두할 수 있는 것을 알아요. 나는 아이들을 관찰하고 따라요. 지루함과 짜증을 알아채죠. 그게 명상할 때 마음이 방황하는 방식과 다르지 않은 걸 알 수 있어요. 다시 말해서, 내 마음이 어른들이 할 일이나 압박으로 옮겨갔고, 아이들과 함께하는 데 완전한 주의를 기울이지 않고 있다는 것이죠."

"가끔 감정이나 생각 또는 소리에 주의를 기울이면 어떤 강렬한 감정을 느낄 때도 있고, 여러 해 만에 처음으로 어릴 때 얼굴에 와 닿던 바람과 고향집 위에 있던 구름의 느낌을 기억해낼 때도 있고, 그리고 발견할 수 있는 세계에 대해, 커다란 가능성에 대해, 젊은이다운 낙관과 기쁨에 대해서 전반적인 신체적, 정서적 에너지를 다시 느낄 때가 있어요. 이것은 뜻하지 않았던 기쁨이에요."

**마음챙김 수련을 하면서 얻은 이점에 대해 돌아봄으로써,
앞으로 자신의 수련을 지지할 좋은 의도라는 씨앗을 심는다.**

앞날 생각하기

이 시점에서, 고려해야 할 다음과 같은 두 가지 중요한 질문이 있다.

1. 나는 왜 어떤 유형의 마음챙김 수련을 계속하고 싶어 하는가?
2. 어떤 유형의 수련을 할 것인가?

먼저 그 이유를 생각해보자.

수련을 계속하는 이유는?

내가 정말로 계속할 필요가 있을까?
나는 8주 동안 많은 시간과 노력을 들였어. 나는 그러고 싶었어.

이해된다. 당신이 더 이상 공식 마음챙김 수련을 하지 않을지라도 당신의 삶은 달라지고 좋아질 것이다.

그러나 모든 증거에 따르면, 결국 MBCT에서 가장 많은 혜택을 받는 사람은 하루에 단 몇 분일지라도 어떤 형태의 마음챙김 수련이라도 꾸준히 하는 사람이다. 당신이 이미 시간과 노력을 투자한 것에서 완전한 혜택을 누리기 위해서는, 마치 새로운 언어를 배우듯 조금이라도 수련을 계속하는 것이 이 새로운 기술을 생생하게 하고 활용할 수 있게 한다는 것을 기억하는 것이 좋다.

가끔 수련을 하고 싶지 않더라도, 왜 수련을 해야만 하는지 또는 마음챙김이 있어야 하는지를 모르겠어요. 내가 알게 된 것이 하나 있다면, 그것은 '해야 하는 것들'이 행위양식의 일부라는 것이죠.

그렇다. 다른 일에 대한 우리의 경험에 따르면 '해야 하는 일들'은 수련이 오랫동안 지속되지 않게 할 것이다. 좋은 대안은 당신이 수련을 지속해야 할 몇 가지 긍정적인 이유를 확인하는 것이다. 그래서 수련을 하고 싶든 혹은 하고 싶지 않든 간에, 수련을 계속할 동기를 부여하는 것이다.

수련을 계속하기 위한 의도와 당신이 이미 깊은 관심을 가지고 있는 어떤 것을 관련시킬 수 있는가?

당신이 이미 관심을 가지고 있는 어떤 것에 관련지어
마음챙김 수련을 지속하도록 자신에게 긍정적인 이유를 제시하는 것은
엄청나게 힘을 실어주는 것이다.

마음챙김 수련을 지속하기 위한
진심 어린 의도 찾기

—

당신은 이러한 연습이 도움이 되는 것을 알 수 있을 것입니다.

편안하고 이완된 자세로 자리에 앉습니다. 마음을 모으기 위해 잠시 마음챙김 호흡을 하고, 괜찮다면 눈을 감습니다.

알아차림을 하면서 당신의 마음에 다정하게 다음 질문들을 떠올려봅니다.

"수련을 통해 도움을 받을 수 있는 (내가 가장 소중하게 생각하는) 나의 삶에서 가장 중요한 것은 무엇인가?

매끄럽고 동그란 조약돌이 깊은 우물 아래로, 또는 호수의 차갑고 투명한 물속으로 천천히 깊이깊이 떨어질 때처럼 그 질문을 마음속에 떠올려봅니다. … 조약돌이 떨어질 때, 그 질문을 알아차림 속에서 계속 떠올려봅니다. … 하나의 답이 마음속에 떠오를 수도 있고, 그렇지 않을 수도 있습니다.

조약돌이 바닥에 닿을 때, 잠시 동안 바닥에서 쉬게 하고 알아차림 속에서 더 많은 대답에 마음을 열어둡니다.

질문에 관해서 생각하거나 그 답을 알아내려고 노력하거나 또는 대답을 빨리 찾으려고 할 필요는 없습니다. 그 대신, 일상적인 의식 수준을 넘어선 당신 존재의 깊은 곳에서, 알아차림 그 자체의 방법과 그 자체의 시간으로 질문에 대답하게 하는 것이 가능한지 봅니다.

당신이 그 질문을 처음으로 바라볼 때 아무 대답도 떠오르지 않거나, 떠오른 대답도 어떤 면에서는 '그리 정확하지 않다'는 느낌이 드는 것은 당연한 일입니다. 언제라도 이럴 수 있다는 것을 기억합니다.

준비가 되면, 잠시 깊이 숨을 들이쉬고 내쉬면서 천천히 눈을 뜹니다.

만약 당신이 깊은 관심을 가진 어떤 것과 관련하여 마음챙김 수련을 할
이유를 발견한다면, 그 이유가 필요할 때마다 자신에게 상기시키고
자신을 다시 격려하여, 자신을 수련으로 이끄는 진심 어린 이유로
재연결할 수 있도록 아래에 적어 봅니다.

나는 다음과 같은 이유 때문에 최선을 다해서 계속 수련할 생각이다.

_____

_____

_____

_____

_____

_____

_____

조앤 _ "마음챙김을 통해서 나는 아이들과 친밀해졌어요. 아이들에게 관심이 많기 때문에 마음챙김 형태로 매일 수련하려고 해요. MBCT 과정 8주 동안, 아이들과 더 많은 시간을 가진 것 같아요. 아이들에게 더 많이 다가갔고, 아이들과 함께 있는 것이 훨씬 더 즐거워졌어요. 의외였지요. 과정 초기에는 매일 수련을 해야 하는 시간 때문에 아이들과 남편에게서 멀어질 거라고 걱정했거든요. 그러나 사실은 정반대의 상황이 일어났고, 오랜 시간 동안 지냈던 것보다 지금 가족들과 더 가깝게 느껴져요."

> 캐리_ "나는 자연 속의 모습을 소중하게 여겨요. 그래서 나뭇잎들을 바라보고 바람이 머리카락에 닿는 것을 느껴보지요. … 예전에는 개를 산책시키면서도 내 주위의 어떤 것도 전혀 알아차리지 못했어요. 그저 해야 할 일이었을 뿐이었거든요. … 이제는 기쁨을 많이 느끼고 있어요. 이 것이 내가 신경 쓸 일이에요."

> 모_ "나는 신체적, 정신적 건강을 소중하게 여겨요. 심신의 건강과 마음챙김 사이의 관련성을 볼 수 있거든요. 마음챙김은 내가 요가나 걷기 명상을 하게 도와주고, 삶에서 나에게 자양분이 되는 것과 나를 우울하게 하는 것을 확인하도록 도와줘요."

**강요하지 않고, 진실로 소중하게 여기는 것을 상기시키는 분명한 의도를 가지고서,
우리는 하고 싶든 또는 그렇지 않든 간에 수련을 한다.**

사실 우리 모두에게는 이미 자신의 내면에 깊이 뿌리를 둔 동기가 있다. 그 동기가 우리가 수련을 지속하게 하고, 고통스런 정서가 일어날 때 행동할 수 있게 지지한다.
그것은 **자신을 포함해서 사람들에게 관심을 가질 수 있도록** 하는, 우리 모두가 공유하는 단순하고 소중한 생득권(生得權)이다.

물론, 과거에 우울증을 앓았거나 지금 우울하다면, 자신에게 관심을 가지려는 의도를 인식하거나 의도를 가지는 것이 매우 어려울 수 있다. 당신은 돌봄을 받을 만하지 않다고 느낄 수 있고, 그 밖의 모든 사람들과는 달리 돌볼 수 있는 이러한 선천적인 능력을 가지고 있지 않다고 믿을 수도 있다.

이와 같은 때에, 당신이 MBCT에서 탐구해왔던 다른 모든 것과 마찬가지로, 돌보고자 하는 또는 친절하고자 하는 의도는 수련에 의해서 길러지고, 키워지고, 강화될 수 있다는 것을 기억하는 것이 중요하다.

어떻게 그렇게 할 수 있는가? 어느 정도가 되든지 간에 할 수 있는 정도까지, 당신의 경험을 마음챙김하면서 관심 어린 알아차림을 가져감으로써 가능하다. 그러한 행동은 그 자체로 하나의 강력한 돌봄, 호의, 친절함의 표시가 된다.

> 우리가 진실로 마음챙김하는 매 순간,
> 우리는 자신과 타인을 돌보고자 하는 소중한 의도를 키운다.

물론, 수련하기에 가장 좋은 의도를 지니고서도 방해물이나 장애물을 만날 것이다. 그러나 그러한 장애가 당신을 꼼짝 못하게 하지는 않는다.

과거의 경험에 비추어보았을 때, 마음챙김 수련을 계속하는 데 가장 큰 방해물과 장애물은 무엇일 거라고 예측하는가?

_____

_____

_____

_____

_____

과거의 경험에 비추어보았을 때, 어떤 전략이 그러한 장애를 극복하도록 도울 수 있는가?

_____

_____

_____

_____

_____

수련을 지속하기 위한 그 '무엇' : 일상 수련

아래에 매일 당신의 삶에서 마음챙김을 심화시키는 다른 방법이 있다.

1. 일상의 공식 마음챙김 수련
2. 일상의 비공식 마음챙김 수련
3. 3분 이상 대응 호흡 공간 명상

---

1. 일상의 공식 마음챙김 수련

최대한 할 수 있는 만큼 많이, 지난주 결정한 유지 가능한 형태의 일상 공식 수련(243쪽)을 계속한다.

미래에 경험할 것을 고려하여 당신은 그 수련의 유형에 다소 변화를 줄 필요가 있음을 알게 될 수 있다. 괜찮다. 중요한 것은 그 유형이 장기간, 매일 지속할 수 있어야 한다는 것이다.

3개월마다 일상의 수련 유형을 살펴보고, 필요에 따라서 조정하는 것이 도움이 될 것이다. 지금부터 3개월이 되는 날에 살펴볼 의도를 수첩에 적는 것이 상기하는 데 도움이 될 수 있다.

렉시 _ "MBCT 과정을 마칠 무렵 나는 일상의 삶에 마음챙김을 통합시키는 것이 걱정스러웠어요. 마음챙김 연습을 위해 따로 빼놓을 수 있는 시간을 계산하기 위해 수첩을 가지고 시간을 좀 보내기로 결정했어요."

"처음에, 나는 이러한 시간들을 고수했죠. 그러나 시간이 지남에 따라서, 나는 그 연습이 일상의 자연스런 한 부분이 된 것을 알았어요. 나는 보통 10~15분의 바디스캔이나 앉기 명상으로 하루를 시작해요. 보통 출퇴근할 때 거의 매일 호흡 공간 명상을 활용해요. 그 명상은 하루 동안 스트레스가 많은 시간대에 특히 효과가 있어요. 좀 더 오래 명상 수련을 하기 위해서, 나는 CD에 그리 의존하지 않아요."

"나는 일상의 마음챙김이 기막히게 좋은 개념이라고 생각해요. 평상시처럼 그날의 일과 활동을 그냥 시작하지만, 마음챙김을 하면서 하려고 해요."

"MBCT 과정은 다른 많은 마음챙김 기법을 가르쳐주고, 당신의 삶에 가장 잘 어울리는 것에 대해 당신에게 선택권을 준다는 점에서 아주 훌륭해요."

"나는 지금 대략 2년 정도 마음챙김 수련을 하고 있는데, 몇 가지 정말로 긍정적인 변화를 알았어요. 상황에 반응하기 전에, 그 순간에 나 자신을 붙잡을 수 있어요. 신체적으로 정서적으로 내가 어떻게 느끼고 있는지 더 많이 접촉하고 있는 걸 느껴요. 대체로 그것은 나를 크게 진정시키는 효과가 있었고 삶에 대한 나의 관점을 완전히 바꾸어 놓았어요."

다른 참가자들이 일상적인 공식 마음챙김 수련을 유지하는 데 도움이 됨을 알게 된 몇 가지 조언
—

○ **매일 아무리 짧더라도, 약간의 수련을 하라.** 수련의 '일상성'은 마음챙김을 가장 필요로 할 때마다(그때가 언제가 될지를 결코 알지 못하기 때문에!) 당신을 위해 마음챙김을 생생하고, 이용 가능하게 하고, 준비되게 유지하는 하나의 방법으로서 아주 중요하다.

○ 국제적으로 존경받는 명상지도자인 조셉 골드스타인은 그의 학생들이, **단지 10초 동안만이라도** 매일 명상을 하기 위해 자리에 앉기를 권유한다. 경험에 의하면, 그런 10초는 당신이 더 오래 앉아 있을 수 있게 격려하기에 충분하다는 것을 보여준다.

○ **얼마간이라도, 매일 같은 시간, 같은 장소에서 수련을 하라.** 그러한 방법으로 마음챙김은 당신의 일상 속으로 짜 넣어진다. 그때, 당신이 양치하는 것처럼 그래야 하는지 아닌지를 곰곰이 생각할 필요가 없다. 수련은 일상 속의 그 시점에 당신이 항상 하는 것이기 때문에 하는 것이다.

○ **식물을 가꾸듯이 수련을 대하라.** 한 달에 한 양동이씩 물을 주기보다는 매일 조금씩 물을 주어라! 마치 식물을 대하듯, 지속적인 관심과 돌봄으로 당신의 수련을 보살피는 것은 수련을 성장하게 할 것이고 사랑스러움을 향해 잠재된 성품을 펼치게 할 것이다.

○ **수련을, 당신의 '할 일' 목록에 있는 것이라기보다, 당신 자신에게 자양분이 되는 하나의 방법으로서 보라.** 수련이 항상 자양분이 되지는 않을 것임을 기억한다. 가능한 한, 있는 그대로의 수련이 되게 하라. 수련이 어떠해야 한다거나 자기개선 '프로젝트'의 일부로 여기는 생각을 내려놓는다.

○ **수련하도록 당신 자신을 격려하고 또 격려할 수 있는 방법을 찾아라.** 때때로 이 워크북을 다시 읽어본다. 관련된 다른 책을 읽거나 인터넷 상의 대화와 안내 명상을 듣는다(280쪽의 〈더 찾아볼 자료〉를 보라).

○ **다른 사람들과 함께 수련할 수 있는 방법을 찾아라.** '앉기 그룹'이라고 흔히 불리는 곳에서, 다른 사람들과 규칙적으로 수련하는 것은 당신의 수련을 활기차고 생생하게 유지할 수 있는 가장 강력한 방법 중의 하나이다. 만약 그룹에 참여해서 MBCT를 배웠다면, 모임과 수련을 위한 날짜를 정할 수 있는 기회를 찾아라. 모든 사람은 때때로 수련을 같이 하고 경험을 나눌 마음챙김 '단짝'을 발견함으로써 혜택을 얻을 수 있다. 비록 단 한 명일지라도, 수련을 하고 경험을 나누기 위해 다른 사람과 함께하는 것은 엄청나게 힘을 준다.

○ **기억하라, 당신은 언제나 다시 시작할 수 있다.** 마음챙김 수련의 핵심은 과거를 내려놓고 새로운 순간에 새롭게 다시 시작하는 것이다(마치 당신의 마음이 방황하고 있었을 때 호흡으로 다시 돌아오기를 이미 아주 여러 번 수련해왔던 것처럼). 마찬가지로, 만약 한동안 수련하지 않았다는 걸 안다면, 자신을 비난하거나 또는 그 이유에 대해서 곰곰이 생각하기보다는, 3분 호흡 공간 명상을 함으로써 바로 그 자리에서 그때부터 그저 다시 시작하라.

2. 일상의 비공식 마음챙김 수련

렉시 _ "일상의 마음챙김은 환상적인 개념이에요. 나는 평소대로 그날의 일과 활동을 그냥 시작하지만, 마음챙김을 하면서 하려고 해요."

본질적으로, 마음챙김은 어렵지 않다. 일상의 삶에서 도전은 마음챙김을 **기억하는 것**이다.

그래서 내가 나 자신을 가장 잘 도울 수 있는 방법은 하루하루, 시시각각 마음을 챙기기 위해 기억하는 것인가요?

최선을 다해서, 그때까지 '해야 할' 어떤 것이라기보다는, 마음챙김하고자 하는 의도를 부드럽게 알아차린다.

당신이 (전화기와 같은) 알아볼 수 있는 장소에 빨간색 점이나 메모를 붙여 떠올리거나, 또는 지금 여기와 재연결되도록, 또는 호흡 공간 명상을 하도록 컴퓨터나 스마트폰에 마음챙김 알람을 설정하는 것이 도움이 될 것이다.

명상지도자 래리 로젠버그는 온종일 마음챙김 수련을 할 수 있도록 다음과 같은 5가지를 제안했다.

1. 가능하면, 한 번에 한 가지만 한다.
2. 하고 있는 것에 온전히 주의를 기울인다.
3. 마음이 당신이 하고 있는 것에서 벗어나 떠돌 때,
   그곳으로 마음을 다시 되돌린다.
4. 위의 3번을 수십만 번 반복한다.
5. 집중을 방해하는 것을 조사한다.

매일 비공식 마음챙김을 위해서 몇 가지 다른 가능성을 상기하기 위해서, 때때로 아래 수련들을 다시 찾는 것이 도움이 될 수도 있다.

일상 활동에 알아차림 가져가기 : 1주차 83~86쪽, 2주차 109~110쪽.
즐거운 경험 기록표 : 110~115쪽.
불쾌한 경험 기록표 : 140~145쪽.
현재에 머물기 : 247쪽.
마음챙김 걷기 : 171~174쪽.

일상의 마음챙김을 위한 몇 가지 조언

—

○ 침대에서 일어나기 전, 아침에 맨 처음 눈을 뜰 때, 호흡으로 주의를 가져온다. 마음챙김 호흡을 다섯 번 지켜본다.

○ 자세의 변화를 알아차린다. 누워 있다가 앉는 것, 일어서는 것, 걸어가는 것과 같은 움직임을 몸과 마음이 어떻게 느끼는지를 알아차린다. 한 자세에서 다음 자세로 옮겨가는 매 순간을 알아차린다.

○ 전화가 울리는 것, 새가 지저귀는 것, 기차가 지나가는 것, 웃음소리, 자동차 경적 소리, 바람 소리, 문이 닫히는 소리를 들을 때마다, 어떠한 소리라도 마음챙김 알람으로 활용한다. 실제로 듣고 그리고 현존하고 깨어 있다.

○ 하루 중 주의를 자신의 호흡으로 가져갈 수 있는 시간을 잠시 가진다. 마음챙김 호흡을 다섯 번 지켜본다.

○ 어떤 것을 먹거나 마실 때마다, 잠시 시간을 내어 호흡한다. 음식을 바라보고, 음식이 성장에 영양분을 공급했던 것들과 연결되어 있음을 알아차린다. 햇빛, 비, 대지, 농부, 트럭을 음식에서 볼 수 있는가? 신체적 건강을 위해 이 음식을 의식적으로 먹으면서, 먹을 때 주의를 기울인다. 음식을 보고, 냄새 맡고, 맛보고, 씹고, 삼키는 것을 알아차린다.

○ 걷거나 서 있는 동안 몸을 알아차린다. 당신의 자세를 잠시 알아차린다. 발이 지면과 닿는 것에 주의를 기울인다. 걸을 때 얼굴, 팔, 다리에 부딪히는 공기를 느껴본다. 당신은 서두르고 있는가?

○ 듣고 말하는 것을 알아차린다. 동의하거나 동의하지 않거나, 좋아하거나 싫어하거나, 또는 당신 차례가 될 때 무엇을 말할지 계획하는 이런 것들 없이 들을 수 있는가? 말을 할 때, 과장하거나 축소해서 말하지 않고 당신이 말할 필요가 있는 것을 그저 말할 수 있는가? 당신의 마음과 몸이 어떻게 느끼는지 알아차릴 수 있는가?

○ 줄을 서서 기다릴 때마다, 서 있음과 호흡을 알아차리는 시간으로 활용한다. 바닥에 발이 닿는 것을 당신의 신체가 어떻게 느끼는지를 느낀다. 복부가 팽창하고 수축하는 것에 주의를 기울인다. 당신은 성급함을 느끼고 있는가?

○ 하루 내내 몸의 긴장 부위를 자각한다. 만약 그곳에 숨을 불어 넣을 수 있다면, 숨을 내뱉음에 따라서 과도한 긴장이 사라지게 할 수 있다. 긴장이 신체 어느 곳에 쌓여 있는가? 예를 들면, 목, 어깨, 위장, 턱, 또는 등 아랫부분? 가능하다면, 하루에 한 번 스트레칭이나 요가를 한다.

○ 이 닦기, 세수하기, 머리 빗기, 신발 신기, 일하기와 같은 당신의 일상 활동에 주의를 기울인다.

○ 밤에 잠들기 전에, 잠시 시간을 내어 호흡에 주의를 둔다. 마음챙김 호흡을 다섯 번 지켜본다.

– 매들린 클린

3. 대응 3분 호흡 공간 명상

호흡 공간 명상은 MBCT 전체 프로그램에서 가장 중요한 수련이다.
즉, 존재양식으로 방향을 돌리는 것이 가장 필요한 순간, 이 명상은 그렇게 하게 하는 방법이다.

마음이 혼란스럽고, 균형을 잃거나 또는 떠나지 않는 불쾌한 감정에 말려든 것을 알 때마다 호흡 공간 명상으로 첫 대응을 한다.

이 중요한 수련을 온전히 생생하게 그리고 이용가능하게 유지하기 위해서, 있는 그대로의 삶의 모습인 매일의 일상에서 적어도 한 번의 대응 호흡 공간 명상을 할 것을 제안한다. 아마도 수련을 할 기회가 부족하지는 않을 것이다! 우리가 0단계라고 부르는 자세 잡기에 관한 중요성을 보여주는, 핵심 단계들을 상기시키는 것이 아래에 있다.

대응 호흡 공간 명상

단계 0_ 매우 의식적으로, 똑바로 서서, 위엄 있는 자세를 취한다.

↓

단계 1_ 현재 경험, 즉 생각, 감정, 신체감각들을 알고 사실로 인정한다.

↓

단계 2_ 호흡의 움직임에 주의를 기울인다.

↓

단계 3_ 신체 전반으로 알아차림을 확장한다. 그러고 나서 모든 현재의 경험으로 알아차림을 확장한다.

↓

문으로 들어가서 선택한다.

재진입	**신체**	**생각**	**행동**
새로운 양식의 마음을 지니고, 원래의 상황에 정신적으로 재진입한다.	어려움과 연결된 신체감각에 부드럽게 열린 알아차림을 가져간다.	모든 부정적 사고패턴을 정신적 사건으로서 의식적으로 접근한다.	즐거운 활동, 능숙한 활동, 마음챙김 행위로써 당신 자신을 돌본다.

마무리하면서

우리는 이러한 여정의 마지막에 이르렀다.

　마음챙김 수련은, 만약 당신이 마음챙김을 계속하기로 선택한다면, 앞으로 계속 이어지는 길을 제공한다. 그 길은 이 세상에서 지금까지 우리 중 많은 사람들이 대체로 탐험하지 않고 경험하지 않은 채로 남아 있던, 새로운 존재의 방식을 완전히 드러낼 수 있는 발견의 길이다.

　이상하게 보일지도 모르지만, 다른 사람이 되거나 다른 곳에 있으려고 애쓰기보다는 지금 그대로의 우리 자신과 친구가 되는 것이 가능하다는 것을 발견할 수도 있다.

　일단 냉혹한 내부의 비평가를 인식했다면, 그 계속되는 외침에 단지 그 목소리만 있는 것이 아니라 보다 조용하고 지혜롭고 더 알아차리는 목소리가 있음을 볼 수도 있다. 그 목소리는 가장 어려운 상황에서조차도 무엇을 할 것인지를 더 선명하고 친절하게 본다.

　명상은 우리 자신을 삶과 정서로부터 동떨어지게 하지 않는다.

　명상은 우리가 진정으로 살고, 깊이 느끼고, 정답게 행동할 수 있도록 진심으로 참여하는 것이다.

　우리 모두는 아주 쉽게 자신에게 낯선 사람이 될 수 있다.

　마음챙김은 고향으로 가는 길을 제시한다.

　나날이 그리고 매 순간 발견이라는 당신 자신의 특별한 여행을 계속 잘 해 나가기를 바란다.

사랑 이후의 사랑

—

그때가 오리라.
그대의 문 앞에, 그대의 거울 속에
도착한 그대 자신을
반갑게 맞이할 때가
서로 미소 지으며 환영할 때가 오리라.

그리고 말하리라.
여기 앉으라고, 이것 좀 먹어보라고.
한때는 바로 그대 자신이었던 그 낯선 이를
그대는 다시 사랑하게 되리라.
포도주를 따르라. 빵을 건네라.
그에게 그대의 마음을 돌려주어라,
그대를 평생토록 사랑해온 그 낯선 이에게
다른 누군가를 위해 무시했던 그대의 삶에게
그대를 누구보다도 잘 알고 있는 그에게.

책꽂이에서 연애편지들을 치워라,
사진과 절망의 글들도.
거울에 보이는 그대의 이미지를 벗겨내라.
앉아라. 그대의 삶을 마음껏 누려라.

– 데릭 월컷

더 찾아볼 자료

MBCT 그룹 찾기

당신이 MBCT 그룹에 참여할 수 있는 방법을 찾고 있다면, 가장 쉬운 길은 인터넷을 검색하는 것이다.

[마음챙김에 근거한 인지치료 + "당신의 위치"] 또는 [마음챙김에 근거한 스트레스 감소 + "당신의 위치"] 또는 [마음챙김 치료 + "당신의 위치"]와 같은 검색어를 사용해서 구글이나 다른 검색엔진을 이용해 검색할 수 있다.

이렇게 함으로써 당신이 속한 지역사회에서 지역의 마음챙김 자원들을 찾을 수 있을 것이다. 게다가 MBCT 그룹에 관해 좀 더 세부적인 질문을 할 수도 있다.

전 세계의 주요 도시들에서 MBCT 그룹을 이끌고 있는 MBCT 지도자들을 보여주는 웹사이트도 많다. www.mbct.com/Resources_Main.htm에서 'Resources'를 클릭하면 몇몇 지도자들을 살펴볼 수 있다. 영국에서는 www.bemindful.co.uk에서 'Find a Course near You'를 클릭해서 살펴볼 수 있다. www.bemindful.co.uk에서 온라인으로 MBCT 과정에 참여할 수도 있다.

더 읽어볼 책
마음챙김에 근거한 프로그램

Kabat-Zinn, J. *Full Catastrophe Living : Using the Wisdom of Your Body and Mind to Face Stress, pain and Illness, Second Edition*, New York : Bantam Books trade Paperbacks, 2013. 초판의 한국어판 :『마음챙김 명상과 자기치유』(학지사, 2005).

이 책은 마음챙김에 근거한 스트레스 감소(MBSR) 프로그램을 처음으로 기술한 초판의 수정증보판이며, MBCT는 이를 근거로 하고 있다.

Williams, J. M. G., Segal, Z. V., Teasdale, J. D., & Kabat-Zinn, J. *The Mindful Way through Depression : Freeing Yourself from Chronic Unhappiness*. New York : Guilford Press, 2007. 한국어판 :『우울증을 다스리는 마음챙김 명상』(사람과 책, 2013).

이 책은 우울증 프로그램으로서의 MBCT의 배경, 개념, 수련과 그 효과에 대한 광범위한 이야기를 기술하고 있다. 여기에는 존 카밧진이 이끄는 안내 명상이 포함되어 있다.

Orsillo, S., & Roemer, E. *The Mindful Way through Anxiety*. New York : Guilford Press, 2011. 한국어판 : 『불안을 치유하는 마음챙김 명상법』(소울메이트, 2014).
이 책은 *The Mindful Way through Depression*과 유사한 형식을 취하고 있으며, 특히 전통적인 노출 기법들과 마음챙김 훈련을 통합함으로써 보다 온전한 삶을 살도록 도울 수 있는 방법을 알고자 하는, 충격적인 공포와 불안으로 고통 받는 사람들을 위해 쓰인 책이다.

Germer, C. *The Mindful Path to Self-Compassion*. New York : Guilford Press, 2007. 한국어판 : 『셀프컴패션 : 나를 위한 기도』(아름드리미디어, 2011).
이 책은 어려움에 대한 마음챙김과 연민어린 대응을 개발함으로써 자기비난, 판단 그리고 완벽주의를 다루는 데 도움이 되는 지침을 제공한다.

Williams, M., & Penman, D. *Mindfulness : A Practical Guide to Finding Peace in a Frantic World*. London : Piatkus, 2011. 한국어판 : 『8주, 나를 비우는 시간』(불광출판사, 2013).
*The Mindful Way through Depression*에 근거한 이 책은 걱정과 불행 같은 보편적인 정신적인 상태를 덜어내는 데 마음챙김 수련이 어떻게 적용되는지를 기술하고 있다. 이 책은 바쁜 일상의 생활 가운데서 평온함과 안녕감을 함양하는 데 초점이 맞춰져 있다. Mark Williams가 이끄는 짤막한 명상을 www.franticworld.com에서 다운로드할 수 있게 소개했다.

MBCT 매뉴얼

Segal, Z. V., Williams, J. M. G., & Teasdale, J. D. *Mindfulness-Based Cognitive Therapy for Depression, Second Edition*. New York : Guilford Press, 2013. 초판의 한국어판 : 『마음챙김 명상에 기초한 인지치료 : 우울증 재발 방지를 위한 새로운 치료법』(학지사, 2006).
이 책은 건강전문가들이 MBCT 프로그램의 역사, 개념, 수련, 연구와 지도에 대해 실제로 깊이 알고자 할 경우에, MBCT 지도의 근간(기본)으로 이용할 수 있는 완전한 매뉴얼이다.

마음챙김

Kabat-Zinn, J. *Wherever You Go, There You Are : Mindfulness Meditation in Everyday Life*. New York : Hyperion Press, 1994. 한국어판 : 『존 카밧진의 마음챙김 명상 : 당신이 어디에 가든 당신은 그곳에 있다』(물푸레, 2013).

Kabat-Zinn, J. *Coming to Our Senses : Healing Ourselves and the World Through Mindfulness*. New York : Hyperion Press, 2005. 한국어판 : 『온정신의 회복 : 마음챙김을 통한 자신과 세계 치유하기』(학지사, 2017).

Hanh, T. N. *The Miracle of Mindfulness*. Boston : Beacon Press, 1976. 한국어판 : 『틱낫한 명상』(불광출판사, 2013).

Henepola, G. *Mindfulness in Plain English*. Somerville, MA : Wisdom Publications, 1992. 한국어판 : 『위빠사나 명상 : 가장 손쉬운 깨달음의 길』(아름드리미디어, 2007).

www.oxfordmindfulness.org와 www.mbct.com 그리고 www.bemindful.co.uk도 살펴보라.

수용과 친절함

Brach, T. *Radical Acceptance*. New York : Bantam Books, 2004. 한국어판 :『받아들임 : 자책과 후회 없이 나를 사랑하는 법』(불광출판사, 2012).

Salzberg, S. *Lovingkindness : The Revolutionary Art of Happiness*. Boston : Shambhala Publications, 1995. 한국어판 :『붓다의 러브레터』(정신세계사, 2005).

통찰명상 수련

MBSR과 MBCT와 같은 마음챙김에 근거한 응용프로그램들은 서구화된 통찰명상전통과 밀접한 관계가 있다. 명상에 대한 이러한 접근은 특별한 정서적 혼란에 초점을 두지 않고 고통의 감소와 보다 일반적인 정서과 정신의 자유로움을 추구한다.

Joseph Goldstein과 Jack Kornfield(Boston : Shambhala Publications, 2001)가 저술한 *Seeking the Heart of Wisdom*이란 책은 입문자를 위한 내용을 담고 있다.

만약 당신이 스스로 이러한 통찰명상 수련을 탐구해보고 싶다면 아래의 책을 살펴보라.

Goldstein, J., & Salzberg, S. *Insight Meditation Kit : A Step by Step Course on How to Meditate*. Louisville, CO : Sounds True Audio, 2002.

만약 당신이 이러한 통찰명상을 좀 더 깊이 탐구해 보고 싶다면, 이 분야에서 경험이 많은 명상지도 자로부터 직접 가르침을 받는 것이 가장 좋다. 아래에서 보다 자세한 정보를 보라.

북미에서 :

Insight Meditation Society in Barre, Massachusetts
www.dharma.org

Spirit Rock in Woodcare, California
www.spiritrock.org

유럽에서 :

Gaia House in Devon, England
www.gaiahouse.co.uk

호주에서 :

Australian Insight Meditation Network
www.dharma.org.au

한국에서 :

한국MBSR연구소(cafe.daum.net/mbsrkorea)

MBSR(Mindfulness-Based Stress Reduction) 프로그램은 미국 매사추세츠 주립대학병원에서 개발되어 36년 이상의 임상 결과로 인정된 세계적인 심신의학 프로그램으로 많은 의사들이 높이 지지한다. 만성통증, 불안, 우울, 범 불안장애 및 공황장애, 수면장애, 유방암 및 전립선암, 건선, 외상, 섭식장애, 중독 등의 다양한 정신적 증상을 완화 또는 치료하고, 스트레스에 기인한 고혈압, 심혈관 질환 등 많은 만성질환의 증상 완화, 예방 및 치료에 효과가 있는 것으로 보고되었다. 그리고 면역력을 강화한다는 보고도 있다. 이 책의 주제인 MBCT는 MBSR과 인지치료를 과학적으로 융합하여 만들어진 프로그램이다.

한국MBSR연구소에서는 미국 MBSR 본부(CFM) 공인 MBSR 지도자인 안희영 박사를 중심으로 MBSR 과정은 물론, MBCT 프로그램을 개설해 운영하고 있다.

전화: 02)525-1588, 팩스: 02)522-5685, 이메일: mbsr88@hanmail.net

마음챙김에 관한 정보를 제공하는 웹사이트

www.oxfordmindfulness.org
The University of Oxford Mindfulness Centre의 웹사이트이다. Bangor, Exeter와 같은, 마음챙김을 지도하는 영국의 다른 대학들과 연결되는 링크와 안내가 있는 명상, 팟캐스트 등 당신에게 도움이 될 다른 많은 정보와 연결되는 링크가 있다.

www.stressreductiontapes.com
Jon Kabat-Zinn이 녹음한 명상 수련 녹음테이프와 CD들에 대한 정보를 제공한다.

www.mindfulnessdc.org/bell/index.html
하루 중 마음챙김을 하도록 기억하는 것을 도와줄 알람을 당신이 설정할 수 있는 웹사이트이다.

www.umassmed.edu/cfm
University of Massachusetts Medical School의 The Center for Mindfulness의 웹사이트이다.

www.mentalhealth.org.uk
Mental Health Foundation의 웹사이트로서, MBCT에 대한 리포트와 'Be Mindful'과 'Wellbeing podcasts'로 마음챙김에 관한 자료에 접근할 수 있다.

주석

1장.
환영합니다

019쪽

MBCT는 실험연구를 통해서 불안과 광범위한 다른 문제들뿐만 아니라 우울증에 효과적임이 입증되었습니다. 593명의 환자들을 대상으로 6차례의 무작위 실험을 한 J. Piet와 E. Hougaard의 메타 분석 연구(The effect of mindfulness-based cognitive therapy for prevention of relapse in recurrent major depression : A systematic review and meta-analysis, *Clinical Psychology Review*, 2011 ; 31 : 1032-1040)는 MBCT가 일반 치료를 계속하는 것과 관련하여 과거에 우울증 삽화를 세 번 이상 겪었던 환자들의 우울증 재발 위험을 유의미하게 43%까지 줄인다고 보고했다. 또한 MBCT와 항우울제 약물이 재발 위험을 줄이는 정도가 비슷하다고 보고했다.

S. G. Hofman과 동료들의 두 번째 메타 분석 연구(The effect of mindfulness-based therapy on anxiety and depression : A meta-analytic review, *Journal of Consulting and Clinical Psychology*, 2010 ; 78 : 169-183)에서는 마음챙김에 근거한 개입 치료를 받은 환자 1,140명의 다양한 정신 건강 조건을 조사하고, 개인의 재발 여부가 아니라 불안과 우울 증상의 감소를 측정했다. MBCT가 대표적인 예인 마음챙김 훈련을 주요 특징으로 하는 치료는 우울과 불안 증상 둘 다에 크고 유사한 규모의 효과가 있었다. 이러한 유익함은 환자들이 더 이상 치료를 받지 않는 시점을 지나서까지 유지되었다.

MBCT를 가장 강력하게 지지하는 것은 아마도 독립적인 국가 기구로서 국민건강보험을 활용하여 근거 중심의 환자 돌봄에 임상적 지침을 내리는 영국 국립보건임상연구소(National Institute for Health and Care Excellence, 이하 NICE)일 것이다. 그들은 의학이나 정신의학 조건에 대한 경험적이고 임상적인 연구를 엄중하게 검토하여 지침을 내리는데, NICE가 권장한다는 것은 MBCT가 가장 지지받는 치료임을 의미한다. NICE는 단극성 우울증에 대해서 2004년 이래로 계속해서 MBCT를 예방과 재발 방지에 효과적인 수단으로 지지하고 있다.

020쪽

MBCT는 효과적이다. 1장 19쪽의 주석을 보라.

021쪽

우울과 다른 많은 정서적 문제의 근간에 놓인 두 가지 중요한 과정의 손아귀에서 자유로워질 수 있다. 1. 지나치게 생각하고, 반추하는 경향 혹은 너무 많이 걱정하는 경향, 2. 어떤 것들을 억압하고 회피하고 밀어내는 경향. 지나치게 생각하고, 반추하는 등의 경향에 대해서는 Nolen-Hoeksema, S.의 *Overthinking : Women Who Think Too Much*. New York : Holt, 2002를 보라. 회피하는 등의 경향성에 대해서는, Hayes, S. C.와 동료들의 Experiential avoidance and behavioural disorders : A functional dimensional approach to diagnosis and treatment. *Journal of Consulting and Clinical Psychology*, 1996, 64, 1152-1168을 보라.

023쪽

연구에 의하면 MBCT는 아주 넓은 범위의 정서적 문제에 효과가 있다. 다음 책의 407쪽을 보라. Segal, Z. V., Williams, J. M. G., and Teasdale, J. D., *Mindfulness-Based Cognitive Therapy for Depression : A New Approach to Preventing Relapse, Second Edition*. New York : Guilford Press, 2013.

또한 MBCT가 우울증을 심하게 앓고 있는 사람들을 도울 수 있다는 증거들이 늘어나고 있다. 그 예로, 다음 논문을 보라. J. R. van Aalderen and colleagues, The efficacy of mindfulness-based cognitive therapy in recurrent depressed patients with and without a current depressive episode : A randomized controlled trial. *Psychological Medicine*, 2012, 42, 989-1001.

마음의 패턴. Teasdale, J. D., and Chaskalson, M. How does mindfulness transform suffering? I : The nature and origins of dukkha. *Contemporary Buddhism : An Interdisciplinary Journal*, 2011, 12(1), 89-102. Copyright 2011 by Taylor and Francis.

024쪽

『우울증을 다스리는 마음챙김 명상(*The Mindful Way through Depression*)』은 Mark Williams, John Teasdale, Zindel Segal과 Zon Jabat-Zinn이 썼으며, 2007년 뉴욕 Guilford Press가 출간하였다.

2장.
우울, 불행, 정신적 고통 – 우리는 왜 이런 것에 사로잡히는가?

029쪽

이 단어 목록을 이용한 연구에서 매우 중요한 것이 밝혀졌다. Teasdale, J. D., and Cox, S. G. Dysphoria : Self-devaluative and affective components in recovered depressed patients and never depressed controls. *Psychological Medicine*, 2001, 31, 1311-1316.

030쪽

기분과 감정은 생각이나 기억, 주의와 '일치'하는 패턴을 생성하는데. 그 예로, 다음 책을 참고하라. Fox, E., *Emotion Science : Neuroscientific and Cognitive Approaches to Understanding Human Emotions*. Basingstoke, U.K. : Palgrave Macmillan, 2008.

033쪽

반추를 하면 기분이 더 나빠질 뿐이다. 다음 책을 참고하라. Nolen-Hoeksema, S., *Overthinking : Women Who Think Too Much*. New York : Holt, 2002.

3장.
행위양식, 존재양식 그리고 마음챙김

040쪽

존재양식과 행위양식은 존 카밧진이 1990년에 출간한 그의 저서 *Full Catastrophe Living : Using the Wisdom of Your Body and mind to Face Stress, Pain and Illness*(New York : Dell)에서 마음챙김에 근거한 적용법과 관련하여 처음 언급했고, 이후 Zindel Segal, Mark Williams와 John Teasdale의 2002년 저서 *Mindfulness-Based Cognitive Therapy for Depression : A New Approach to Preventing Relapse*(New York : Guilford Press)와 Mark Williams, John Teasdale, Zindel Segal과 Jon Kabat-Zinn의 2007년 저서 *The Mindful Way through Depression*(New York : Guilford Press)에서 MBCT와 관련하여 마음의 양식으로 보다 정교하게 발전되었다.

046쪽

마음챙김은 특별한 방식, 즉 의도적으로, 현재 순간에, 판단하지 않으면서 주의를 기울임으로써 나타나는 알아차림이다. 이는 Jon Kabat-Zinn의 *Wherever You Go There You Are : Mindfulness Meditation in Everyday Life*. New York : Hyperion, 1994의 4쪽의 내용을 근거로 한다.

047쪽

"마음챙김의 특성은 중립적이거나 텅 비어 있는 현존이 아니다. 진정한 마음챙김은 따뜻함, 연민, 관심으로 가득 채워진다." Feldman, C., *The Buddhist Path to Simplicity*, page 173. London : Thorsons, 2001.

050쪽

MBCT는 좀 더 마음챙김하고, 더 친절하고, 보다 연민심을 가지도록 가르침으로써 효과를 낳는다. 다음 논문을 참고하라. Kuyken, W., and colleagues, How does mindfulness-based cognitive therapy work? *Behaviour Research and Therapy*, 2010, 48, 1105-1112.

051쪽

MBCT의 간략한 역사. 1장 19쪽의 주석을 참고하라.

5장.
week 1 : 자동조종을 넘어서

065쪽

다시 한 번 삶이 허락된다면(If I Had My Life to Live Over). 이 작품의 원작자인 나딘 스테어(Nadine Stair)에 대해서는 별로 알려진 것이 없다.

068쪽

먹기 명상. 다음 책에 근거하였다. Kabat-Zinn, J., *Full Catastrophe Living*, pages 27-28. New York : Dell, 1990.

074쪽

바디스캔 명상. 다음 책으로부터 허가를 받고 고쳐 썼다. Williams, J. M. G., Teasdale, J. D., Segal, Z. V., and Kabat-Zinn. J., *The Mindful Way through Depression*. New York : Guilford Press, 2007. Copyright 2007 by The Guilford Press.

083쪽

되돌아보기. 다음 책에서 발췌하였다. Segal, Z. V., Williams, J. M. G., and Teasdale, J. D., *Mindfulness-Based Cognitive Therapy for Depression, Second Edition*. New York : Guilford Press, 2013. Copyright 2013 by The Guilford Press.

089쪽

이것을 읽고 준비하라(You Reading This, Be Ready). 다음 책에서 발췌하였다. Stafford, W. E., *The Way It Is : New and Selected Poems*. Minneapolis : Graywolf Press, 1998. Copyright 1998 by the Estate of William Stafford. Graywolf Press(Minneapolis, MN, www.graywolfpress.org)를 대신하여 The Permissions Company, Inc의 허가를 얻어 다시 출판하였다.

6장.
week 2 : 앎의 두 가지 방식

098쪽
우리의 기분은 동일한 기분이 지속되는 방향으로 사건 해석에 영향을 끼친다. 그 예로 다음 책을 참고하라. Fox, E., *Emotion Science : Neuroscientific and Cognitive Approaches to Understanding Human Emotions*. Basingstoke, U. K. : Palgrave Macmillan, 2008.

106쪽
10분 마음챙김 호흡 명상. 다음 책에서 허가를 받고 고쳐서 썼다. Segal, Z. V., Williams, J. M. G., and Teasdale, J. D., *Mindfulness-Based Cognitive Therapy for Depression : A New Approach to Preventing Relapse, Second Edition*. New York : Guilford Press, 2013. Copyright 2013 by The Guilford Press.

117쪽
진실을 꿈꾸며(Dreaming the Real). 허가를 받고 다시 출판하였다. France, L., Dreaming the Real, in Abhinando Bhikkhu(Ed.), *Tomorrow's Moon*. Harnham, Northumberland, UK : Aruna Publications, 2005. Copyright 2005 by Linda France.

7장.
week 3 : 현재라는 고향으로 돌아오기 – 흩어진 마음 모으기

121쪽
스트레칭과 호흡 명상 : 마음챙김 스트레칭. 다음 책에서 허가를 받고 고쳐 썼다. Segal, Z. V., Williams, J. M. G., and Teasdale, J. D., *Mindfulness-Based Cognitive Therapy for Depression, Second Edition*. New York : Guilford Press, 2013. Copyright 2013 by The Guilford Press.

137쪽
3분 호흡 공간 명상 안내문. 다음 책에서 허가를 받고 고쳐 썼다. Williams, J. M. G., Teasdale, J. D., Segal, Z. V., and Kabat-Zinn. J., *The Mindful Way through Depression*. New York : Guilford Press, 2007. Copyright 2007 by The Guilford Press.

147쪽
야생의 평화(The Peace of Wild Things). 다음 책에서 발췌하였다. Berry, W., *New Collected Poems*. Berkeley, CA : Counterpoint, 2012. Copyright 2012 by Wendell Berry. Counterpoint의 허가를 받고 다시 출판하였다.

8장.
week 4 : 혐오 인식하기

153쪽

부정적인 생각 체크리스트. 여기에 쓰인 설문은 다음 논문의 "자동적 생각 설문"을 저자들의 허락을 받고 고쳐서 썼다. Hollon, S. D., and Kendall, P., Cognitive self-statements in depression : Development of an Automatic Thoughts Questionnaire. *Cognitive Therapy and Research*, 1980, 4, 383-395. Copyright 1980 by Philip C. Kendall and Steven D. Hollon.

158쪽

앉기 명상 : 호흡, 신체, 소리, 생각 그리고 선택 없는 알아차림에 대한 마음챙김. 다음 책에서 허가를 받고 고쳐 썼다. Segal, Z. V., Williams, J. M. G., and Teasdale, J. D., *Mindfulness-Based Cognitive Therapy for Depression, Second Edition*. New York : Guilford Press, 2013. Copyright 2013 by The Guilford Press.

172쪽

마음챙김 걷기. 다음 책에서 허가를 받고 고쳐 썼다. Segal, Z. V., Williams, J. M. G., and Teasdale, J. D., *Mindfulness-Based Cognitive Therapy for Depression, Second Edition*. New York : Guilford Press, 2013. Copyright 2013 by The Guilford Press.

175쪽

기러기(Wild Geese). 다음 책에서 발췌하였다. Oliver, M., *Dream Work*. Copyright 1986 by Mary Oliver. Grove/Alantic, Inc.의 허가를 받고 다시 출판하였다.

9장.
week 5 : 있는 그대로 수용하기

179쪽

여인숙(The Guest House). 다음 책에서 발췌하였다. Barks, C., and Moyne, J., *The Essential Rumi*. New York : Harper Collins, 1995. Copyright 1995 by Coleman Barks and John Moyne. Originally published by Threshold Books. Threshold Books의 허가를 받고 다시 출판하였다.

184쪽

신체를 통해 맞이한 어려움 다루기. 다음 책에서 고쳐 썼다. Segal, Z. V., Williams, J. M. G., and Teasdale, J. D., *Mindfulness-Based Cognitive Therapy for Depression, Second Edition*. New York : Guilford Press, 2013. Copyright 2013 by The Guilford Press.

192쪽

마리아. 다음 책의 283-285쪽에서 허락을 받고 고쳐 썼다. Segal, Z. V., Williams, J. M. G., and Teasdale, J. D., *Mindfulness-Based Cognitive Therapy for Depression, Second Edition*. New York : Guilford Press, 2013. Copyright 2013 by The Guilford Press.

194쪽

호흡 공간 명상 활용하기 : 확장된 안내문. 다음 책에서 고쳐 썼다. Segal, Z. V., Williams, J. M. G., and Teasdale, J. D., *Mindfulness-Based Cognitive Therapy for Depression, Second Edition*. New York : Guilford Press, 2013. Copyright 2013 by The Guilford Press.

199쪽

서곡(Prelude). 다음 책에서 발췌하였다. Dreamer, O. M., *The Dance*. New York : HarperCollins, 2001. Copyright 2001 by Oriah Mountain Dreamer. HarperCollins Publishers의 허가를 받고 다시 출판하였다.

10장.
week 6 : 생각을 생각으로 바라보기

202쪽

사무실. 이 연습은 Isabel Hargreaves가 만든 것으로, 허락을 받고 고쳐 썼다(1995년 개인 교신).

209쪽

연관성의 기차. 다음 책에서 고쳐 썼다. Goldstein, J., *Insight Meditation : The Practice of Freedom*, pages 59-60. Boston : Shambhala, 1994. Copyright 1994 by Joseph Goldstein. Shambhala Publications, Inc., Boston, www.shambhala.com와 협의하였다.

217쪽

"우리가 초대하지도 않은 생각, … 등에 얼마나 많은 힘을 부지불식간에 부여하는지 관찰해보면 놀랍다." 다음 책에서 고쳐 썼다. Goldstein, J., *Insight Meditation : The Practice of Freedom*, pages 60. Boston : Shambhala, 1994. Copyright 1994 by Joseph Goldstein. Shambhala Publications, Incs, Boston, www.shambhala.com의 허가를 받고 다시 출판하였다.

226쪽

생각에서 한 걸음 물러나기. 다음 책에서 고쳐 썼다. Kabat-Zinn, J., *Full Catastrophe Living*, New York : Dell, 1990. Copyright 1990 by Jon Kabat-Zinn. Dell Publishing, a division of Random Houe, Inc.의 허가를 받았다.

11장.
week 7 : 친절하게 행동하기

231쪽
활동을 능숙하게 사용하면, 그 자체로 우울증에 효과적인 처치가 될 수 있다는 고무적인 사실을 보여주는 연구가 있다. 그 예로, 다음 논문을 참고하라. Dobson, K. S., and colleagues, Randomized trial of behavioral activation, cognitive therapy, and antidepressant medication in the prevention of relapse and recurrence in major depression. *Journal of Consulting and Clinical Psychology*, 2008, 76, 468-477.

239쪽
재키. 다음 책에서 허가를 받고 고쳐 썼다. Segal, Z. V., Williams, J. M. G., and Teasdale, J. D., *Mindfulness-Based Cognitive Therapy for Depression, Second Edition*. New York : Guilford Press, 2013. Copyright 2013 by The Guilford Press.

244쪽
호흡 공간 명상 : 마음챙김 활동의 문. 다음 책에서 허가를 받고 고쳐 썼다. Segal, Z. V., Williams, J. M. G., and Teasdale, J. D., *Mindfulness-Based Cognitive Therapy for Depression, Second Edition*. New York : Guilford Press, 2013. Copyright 2013 by The Guilford Press.

247쪽
현재에 머물기. 다음 책에서 고쳐 썼다. Goldstein, J., *Insight Meditation : The Practice of Freedom*, Boston : Shambhala, 1994. Copyright 1994 by Joseph Goldstein. Shambhala Publications, Incs, Boston, www.shambhala.com의 허가를 받았다.

259쪽
여름 날(The Summer Day). 다음 책에서 발췌하였다. Oliver, M., *House of Light*. Boston : Beacon Press, 1990. Copyright 1990 by Mary Oliver. Charlotte Sheedy Literary Agency, Inc.의 허가를 받고 다시 출판하였다.

12장.
week 8 : 이제 무엇을 해야 하는가?

272쪽
다른 참가자들이 … 도움이 됨을 알게 된 몇 가지 조언. 참여자의 경험을 공유해준 우리의 동료들 Becca Crane, Marie Johansson, Sarah Silverton, Christina Surawy, Thorsten Barnhofer에게 감사를 표한다.

274쪽
명상지도자 래리 로젠버그는 온종일 마음챙김 수련을 할 수 있도록 다음과 같은 5가지를 제안했다. 다음 책에서 발췌하였다. Rosenberg, L., *Breath by Breath : The Liberating Practice of Insight Meditation*, pages 168-170. Boston : Shambhala, 1998.

275쪽
일상의 마음챙김을 위한 몇 가지 조언. Cambridge Insight Meditation Center의 이사인 Madeline Klyne의 출판되지 않은 저작물로부터 허가를 받고 고쳐 썼다. Copyright by Madeline Klyne.

279쪽
사랑 이후의 사랑(Love after Love). 다음 책에서 발췌하였다. Walcott, D., *Collected Poems*, 1948-1984. New York : Farrar, Straus and Giroux, 1986. Copyright 1986 by Derek Walcott. Farrar, Straus and Giroux, LLC와 Faber and Faber Ltd.의 허가를 받고 다시 출판하였다.